Über dieses Buch

Jacques-Yves Cousteau hat sich auf seinen oft gefahrvollen und abenteuerlichen Forschungsfahrten, die ihn und seine Crew auf der »Calypso« durch den Indischen Ozean, den Atlantik und den Pazifik bis hinauf zum Beringmeer führten, mit den wohl erstaunlichsten Meeresbewohnern beschäftigt: den Robben, Seehunden und Walrossen. Im Laufe ihrer Entwicklungsgeschichte sind die Tiere, die früher einmal auf dem Lande gelebt haben, wieder ins Wasser zurückgekehrt: Ihre Jungen müssen das Schwimmen erst wieder mühsam erlernen.
Die Lebensgewohnheiten dieser Tiere und vor allem ihr Verhalten zum Menschen wollten die Männer der »Calypso« untersuchen, und es gelang ihnen etwas, wovon sie nur zu träumen gewagt hatten: Zwei Seebären, Pepito und Christobald, entwickelten sich unter der liebevollen Fürsorge und Pflege ihrer Betreuer zu anhänglichen Bordgenossen. Weniger zutraulich zeigten sich dagegen die See-Elefanten aus der Familie der Seehunde – tonnenschwere, massige Kolosse, die in Riesenherden die Strände von Guadelupe bevölkern. Und als ganz besonders scheu erwiesen sich die mit langen Stoßzähnen bewehrten Walrosse, die im hohen Norden, im Beringmeer, ein unvergleichliches Schauspiel bieten, wenn sie auf ihren Treibeisschollen dahindriften. Durch die neuerlich in Mode gekommenen »Polar-Safaris« ist der Fortbestand dieser königlichen Herren des Packeises allerdings ernsthaft bedroht.

Jacques-Yves Cousteau
und Philippe Diolé

ROBBEN
SEEHUNDE
WALROSSE

Gesellige Meeressäuger

Mit 86 meist farbigen Abbildungen

Droemer Knaur

Oktober 1977
Vollständige Textausgabe
© Deutsche Ausgabe Droemersche Verlagsanstalt
Th. Knaur Nachf. München/Zürich 1974
Originalausgabe: SEALS, SEA LIONS AND WALRUS
© 1974 by Jacques-Yves Cousteau
Ins Deutsche übertragen von Gerda Kurz und
Siglinde Summerer
Umschlaggestaltung Atelier Blaumeiser
Satz und Druck Appl, Wemding
Bindung Klotz, Augsburg
Printed in Germany
ISBN 3-426-00492-5

Inhalt

	I. Teil: Pepito und Christobald	9
1	Tölpel, Pinguine und Seebären *Bei den Tölpeln. Die Sainte-Croix-Insel. Spiele nach Regeln. Skelettfund. Bei den Seebären. Das algenbewachsene Wrack. Die kenternde Barkasse. Begegnung in 90 Meter Tiefe. Die Zeit drängt. Eine Gewissensfrage*	11
2	Pepito und Christobald *Fütterungsversuche. Zwei ausgeprägte Persönlichkeiten. Erste Begegnung. Bedenkliche Anzeichen von Schwäche. Sankt Helena. Ein wunderbarer Fischzug. Bewachte Freiheit. Ascension. Der Versuch, sie anzuschirren*	35
3	Frei im Meer *Puerto Rico. Auf dem Strand. Das Unterwassergehege. Arbeitsreiche Tage. Christobalds Odyssee. Die Heimkehr des verlorenen Sohnes. Ernährungsprobleme. Der Panamakanal. Die Freilassung*	51
	II. Teil: See-Elefanten	75
4	Sturm auf Guadalupe *Wie Boxer. Einquartierung der Mannschaft auf Guadalupe. Schlechtes Wetter. Im Wasser. Der Harem. Rodeo. Die Ziegen. Eine alptraumhafte Nacht. Gutes Einvernehmen*	77
5	Übervölkerte See-Elefantenkolonien *Schamhafte See-Elefantenkühe. Kämpfe. Raupenartige Fortbewegung. Silvesterabend. Zusammenbruch der sozialen Rangordnung. Komplizierter Paarungsakt. Mutterschaft. Wein im Tauschhandel gegen Langusten*	93
6	Den See-Elefanten auf der Spur *Die Rätsel des Rüssels. Ein Ledersack. Bewundernswerte Taucher. Nahrung der See-Elefanten. Der See-Elefantenfriedhof. Sonderbare Kratzwut. Der große Aufbruch. Sympathie*	113

III. Teil: Walrosse 127

7 Die Calypso im Beringmeer 129
Lachse, Bären, Fischotter. Riesenkrabben. Zwischen den Inseln. Eine reiche Fauna. Seeotter. Kelpwälder. Im Beringmeer. Ein Altersheim. Sonnenhungrige Veteranen. Ein hartes Urteil

8 Eisbedeckte Insel im Beringmeer 145
Wind und Schnee. Erste Ausfahrt. Erster Erfolg. Tauchexperimente mit dem Sauerstoffkreislaufgerät. Mensch und Walroß

9 Glückliche Eskimos 161
Fern von Monaco. Zivilisationsstufe der Eskimos. Schicksal der Schlittenhunde. Kauflustige Eskimos. Tradition und Fortschritt. Bei einem Elfenbeinschnitzer zu Besuch. Willkommene Beute. Tauchen im Beringmeer. Iglu-Bau. Herkunft der Eskimos

10 Frühling in der Arktis 181
Ein Star. Gruppensolidarität. Glockentöne. Chancengleichheit. Reichtum der Arktis

11 Burke adoptiert uns 195
Kopfjäger. Schwertwale und Bären. Das verwaiste Walroßbaby. Angriff der Walrosse. Bad und Fläschchen. Zuneigung. Schwimmunterricht. Langwierige Schulung. Frühlingserwachen. Ende der Jagd

12 Meeressäuger als Kameraden des Menschen 211

Anhang 215
Aqualunge und Kreuzfahrten der Calypso – Flossenfüßer (Pinnipedia) – Die Eskimos – Alaska – Die Entdeckung der Arktis – Glossar – Dank – Bibliographie – Bildnachweis

Stichwortregister 254

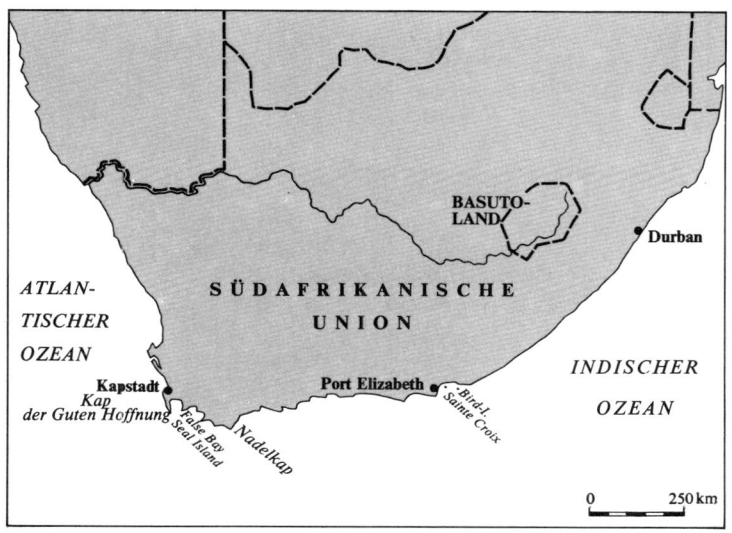
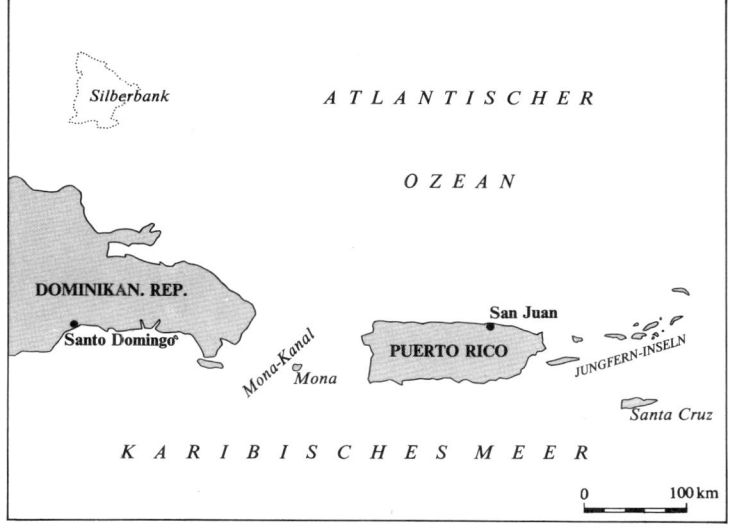

Oben: Das Kap der Guten Hoffnung und seine Inseln.
Unten: Das Karibische Meer, Puerto Rico und die Jungfern-Inseln.

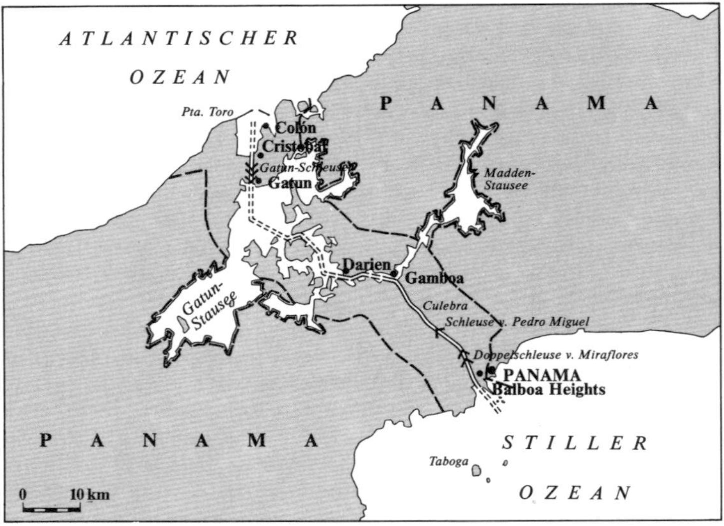

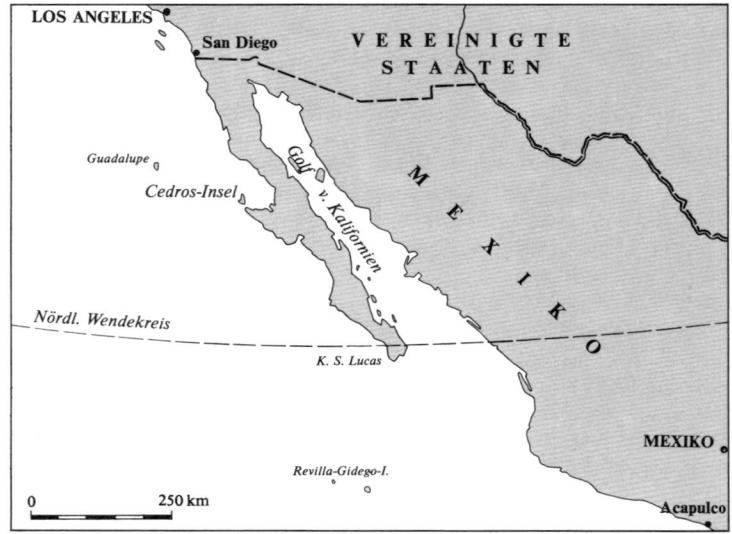

Oben: Der Panamakanal.
Unten: Die mexikanische Pazifikküste.

I.Teil:
Pepito und Christobald

1 Tölpel, Pinguine und Seebären

Bei den Tölpeln – Die Sainte-Croix-Insel – Spiele nach Regeln – Skelettfund – Bei den Seebären – Das algenbewachsene Wrack – Die kenternde Barkasse – Begegnung in 90 Meter Tiefe – Die Zeit drängt – Eine Gewissensfrage

Gegen Ende des Winters 1968 befindet sich die *Calypso* nach langer Kreuzfahrt über Aden und die Malediven im südlichen Teil des Indischen Ozeans. Seit unserem Start von Monaco am 17. Februar 1967 hatten wir fast pausenlos schlechtes Wetter, ja, vor der Europa-Insel sind wir sogar in einen Zyklon geraten, in dem uns die zweite schwere Havarie passierte – wieder brach die Schraubenwelle an Steuerbord, genau wie damals, als wir unseren Film über die Pottwale drehten und dann den ganzen Indischen Ozean mit einem einzigen Motor im Fünf-Knoten-Tempo überqueren mußten.
Gegenwärtig nähern wir uns dem Kap der Guten Hoffnung und damit einer neuen Etappe dieser dreieinhalbjährigen Kreuzfahrt, die uns über den Atlantik in die Karibische See (wo wir uns an ein schwieriges archäologisches Unterwasserprojekt machen) und weiter über das größte Meer der Welt, den Stillen Ozean, bis in den hohen Norden führen soll.
Doch zunächst werden wir uns noch eine Weile hier im Indischen Ozean aufhalten, um die wenig bekannten Inselchen zwischen Port Elizabeth und dem Nadelkap, dem südlichsten Punkt Afrikas, zu erkunden, jene unbewohnten, felsigen Eilande, auf denen es noch eine vom Menschen unberührte Tierwelt geben soll.
Um diese Lebewesen zu beobachten und zu filmen, wollen wir die sogenannten Black Rocks, eine Inselgruppe in der Nähe von Port Elizabeth, anlaufen, die uns die günstigsten Voraussetzungen zu bieten scheinen – was übrigens die fast durchwegs erfolgreichen Erkundungsfahrten dann auch bestätigten.

Auf einem dieser »schwarzen Felsen«, der Bird-Insel, wollen wir Robben filmen. Doch da in Südafrika der Tierschutz sehr aktiv ist, erleben wir gleich die erste Pleite: Als unsere drei Barkassen mit den Tauchgeräten und dem Filmmaterial die gewaltig hohe Dünung und die tobende Brandung glücklich ohne Kentern durchquert haben und auf der vermeintlich menschenleeren Insel anlegen wollen, wartet schon der Leuchtturmwärter und will unsere Genehmigung sehen. Dummerweise können wir das erforderliche Papier nicht vorweisen, doch als wir versprechen, es uns in Port Elizabeth zu beschaffen, drückt er ein Auge zu und erlaubt uns einen Erkundungsbummel über die von wahren Seevogelscharen bevölkerte Insel. Wir können uns vor Staunen kaum fassen – noch nie haben wir eine Baßtölpel-Kolonie von dieser Stärke angetroffen. Die Tiere sind hier so zahlreich vertreten, daß ihr Mist die ganze Insel, ein Eiland von 300 bis 400 Meter Durchmesser, bedeckt und dreimal jährlich gesammelt werden kann, was insgesamt eine Ausbeute von rund 100 Tonnen ergibt.

Die Vögel sitzen derart dichtgedrängt am Boden, daß man eine kompakte, kreischende Masse vor sich zu haben glaubt, die man fast mit dem Fuß beiseite schieben muß, um überhaupt einen Schritt tun zu können. Im übrigen sind sie mit ihrem gelben Kopf und dem grünen Schnabel ausgesprochen farbenprächtig, veranstalten aber ein ohrenbetäubendes Geschrei. Und noch etwas Erstaunliches fällt uns auf – daß nämlich die Tölpel, so eng sie sich sonst auch aneinanderdrücken, in ihrer Mitte eine Piste freilassen, eine regelrechte, an einen Flugplatz erinnernde Startbahn, von der sie abheben – wobei jedes Tier geduldig wartet, bis es an die Reihe kommt.

Sehr amüsant ist es auch, den Tölpeln zuzusehen, wie sie ohne Unterlaß zwischen der Insel und der *Calypso* nach Fischen jagen: Sie stoßen im Sturzflug herab, tauchen 2 bis 3 Meter tief und erbeuten dabei – die Inselgewässer wimmeln von Leben – fast stets einen Fisch, der sich silbrig glänzend in ihrem Schnabel windet, daß die Wassertropfen nur so davonstieben. Und ab geht's mit der Beute zur Insel, wo im Nest bereits das Weibchen mit gerecktem Hals wartet. Mit ein paar Schnabelhieben werden die Nachbarn zur Seite gedrängt, und schon läßt sich das Männchen wie ein Stein auf den winzigen freien Fleck fallen und bietet dem Weibchen die Beute an.

Da sich das Wetter rapid verschlechtert, kehren wir an Bord zurück, lichten gegen 4 Uhr nachmittags den Anker und nehmen, während turmhohe Brecher gegen das Heck schlagen und der Wind mit 40 Knoten daherfegt, Kurs auf den schützenden Hafen von Port Elizabeth.

Sonntag, 25. Februar: Jean-Michel Cousteau, der sich hier in Südafrika um unsere Verproviantierung und die sachliche Organisation der Expedition kümmert, erscheint – per Funk verständigt – an Bord und verspricht, uns die erforderlichen Genehmigungen bis morgen zu beschaffen.

Da uns einheimische Taucher angeboten haben, uns auf die Sainte-

Croix-Insel mitzunehmen, brechen Falco und Bonnici zu einer Erkundungsfahrt auf – sie sollen feststellen, ob sich ein Besuch auf der Insel lohnt. Mit einem Flachboot auf dem Anhänger ihres Landrovers fahren unsere Freunde los, halten 30 Meilen vor Kapstadt an einem großen Strand, auf dem sich die Wellen mit lautem Getöse brechen, an, laden das mit zwei 18-PS-Außenbordmotoren bestückte Boot ab, bringen es zu Wasser und starten mit Vollgas in die Brecher. Beim Durchqueren der Brandungszone tanzt der Kahn wild auf und ab, hebt sich steil aus dem Wasser und saust ein, zwei Meter weiter senkrecht nach unten. Obwohl sich die Insassen aus Leibeskräften festhalten, purzeln sie übereinander, wobei es Bonnici besonders übel erwischt: Sein Nachbar, ein wahrer Riese, fällt mit seinem ganzen Gewicht auf ihn und bricht ihm dabei fast den Arm. Aber was tut's, in Südafrika ist man sportlich und im übrigen auch hochzufrieden, es den Franzmännern einmal zeigen zu können – in aller Freundschaft, versteht sich.

Alles in allem jedoch nimmt das kleine Boot die 4 bis 5 Meter hohen Brecher erstaunlich gut, und nach halbstündiger Fahrt langt die Mannschaft bei der Sainte-Croix-Insel an, verankert den Kahn im seichten Wasser und schwimmt das letzte Stück zum Ufer hinüber.

Hier erweist sich, daß der Tip der Südafrikaner gut war: Sainte Croix ist eine regelrechte Pinguin-Insel – kein Fleckchen, das nicht von Pinguinen besiedelt wäre. Noch nirgends sind Falco und Bonnici einer derart dichten Population begegnet. Die Tiere haben die ganze Insel bis hinauf zum höchsten Punkt, einer etwa 30 Meter hohen Kuppe, mit Beschlag belegt, wo sie mit Sturmmöwen und schwarzen Kormoranen mit leuchtendrotem Schnabel zusammen hausen.

Ob diese sonderbaren, flugunfähigen, nur auf der südlichen Erdhalbkugel vertretenen Vögel zu irgendeinem Zeitpunkt ihrer Entwicklungsgeschichte fliegen konnten, steht dahin. Manche Zoologen vertreten die Auffassung, ihre Vorfahren seien Vögel gewesen, deren Flügel sich im Laufe der Zeit zu Paddeln umgebildet haben, andere nehmen an, sie stammen von den Reptilien ab, doch der Brustbeinkamm der Tiere läßt eher auf eine Verwandtschaft zu den Vögeln schließen. Aber wie dem auch sei, jedenfalls fühlen sich die Pinguine, die ehedem zum Teil eine stattliche Größe erreicht haben müssen (ein in der Antarktis aufgefundenes fossiles Riesenpinguin-Skelett hat Mannsgröße und läßt auf ein Körpergewicht von rund 100 Kilogramm schließen), im Wasser sehr wohl und können sich mit einer Geschwindigkeit von 50 Stundenkilometern darin fortbewegen.

Leider sind die Voraussetzungen, sie hier beim Tauchen zu filmen, wenig günstig, da das Wasser in der Umgebung der Insel ausgesprochen trüb ist. Aber dafür werden unsere Kameraden nicht müde, die Pinguine an Land zu beobachten, wie sie wiegenden Schritts wie Soldaten hintereinander dreinmarschieren. Kommen ihnen die Männer jedoch zu nahe, flüchten sie an den Felsensaum und lassen sich, bald rutschend, bald weiterwatschelnd, ins Wasser gleiten.
Nur die brütenden Tiere widerstehen dem Fluchttrieb. Sie bleiben – das einzige, von einer herunterhängenden Hautfalte bedeckte Ei auf den Füßen – an ihren Brutplätzen. Im übrigen das einzig richtige Verhalten, würden sich doch Möwen und Tölpel augenblicks auf das verlassene Ei stürzen und es im Schnabel forttragen.
Um 17.30 Uhr steigen alle wieder ein, und nachdem das Boot mit Volldampf durch die überkippenden Brecher zur Küste hinübergebraust ist, folgt ein tollkühnes Landemanöver, wobei der baumlange Südafrikaner, der Bonnici beinahe zermalmt hätte, alle anderen übertrumpft – er bewältigt das letzte Stück mit einer gewagten Rolle.

Da uns Falco und Bonnici, wieder an Bord, ihre Erlebnisse auf der Insel in den leuchtendsten Farben schildern, festigt sich in uns die Überzeugung, daß uns Sainte Croix wohl tatsächlich einiges zu bieten hat. So legen wir denn gleich tags darauf, am 26. Februar, ab und langen nach eineinviertelstündiger Fahrt vor der Insel an, wo wir unverzüglich die beiden Barkassen zu Wasser lassen. Und wenn sie auch keine so aufsehenerregende Fahrt hinlegen wie der Kahn der Südafrikaner, bringen sie doch immerhin unsere Gerätschaften sicher durch die Brandungszone.
Während Pierre Goupil mit den Außenaufnahmen beginnt, taucht Michel Deloire mit der Kamera, kommt aber enttäuscht wieder nach oben: Falco hatte recht, das Wasser ist zum Knipsen viel zu schmutzig.
Dafür filmen unsere Leute die Pinguine an Land von allen Seiten, besonders die Jungen, die in ihrer gravitätischen Tolpatschigkeit besonders drollig sind.
Als die Taucher dann weiter landeinwärts einen mäßig tiefen, aber relativ klaren natürlichen See entdecken, kommt Bébert eine glänzende Idee: Er wird die Pinguine sanft ins kühle Naß bugsieren, dem unter Wasser lauernden Deloire direkt vor die Kamera.
Da wir den Film über die Pinguine am darauffolgenden Tag fortsetzen wollen, bleiben wir über Nacht auf der *Calypso,* die vor der Insel vor Anker liegt.

Die Seebären halten sich oft lang in den Brechern der Brandungszone auf.

Als Bernard Chauvelin, Dr. Millet, Pierre Goupil und Michel Deloire am nächsten Morgen die Insel betreten, sitzen die Pinguine in Gruppen von 25 bis 30 Tieren zwischen den Felsen.
Michel Deloire stellt fest, daß die Pinguine im Grunde viel scheuer sind als die Tölpel: Sie haben Angst vor dem Menschen, stoßen, wenn man sie erschreckt, ein aufgeregtes, wenn auch nicht allzu lautes Gekreisch aus und suchen mit ungeschickten Bewegungen das Weite, wobei sie von hinten wie schwankende Gestalten im Cut wir-

ken. Doch trotz allem kommen sie auf dem felsigen Gelände ziemlich schnell voran, jedenfalls besser als die Männer, da sich ihre biegsamen Schwimmfüße allen Bodenunebenheiten mühelos anpassen.
Von Zeit zu Zeit geraten die Tiere aus unerfindlichen Gründen in plötzliche Aufregung, watscheln wild durcheinander, rutschen auf dem Rücken oder Bauch ins Meer hinunter oder stürzen sich wie jugendliche Selbstmörder von dem 2 Meter hohen Felsensaum in die See.
Bernard Chauvelin entdeckt eine Gruppe von Weibchen, die allem Anschein nach das Brutgeschäft in Gemeinschaft besorgen. Statt die Flucht zu ergreifen, lassen sie ihn an sich herankommen, und da sie wie viele Vögel beim Geradeausschauen nicht genau genug sehen können, drehen sie sich bald nach rechts, bald nach links, um ihn erst mit dem einen und dann mit dem anderen ihrer schwarzen Kulleraugen erstaunt und, wie ihm scheint, leicht entrüstet und trotzdem neugierig zu beäugen.
An einer anderen Stelle konnten unsere Kameraden die Pinguine bei einem höchst sonderbaren Treiben, einer regelrechten Rutschpartie, beobachten – wie sie auf der Rückfront die Uferböschung hinuntersegelten, sich ins Meer plumpsen ließen, wieder aus dem Wasser kletterten, in Reih und Glied die Felsenspitze erklommen und erneut in die Tiefe glitten.
Und noch eine weitere merkwürdige Gewohnheit lernte unser Team an ihnen kennen: Gegen Abend marschieren sie in Gruppen von schätzungsweise 10 Tieren zum höchsten Punkt der Insel. Einem Zug wallfahrender Schwestern vergleichbar, watscheln sie auf den Trampelpfaden dahin, die sie selbst über die Insel gezogen haben, wobei jede dieser Pisten einem besonderen Zweck zu dienen scheint und zu einer ganz bestimmten Tageszeit begangen wird.
Ihr Erscheinen auf der Inselkuppe löst unter den auf ihren Nestern sitzenden Kormoranen keine geringe Aufregung aus, Schnabelhiebe, von denen jedoch die meisten ins Leere gehen, werden ausgeteilt, und dann und wann wird dem Gegner, wohl mehr hinterrücks, ein Flügelschlag verpaßt. Obwohl die weitaus Größeren, scheinen die Pinguine bei diesem Gerangel die Unterlegenen, und so ziehen sie nach einigem Hin und Her würdevoll im »Gänsemarsch« wieder ab, worauf sich die Kormorane nach kurzem Gekreisch und Geflatter erneut auf ihren Nestern niederlassen. Was das Ganze eigentlich soll, bleibt schleierhaft – vielleicht wollen die Pinguine demonstrieren, daß ihnen die ganze Insel samt Kuppe gehört, aber keinen Streit anfangen. Doch was es auch immer bedeuten mag, jedenfalls

scheint sich die kleine Zeremonie nur einmal täglich, und zwar am Abend, abzuspielen.

Zum Schluß fängt die Mannschaft mit aller Vorsicht noch einen Pinguin ein, um ihn etwas genauer zu betrachten. Als sie den Pinguin nach ein paar Minuten wieder freilassen, watschelt er, sich schüttelnd und kreischend, sichtlich entrüstet davon. Man merkt ihm deutlich an, daß er sich in seiner Würde verletzt fühlt.

Obwohl das Wetter alles andere als freundlich aussieht und der Seegang immer stärker wird, macht sich ein Team unter Leitung von Bébert auf, um ein Nachbarinselchen der Bird-Insel zu erkunden. Wie die Männer durch das hohe, dichte Gras stapfen, hopsen schwarze Kaninchen in tollen Sprüngen um ihre Beine. Woher kommen sie? Ein Rätsel ... Außerdem halten sich Pinguine im Gras auf, auch das ungewöhnlich, denn in der Regel bevorzugen sie felsiges Gelände.

Mitten auf der Insel entdeckt das Team ein riesiges Walskelett. Die gewaltigen Wirbel, die ausladenden Rippen, der runde Schädel – alles scheint noch erhalten. Da sich das Relikt auf der insgesamt niedrigen und ebenen Insel immerhin 5 bis 6 Meter über dem Meeresspiegel befindet, muß der Wal wohl durch einen besonders heftigen Sturm dorthin gespült worden sein.

Auch diese Insel ist dicht von Vögeln bevölkert, die pausenlos auffliegen und landen, vor allem Tölpel, deren anschwellendes und dann wieder abklingendes Gekreisch an eine aufgebrachte Menschenmenge erinnert – schöne Vögel mit einem flaumig weichen, rotgelben Kopf und einem ziemlich langen blauen Schnabel, blau umrandeten Augen und einem langen anmutigen, hinten hellblau gestreiften Hals. Der Körper leuchtet weiß, Flügel und Schwanz sind schwarz gefärbt, und selbst noch die Zehen der kurzen Schwimmfüße tragen eine grünliche Streifung.

Goupil filmt die Vögel bei ihrem rastlosen Treiben, während Marcelin ihr Geschrei auf Band aufnimmt. Da sich das Wetter jedoch zusehends verschlechtert, kehrt das Team unter einigen Schwierigkeiten auf die *Calypso* zurück. Als alle an Bord sind, lichten wir den Anker und nehmen Kurs auf Port Elizabeth, von wo wir am 28. Februar bei immer noch schlechtem Wetter und grober See in Richtung Kapstadt aufbrechen.

Während die *Calypso* vor der Geysir-Insel kreuzt, begibt sich Falco mit einem Team an Land. Gleich darauf bittet er uns per Telefon, möglichst nahe bei der Küste vor Anker zu gehen und das gesamte Filmmaterial hinüberzuschicken: Auf der Insel gibt es Hunderte von

Seebären. So senden wir denn zur Verstärkung des Teams die Barkassen aus, die durch ziemlich klares Wasser über dichtbewachsene, mit ihren langen, baumstarken »stipes« an die kalifornischen Kelpwälder erinnernde Tanggründe zur Insel hinübersteuern.

Das erste, was den Männern hier entgegenschlägt, ist ein sonderbar stechender Geruch, dessen Quelle sie indessen bald entdecken – Urinpfützen und Exkremente, in denen sich die Seebärenbabys wälzen, die am Ufersaum schwimmen lernen.

Einem der Jungtiere steckt ein Angelhaken im Auge. Dem Doktor gelingt es zwar, ihn zu entfernen, doch kann er mangels Medikamenten nichts weiter für die kleine Robbe tun und läßt sie wieder frei, überzeugt, daß sie sich einäugig wird durchs Leben schlagen müssen.

Da wir keine Ahnung haben, wie sich die Seebären verhalten werden, vor allem die Weibchen, die sich möglicherweise aus Angst um ihre Jungen auf die Taucher stürzen und sie mit ihrem kräftigen Gebiß bearbeiten können, haben wir mit den Barkassen vorsichtshalber auch die Anti-Hai-Käfige zur Insel hinübergeschickt.

Allerdings erweist sich das Manöver mit den Käfigen infolge des schlechten Wetters als recht schwierig, und es dauert über eine halbe Stunde, bis sie zu Wasser gelassen sind. Michel Deloire, der sich in einem hat absenken lassen und erst vom Käfig aus filmte, verläßt sein Gehäuse, als sich keiner der tauchenden Seebären angriffslustig zeigt, und setzt die Dreharbeit ohne Vorsichtsmaßnahmen im offenen Wasser fort. Und tatsächlich geht alles gut: Die Seebären umkreisen ihn neugierig, beschnuppern ihn, bleiben aber auf der Hut und suchen bei der geringsten Bewegung das Weite.

Auch als ihnen die Taucher eigens für sie gefangene, lebende Fische vorhalten, legen die Tiere ihre Scheu nicht ab: Nicht einmal durch eine Makrele lassen sie sich dazu bewegen, aus der Hand zu fressen.

So ist diese erste Begegnung nur ein halber Erfolg. Die Zutraulichkeit der Tiere läßt sich offensichtlich um keinen Preis erzielen, und außerdem ist das Wasser in den Kelpwäldern trüb.

Während sich Deloire unter diesen ungünstigen Umständen mit einer Unterwasserszene abplagt, ist Goupil an Land mehr Glück beschieden: Er entdeckt ein Seebärenbaby, das hingebungsvoll an seiner Mutter trinkt, kann sich anschleichen, ohne die Tiere aufzustören, und den Vorgang in aller Ausführlichkeit filmen.

Trotz ihres scheuen Gebarens haben die Seebären im Handumdrehen das Herz der Taucher erobert, die nicht müde werden, die Posen der Tiere an Land und ihre wundervolle Geschmeidigkeit im Wasser zu bestaunen. Schade nur, daß es auf der von ihnen bevöl-

Beim Auftauchen unserer Männer ergreifen die Seebären die Flucht.

kerten Insel so schlecht riecht. Manchmal hebt es einem geradezu den Magen.

Am 1. März können wir trotz des stürmisch auffrischenden Windes vom Zodiak aus filmen, wie mindestens 50 Seebären gemeinsam ins Wasser gehen. Doch dann heißt es, das Schlauchboot schleunigst einholen, und da an Weitermachen nicht zu denken ist, suchen wir um 16.30 Uhr wieder einmal Zuflucht in Kapstadt.

Am 2. März liegen wir untätig im Hafen vor Anker. Aber als wir sehen, wie sich die Seebären im Hafenbecken tummeln, fühlen wir uns leicht beschämt – es ist gerade, als wollten sie uns verspotten. So legen wir trotz des schlechten Wetters ab. Doch als wir das Nadelkap umrunden, weht der Wind mit 40 Knoten. Es hilft alles nichts, wir müssen wieder umkehren.

Am 3. März starten wir erneut, um unsere Seeflöhe auf ihre Dichtigkeit zu testen und in den hohen Algenwäldern ein bißchen zu filmen.

Zunächst nehmen wir Kurs auf die False Bay, machen dann aber unterwegs in einer kleinen, vor Wind und Wellen geschützten Bucht halt und filmen unsere Taucher im Kelpdickicht, wobei wir kleine, an den Algen sitzende Langusten entdecken.
Das Wasser ist eisig – genauso kalt wie damals bei unserem Experiment mit Précontinent III, wie Bonnici zutreffend bemerkt.
Immerhin können wir den Versuch mit den Seeflöhen an einer etwa 100 Meter tiefen Stelle erfolgreich durchführen.

Als nächstes beschließen wir, ein Wrack am Meeresgrund zu besichtigen, von dem uns ein befreundeter Kapstädter Taucher, Gary Haselau, erzählt hat.
Es handelt sich um die Überreste der *Maori,* eines Schiffes, das während des Ersten Weltkrieges oder vielleicht auch früher gesunken sein dürfte. Mittlerweile ist es über und über von Kelp überwachsen und verschwindet völlig in dem dichten Pflanzengewirr, das baumgleich zur Oberfläche aufsteigt – von oben gesehen ein geradezu phantastischer Anblick.
Christian Bonnici und Raymond Coll tauchen, die Kelpwedel auseinanderbiegend, zum Grund ab und unterziehen den alten Kahn einer eingehenden Musterung. Außer zwei Neunaugen und etlichen Langusten, die hier ihren Wohnsitz aufgeschlagen haben, entdecken sie einen ganzen Stapel verkorkter Flaschen, die sie unverzüglich an Bord der *Calypso* schaffen. Neugierig lassen wir ein paar Pfropfen springen und verkosten alle, meine Wenigkeit nicht ausgenommen, mit gebührender Vorsicht das Gebräu, das seit rund 60 Jahren am Meeresgrund ruhte. Es hervorragend zu nennen wäre übertrieben, aber immerhin erweist es sich als trinkbar. Was es freilich sein mag, bleibt unerfindlich – die Meinungen gehen in diesem Punkt auseinander. Raymond Coll hält es für ein Bier-Whisky-Gemisch, ein Getränk, das sich in Südafrika großer Beliebtheit erfreut, während es mich eher an ein hochprozentiges Bier, vielleicht englischen Stout, erinnert. Plötzlich tut es auf dem Achterdeck, wo wir die Flaschen abgestellt haben, einen Knall: In der Sonnenhitze hat es einen Korken herausgetrieben, die Flüssigkeit spritzt gegen die Schiffswand und ätzt im Handumdrehen die Farbe weg. Uns wird allmählich um unseren Magen bang.
Tags darauf beschließen wir, das Wrack zu filmen – mit seinem Tangbewuchs, der wie der ungeheure Haarschopf einer Ertrunkenen aufsteigt, müßte das Gespensterschiff eigentlich recht gute Aufnahmen abgeben. Wie Deloire eben dabei ist, einen Taucher gemütlich von allen Seiten zu filmen, kommen rund zehn Südafrikaner

angeschwommen, und binnen weniger Minuten hat sich das Wrack in das reinste Schlachtfeld verwandelt. Alles, Flaschen, Teller, Langusten, ja selbst alte Linoleumrollen, die offenbar zur Ladung gehörten, werden zur Oberfläche transportiert. Was allerdings das Linoleum betrifft, so sind die Aussichten, daß es sich noch verwenden läßt, gering.
Da das Wasser weiterhin eiskalt ist – die Temperatur beträgt höchstens 10 Grad –, erstarren die Taucher zu Eiszapfen. Die leichten Neoprenanzüge, die wir im Roten Meer trugen, sind hierzulande entschieden zu dünn.

Gegen 13 Uhr brechen unsere Leute in den Barkassen von der Wrack-Fundstelle auf, werden aber auf dem Rückweg zur *Calypso* achtern von einer gewaltigen Welle erfaßt und so übel herumgeschleudert, daß beide Fahrzeuge vollaufen, ja, Béberts Kahn kentert sogar, die Insassen finden sich schnaubend und prustend im Wasser wieder, während die beiden Stromerzeugersätze für die Filmscheinwerfer spurlos im Kelp verschwinden.
Auch die Besatzung der zweiten Barkasse paddelt mit Ausnahme von Bonnici, der sich aus Leibeskräften am Kahn festgeklammert hat, im Wasser herum, und dazwischen treiben Schwimmflossen, Tauchmasken und Kleidungsstücke; die Sauerstoffflaschen sind wie die Stromerzeugersätze bereits abgesoffen.
Ein harter Schlag, doch gottlob hat die Crew an Bord der *Calypso* alles mitverfolgt und sogleich eine Rettungsmannschaft ausgeschickt. Nach zweistündiger harter Arbeit ist der Schaden behoben, sämtliche gesunkenen Objekte trotz Kelp vom etwa 12 Meter tiefen Grund heraufgetaucht – bei der unruhigen See gar nicht so einfach. Zweifellos werden unsere Leute heute nacht den Schlaf der Gerechten schlafen. Unser Chefmechaniker montiert sofort die Außenbordmotoren ab und repariert sie noch am gleichen Abend, während Marcelin und Joxe mit den Stromerzeugersätzen mehr Mühe haben. Wieder einmal zeigt sich, daß man an Bord der *Calypso* schlicht alles können muß.

Da sich das Wetter auch an den folgenden Tagen nicht aufheitert und die See sehr hoch geht, wird aus der Arbeit nicht viel, zumal wir keine Lust verspüren, mit den Barkassen die nächste Pleite zu erleben. Erst am 10. März können wir die Seeflöhe in der geschützten Sandy Bay endlich zu Wasser lassen.
Gegen 13 Uhr setzt sich Bébert ans Steuer und schließt den Deckel über sich, kommt aber gegen die starke Dünung aus Südwest, die

An Bord der *Calypso* erholt sich einer unserer neuen Gäste von seinem Schrecken und beginnt sich eifrig zu putzen.

alle Manöver ungemein erschwert, kaum an. Da das Wasser überdies noch trüb und die Stelle ziemlich seicht ist, hieven wir den Seefloh wieder an Bord und fahren weiter, um an einer anderen, etwa 100 Meter tiefen Stelle einen neuen Versuch zu starten.

Gegen Abend scheint sich die See endlich etwas zu beruhigen. Der Seefloh wird erneut abgesenkt, wiederum mit Falco an Bord, der ihn durch das nach wie vor trübe Wasser steuert, durch eine richtige »Suppe«, wie Bébert das dichte Geschwebe bezeichnet, in dem sich das Licht der Scheinwerfer wie im Nebel verliert.
Während des Abtauchens nirgends ein Fisch, nur ein paar am Boden festsitzende Schwämme und Polypen. In 90 Meter Tiefe taucht ein Seebär auf und umkreist unsere Untertasse neugierig – nicht der erste seiner Art, der unsere Seeflöhe beäugt, wobei sie stets, ob einzeln oder in Gruppen, ganz nahe heranschwimmen und um das Tauchfahrzeug ihre Runden drehen. Anschließend pflegen sie hart über den Grund dahinzustreichen und den Sand oder Schlamm aus einem mir bisher unerfindlichen Zweck mit ihren Barthaaren abzutasten.
Eins jedenfalls zeigen die Tauchfahrten mit den Seeflöhen ganz deutlich – daß nämlich die Tiere, die in der Regel die Vierzig-, Fünfzigmetergrenze kaum unterschreiten, auch sehr viel weiter abtauchen und sich vermutlich noch in 100 Meter Tiefe und darunter ohne die geringste Anstrengung bewegen können.
Es ist tatsächlich bewundernswert, mit welcher Leichtigkeit sie sich so weit drunten tummeln, bald pfeilschnell dahinschießen, bald mit geschmeidigen Bewegungen um den Seefloh ihre Kreise ziehen. Unsere Sympathie für sie nimmt täglich zu, und dabei hat das Abenteuer eben erst begonnen.

11. März – dichter Nebel über der See.
In der Erwartung, weiter draußen klares Wasser vorzufinden, nehmen wir Kurs aufs offene Meer. Doch unsere Hoffnung erweist sich als trügerisch: Nach zwanzigminütiger Fahrt ist die See noch immer gleich trüb.
Gegen 15 Uhr scheinen die Verhältnisse dann endlich etwas günstiger, und so lassen wir die beiden Seeflöhe, den einen mit Falco, den anderen mit Laban, zu Wasser. Die tauchenden Untertassen entfernen sich ein Stück von der *Calypso* und führen verschiedene Manöver aus, bei denen sich unsere Kameraden mit den eingebauten Unterwasserkameras gegenseitig filmen.
Als es gegen 17 Uhr zu regnen anfängt und die See zusehends gröber wird, erteile ich Falco und Laban per Unterwassertelefon die Order, unverzüglich aufzusteigen – wie sich herausstellt, gerade noch zur rechten Zeit: Als wir die tauchenden Untertassen an Bord hieven, geht die See bereits so hoch, daß das Bergungsmanöver einem Akrobatenstück gleichkommt.

12. März – immer noch eine gewaltige Dünung aus Südwest. Durch das anhaltend schlechte Wetter sind wir mit unserer Arbeit schwer in Verzug geraten, und ich beginne mir allmählich ernstlich Sorgen zu machen, ob wir unser sehr umfangreiches Programm einhalten können. Jedenfalls werden wir für die im Kapgebiet besonders zahlreich vertretenen Seebären nicht ganz soviel Zeit erübrigen können, wie ursprünglich vorgesehen, geschweige denn imstande sein, einen ganzen Film über sie zu drehen.

Dabei wären die Tiere, die außer Hai und Schwertwal nur einen wirklich gefährlichen Feind haben, den Menschen, der sie im Laufe der letzten 250 Jahre wegen ihres Trans und ihres Pelzes so schonungslos jagte, daß die Weltbestände von mehreren Millionen auf einige hunderttausend Exemplare zurückgegangen sind, ausgesprochen interessant: Sie besitzen ein größeres Gehirn als der Hund (wenn auch ein kleineres als der Tümmler) und ein entsprechend differenziertes Seelenleben und unternehmen Jahr für Jahr ausgedehnte Wanderzüge durchs Meer, um an die Stätte ihrer Geburt zurückzukehren. Hier legen sich die großen und starken, bis über 300 Kilogramm schweren Bullen, die sogenannten Strandmeister, zum Teil riesige Harems zu, die sie wütend verteidigen, hier werfen die Weibchen ihr einziges, 5 bis 6 Kilo schweres, im Vorjahr empfangenes Junges – unmittelbar vor der neuen Paarungszeit.

Wirklich bedauerlich, daß wir unter solchem Zeitdruck stehen und die Pelzrobben vom Kap nicht so lange beobachten können, wie es mir wünschenswert erschiene.

Aber in Amerika warten schon neue Aufgaben auf uns. So soll auf einer Korallenbank in der Karibischen See ein Stück Unterwasser-Archäologie über die Runden gehen, wie es bislang noch niemand unternommen hat, und eine Tauchexpedition im 4000 Meter hoch in den Anden gelegenen Titicaca-See die physiologischen Voraussetzungen des Tauchens in großer Höhe klären helfen – von fünf bis sechs weiteren Arbeitsvorhaben und Filmprojekten noch ganz zu schweigen. (Vgl. Jacques-Yves Cousteau und Philippe Diolé, *Silberschiffe* – Tauchen nach versunkenen Schätzen, und Jacques-Yves Cousteau und Philippe Diolé, *Calypso* – Abenteuer eines Forschungsschiffes.)

Da ich aber geringe Lust verspüre, die *Calypso* just zur Zeit der schlimmsten Stürme über den Atlantik zu steuern und so Schiff und Besatzung unnötig zu strapazieren, andererseits jedoch jeder an Bord die Beziehung zu den Seebären, für die wir mittlerweile so lebhafte Sympathie empfinden, fortsetzen möchte, sehe ich nur einen Ausweg – ein oder zwei Tiere einzufangen und an Bord zu halten, um sie in aller Muße zu beobachten. Aber so vielversprechend das Experiment auch erscheint, ich kann mich nur schweren Herzens dazu entschließen. Es geht mir gegen den Strich, Tiere ihrer Freiheit zu berauben, besonders wenn sie so beweglich und ihrem natürlichen Element so verhaftet sind wie die Meeressäuger. Gefangene Tiere, gleich welcher Art, haben uns seit jeher traurig gestimmt, und erst recht lehnen wir all die Prozeduren der Zirkusdressur ab.

Dennoch reizt mich gerade dieser Versuch ungemein: herauszubringen, ob man Seebären in solchem Maße an den Menschen gewöhnen kann, daß sie ihm ebenso freiwillig in die Meerestiefe folgen, wie ein Hund seinen Herrn bei einem Waldspaziergang begleitet.

Trotzdem konnte ich meine Bedenken eine ganze Zeit nicht loswerden. Entsprang, so fragte ich mich, unser Drang, den Tieren unseren Willen aufzuzwingen und sie an unsere eigene Lebensweise zu gewöhnen, nicht der Sucht, sich alles anzueignen, und lief es damit letztlich nicht auf eine Vergewaltigung der Natur hinaus? Und wenn schließlich auch mein Wissensdurst siegte – die Neugier, ob sich aus einem Seebären nicht auch etwas anderes machen ließ als ein Zirkustier – und ich von einem Meeressäuger träumte, der sich an einen Herrn gewöhnen und uns bei unseren Tauchgängen begleiten würde, konnte ich an den Erfolg unseres Experiments doch nicht so recht glauben und war denn auch vom Ausgang aufs angenehmste überrascht.

Falls es, soviel war mir klar, gelang, die Seebären an gewissen menschlichen Unternehmungen zu beteiligen (vorausgesetzt, man ließ die durchaus berechtigten moralischen Einwände beiseite), so konnte man sich von ihnen eine ganze Reihe praktischer Hilfsdienste erwarten. Ich dachte damals insbesondere an die Fontaine de Vaucluse, zu deren Erforschung wir schon dreimal erfolglos angesetzt hatten. Zwar waren wir jedesmal etwas weiter vorgedrungen und hatten beim dritten Versuch eine ferngesteuerte Kamera in eine den Tauchern nicht mehr zugängliche Tiefe absenken können, aber auch sie war bei 120 Metern hängengeblieben. Zweifellos aber führte der Abgrund noch viel weiter hinunter, und hier konnte ein Seebär unter Umständen gute Dienste leisten, jedenfalls bessere als ein Delphin, der sich, weniger wendig und im Durchschwimmen enger Passagen nicht so geübt, womöglich die Haut aufschürfen und in Panik geraten würde. Man brauchte lediglich eine automatische Kamera auf dem Rücken der Robbe zu befestigen, um wertvolle Aufschlüsse über die dem Menschen verschlossenen finsteren Gänge zu gewinnen.

Nachdem ich lange mit mir zu Rate gegangen bin, ordne ich an, Kurs auf die Robbeninsel Seal Island zu nehmen, um dort zwei Seebären einzufangen. Aber obwohl ich die Taucher angewiesen habe, die Tiere schonend zu behandeln und sie nach Möglichkeit nicht zu verängstigen, komme ich mir ein bißchen grausam vor.

Um 14 Uhr gehen wir bei der Insel, gegen die das Meer wütend anbrandet, vor Anker, und ich sehe durchs Glas deutlich die Seebären, wie sie, teils bräunlich, teils mehr rötlich, in dichten Scharen auf den Felsen liegen und die kleinen runden Köpfe in die Sonne recken.

16 Uhr: Die erste Barkasse, in der sich außer zwei Filmleuten Dr. Millet, Sumian und Omer befinden, startet in Richtung Insel, dann folgt die Zodiak mit Bébert, Michel Deloire, Christian und schließlich die zweite Barkasse mit Laban, Maurice und René.

Wie man sieht, haben wir fast die gesamte Mannschaft aufgeboten, um unser Vorhaben möglichst zügig zu verwirklichen. Insgesamt dürfte die Aktion wohl einige Tage in Anspruch nehmen – es sollen ein paar Spulen abgedreht und vor allem auch das Fangmanöver selbst gefilmt werden. Den Rest können wir dann während der Überfahrt über den Atlantik an Bord besorgen – in dieser Zeit werden wir Gelegenheit genug haben, den Streifen zu einem umfangreichen Dokument auszubauen.

Doch vorläufig sind das noch Zukunftspläne – im Augenblick schaukelt die Barkasse heftig auf den Wellen, während die Zodiak gerade die tobende Brandung durchquert hat. Nachdem er die schwierige Passage zwischen den Felsen hindurch gemeistert hat, setzt Bébert an der Nordostspitze der Insel zur Landung an, wo die Wellen mit voller Wucht gegen die großen, flachen, ganz mit Algen überzogenen und daher reichlich glitschigen Steine schlagen. Raymond Deloire springt ab, findet jedoch keinen Halt und stürzt. Wie es scheint, hat er sich am rechten Fuß ernstlich verletzt. Der per Walkie-Talkie herbeizitierte Dr. Millet, der kurz darauf mit der Zodiak an der Stätte des Unglücks eintrifft, diagnostiziert eine Fraktur. Deloire muß möglichst vorsichtig und schonend aufs Schiff zurücktransportiert werden. Morgen soll sein Fuß in Kapstadt geröntgt und in Gips gelegt werden. Unterdessen hat der Rest des Teams die Kameras und vor allem das große Netz, mit dem die Seebären eingefangen werden sollen, glücklich an Land geschafft, wobei sich die Männer von dem stechenden Geruch, den das Eiland verströmt, we-

In diesem inseleinwärts gelegenen Tümpel lernen die jungen Seebären schwimmen.

nig erbaut zeigen. Doch wie Christian Bonnici besänftigend meint: »Nach einer halben Stunde merkt man fast nichts mehr.«

Im Meer wie an Land wimmelt es von Seebären, die die Luft mit ihrem heiseren Gebell erfüllen. Während die einen im Wasser Kapriolen schlagen, sonnen sich – merkwürdiger Gegensatz – die geruhsameren und älteren Tiere friedlich auf den Felsen und recken lediglich den Hals, um die Eindringlinge zu beäugen.

Doch der Friede währt nicht lange: Gleich beim ersten (im übrigen erfolglosen) Versuch, einer Robbe das Netz überzustülpen, schlägt das bedrängte Tier Alarm und schreckt alle anderen auf, die eiligst über die großen runden Uferblöcke dem Wasser zustreben.

Hierauf versuchen es vier Taucher gemeinsam. Jeder packt das Netz an einem Zipfel und stürmt los, doch wie es das Unglück will, rutschen drei aus und bleiben auf der Strecke, während der vierte den Seebären gerade noch einholen kann, ehe er sich mit den Füßen im Garn verheddert und gleichfalls zu Boden geht.

Dominique Sumian, der den Tieren besonders emsig nachstellt, kann diesem Schicksal zwar entgehen, aber dafür fällt ihn, während er einen Seebären vor sich hertreibt, ein zweiter hinterrücks an und beißt ihn in den Oberschenkel. Gottlob bleibt der Taucheranzug ganz, was beweist, wie nützlich diese in der Sonnenhitze oft so lästige Montur in manchen Fällen sein kann.

So geht die Jagd, während Laban und Lionel unverdrossen filmen und Marcelin Tonaufnahmen macht, eine Zeitlang weiter, bis es schließlich dann doch gelingt, ein Tier halbwegs schonend mit dem Netz dingfest zu machen. Und schon stehen die Männer vor der nächsten Schwierigkeit, denn nun gilt es, den Seebären auf die *Calypso* zu schaffen. Zunächst wird das Netz mit der Beute von Sumian und Bonnici wie vorgesehen an einen Stab geknüpft und geschultert, doch es erweist sich als unmöglich, mit der Last durch die Brecher zu waten. Zum Glück hat Falco mit Hilfe der Barkasse eine Art Fähre gebaut, in die René und Maurice das Tier hieven – unter den besorgten Blicken der Crew, die nach all den Mühen befürchtet, die vom Netz beengte Robbe könnte ersticken oder sich sonstwie verletzen. Die Boote schaukeln furchterregend, und es gibt noch ein paar Stürze, aber schließlich ist das Kunststück doch geschafft, die Gerätschaften aufgelesen und eingeladen, und ab geht's mit Barkassen und Zodiaks.

Endlich an Bord, wird der Seebär aus seiner Netzumgarnung befreit und unter Streicheln und gutem Zureden in einen der Anti-Hai-Käfige gesperrt. Er macht trotz allem einen etwas verstörten Eindruck.

13. März: Um 8 Uhr landet ein neues Kommando bei stürmischem Südwind und Sonne an derselben Stelle wie gestern.
Obwohl die Dünung noch immer sehr hoch geht, kommt diesmal beim Landemanöver keiner zu Schaden. Aber es sind noch keine 5 Minuten vergangen, da wird Sumian, der wieder nicht aufpaßt, erneut von einem Seebären gebissen, während Bébert bäuchlings in eine Urinpfütze fällt.
Trotz der tobenden Brandung versucht ein Team, die Seebären unter Wasser zu filmen, wo sich jetzt die meisten Tiere tummeln. Aber man kommt hier noch schwerer an sie heran als an Land – vergeblich halten ihnen unsere Kameraden lebende Fische vor. Die Robben bleiben bei aller Neugier auf der Hut und lassen sich, wie schon bei den voraufgegangenen Versuchen, nicht einmal durch eine Makrele dazu bewegen, aus der Hand zu fressen.

Manchmal streifen die Weibchen tagelang auf Nahrungssuche im Wasser herum und gehen nur an Land, um die Jungen zu säugen. Zur Zeit unseres Besuches auf der Insel wimmelte es in den Wasserlöchern von etwa zwei Monate alten Jungtieren. Die natürlichen Schwimmbecken waren von kleinen schwarzen Köpfen geradezu übersät.
Dr. Millet, der sich besonders eingehend mit dem Treiben der Seebären an Land beschäftigte, berichtete uns allerlei interessante Details, so unter anderem, daß die Jungen in regelrechten »Kindergärten« zusammen leben. »In jedem der Wasserlöcher«, erzählte er, »tummeln sich an die hundertfünfzig bis zweihundert Jungtiere. Verschiedentlich kann man allerdings auch beobachten, daß ein Muttertier ein einzelnes Robbenbaby betreut, vielleicht weil es besonders schwächlich ist oder auch schlicht bevorzugt wird. Im übrigen nehmen die Alten Reißaus, sowie man etwas näher herankommt.
Im großen und ganzen haben es die Jungen nicht leicht, sich inmitten des stetigen Getriebes im Harem zu behaupten. Übrigens kommen sie mit offenen Augen zur Welt und sind von Anfang an bepelzt. Sie werden in unregelmäßigen Abständen gesäugt, wobei sie jeweils bis zu fünf Liter Muttermilch trinken. In den Zwischenzeiten üben sie sich ganz allein im Schwimmen, erst in den bei Ebbe zurückbleibenden Wasserpfützen und später im Meer.
Am leichtesten kommt man an sie heran, wenn sie schlafen – man braucht dann nur gegen den Wind zu gehen. Da sie im Schlaf offenbar nicht besonders gut hören, kann man sich ihnen oft bis auf einen Meter nähern. Sehen sie einen jedoch, ergreifen sie sofort die

Flucht – offensichtlich reagieren sie vor allem auf optische Eindrücke.«
Dasselbe stellen auch Bonnici, Falco und Coll fest, als sie mit ein paar Kameraden auf Seebärenfang gehen: Panik bricht unter der Herde aus, und obgleich Bébert das Netz wie ein Gladiator schwingt, erreicht er nicht viel: Als es zu Boden saust, ist der Seebär schon wer weiß wo. Was immer sich das Team einfallen läßt, der Erfolg bleibt mager.
Einmal zerreißt das Netz an den Felsen; dann wieder saugt es sich so voll Meerwasser, daß es vor Schwere nicht mehr zu handhaben ist.
Für die auf der *Calypso* Zurückgebliebenen nimmt sich dieser homerische Kampf ungemein komisch aus, und sie belachen ihn um so ungenierter, als sich auch die Taucher selbst köstlich zu amüsieren scheinen – jedenfalls brüllen sie aus vollem Halse, vollführen die sonderbarsten Verrenkungen und wiehern jedesmal los, wenn wieder einer auf den Exkrementen ausrutscht. Tatsächlich bedarf es keiner sonderlichen Bosheit, um angesichts dieses ungleichen Rennens in Heiterkeit zu geraten: Während die Seebären spielend vorankommen und sich den Nachstellungen im Handumdrehen zu entziehen wissen, stolpern unsere Kameraden, wiewohl doch im Springen von Felsblock zu Felsblock nicht eben ungeübt, mehr fallend als gehend über die glitschigen Algen. Aber wer konnte auch ahnen, daß die Tiere eine solche Wendigkeit an den Tag legen würden? Widerstand, gewiß, darauf waren wir gefaßt, denn mit ihren 30 Kilogramm Muskeln und ihrem scharfen Gebiß sind die Seebären beachtliche Gegner. Doch diese Agilität war nicht vorherzusehen.
Daß wir schließlich doch noch ans Ziel kommen, verdanken wir der Taktik von Dominique Sumian, der die langen Arme ausstreckt, einen Seebären mit festem Griff an den hinteren Extremitäten packt und ihn festhält, während Raymond Coll blitzschnell das Netz schleudert. Und schon kann sich das Tier nicht mehr rühren, wird am Stab befestigt, zur Barkasse hinübergehievt und auf die *Calypso* geschafft, wo es vorläufig im zweiten Anti-Hai-Käfig einquartiert wird.
Somit hätten wir also zwei an Bord.
Doch das Vergnügen währt nicht lang. Noch in selbiger Nacht macht sich der Neuankömmling wieder davon. René, der gerade eine Dusche nimmt, sieht ihn auf dem Achterdeck herumwatscheln und stürzt splitternackt hinaus, aber es ist schon zu spät! Der Seebär plumpst bereits ins Wasser.
Also heißt es – zur geringen Begeisterung der Crew – morgen wie-

Die zahlenstarke Baßtölpel-Kolonie auf der Bird-Insel vor Port Elizabeth.

der zur Jagd gehen und vor allem die Käfige durch Netze absichern. Am 15. landet ein neues Kommando auf der Insel, und diesmal klappt alles wie am Schnürchen: Fast auf Anhieb überwältigt Sumian einen Seebären, der unverzüglich umgarnt, am Fährseil befestigt und an Bord transportiert wird, wo wir ihn jedoch vorsichtshalber noch nicht mit seinem gefangenen Kameraden zusammenbringen.

Im Augenblick haben wir für solche Versuche auch noch gar keine Zeit – erst müssen wir ein von Kommandant Alinat konstruiertes Gerät erproben, das die Taucher wenig respektvoll »den Schubkarren« getauft haben, einen Unterwasserschlitten mit anmontierter Kamera, der von einer Barkasse gezogen wird und mit dem wir schwimmende Wale aufzunehmen hoffen. Zuvor allerdings müssen, wie sich jetzt herausstellt, noch einige Verbesserungen vorgenommen werden, denn im Moment dreht sich das Gefährt bei Bedienung des Seitenruders schraubenförmig im Wasser und wirbelt den Taucher mit herum.
Schließlich treten wir die Rückfahrt nach Kapstadt an. Unsere beiden Seebären machen uns Sorge – sie verweigern jegliche Nahrung. Dabei scheinen sie sich soweit ganz wohl zu fühlen und sich in ihr Schicksal zu fügen, wenn man sich auch besser vor ihnen in acht nimmt, da sie oft ganz jäh zuschnappen. Wir wissen bis jetzt nicht viel mehr, als daß es sich um zwei Jungtiere, vermutlich Männchen, handelt, von denen das eine mehr grau, das andere dagegen eher rötlich gefärbt ist. Und da wir uns mit der Frage, wie man bei der Zähmung psychologisch richtig verfährt, aus Zeitmangel bis jetzt noch kaum beschäftigen konnten, beschließen wir, uns von einem Fachmann beraten zu lassen.
Per Funk beauftragen wir Jean-Michel, sich nach einem Experten umzutun, und er scheint auch bald den richtigen Mann gefunden zu haben, einen »Seebären-Dresseur« (wie er sich selbst nennt), der mit einem reichlich sonderbaren Gerät an Bord erscheint, einer rechteckigen Box, die auf der einen Seite vergittert ist, während die andere ein kreisrundes Loch aufweist. In dieser Öffnung kann man den Kopf des Seebären festklemmen, um ihm mit Gewalt einen Fisch in den Schlund zu stopfen.
Konsterniert starrt die auf dem Achterdeck versammelte Crew den Kasten an. Wir hatten uns Ratschläge für die richtige Behandlung unserer Seebären erhofft, und nun bringt dieser Henkersknecht uns solch ein mittelalterlich anmutendes Folterinstrument angeschleppt!
Selbst den Seebären scheint nichts Gutes zu schwanen – sie rumoren unruhig und verschreckt in ihren Käfigen.
Doch da rettet Bébert die Situation. »Wir hier«, erklärt er dem Dresseur, »wollen es lieber mit anderen Mitteln versuchen.«
Sagt's, springt ins Wasser und fängt ein paar Brassen, die er lebend an Bord bringt, sauber zu Filets tranchiert und den Seebären vorhält, die sie gierig verschlingen. Der Tierbändiger sperrt Maul und Augen auf und lobt die neue Methode begeistert.

Als dann Bonnici auf Fischfang geht, nehmen die Seebären die Brassen, offenbar eine Art Leibspeise, wieder ohne weiteres an.
Der 18. und 19. März vergeht mit dem Bau eines geeigneten Geheges auf dem Achterdeck der *Calypso*. Wir haben eine blaue Plastikhaut erstanden, die Dominique Sumian nun auf einem selbstgebastelten Holzgestell befestigt. Dann werden die beiden Anti-Hai-Käfige dicht an das Becken herangerückt, um das wir vorsichtshalber noch ein Netz spannen, bevor wir es mit dem Schlauch vollaufen lassen. Der große Moment ist da, und lebhaft, mit sichtlicher Wonne, stürzen sich unsere beiden Seebären ins kühle Naß, schwimmen hierhin und dorthin, drehen sich um die eigene Achse und vollführen Sprünge, daß das Wasser über das ganze Achterdeck spritzt.
Besonderes Vergnügen bereitet es den Robben, als sie Michel Bernard mit Schrubber und Schlauch säubert – sie lassen sich voller Wohlbehagen abspritzen und abribbeln. Zum Schluß bekommt noch jedes der Tiere seinen Pfleger: Das größere, graue, das wir Christobald getauft haben, wird Michel Bernard versorgen, das kleinere, Pepito, will Raymond Coll, der sich zu ihm besonders hingezogen fühlt, unter seine Fittiche nehmen. Damit beginnt eine echte Freundschaft und ein aufregendes Gefühlsabenteuer.
Ich selbst allerdings stehe der ganzen Sache nach wie vor etwas zwiespältig gegenüber: Einerseits bin ich zwar davon überzeugt, daß sich die beiden Meeressäuger bei entsprechender Pflege und liebevoller Behandlung auf der *Calypso* bald eingewöhnen und mit der Mannschaft in gutem Einvernehmen leben werden, andererseits aber habe ich doch Bedenken, ob wir Pepito und Christobald mit diesem Experiment nicht zuviel zumuten.
Unter anderem ist da das Futterproblem: Wie sollen wir die Seebären während der dreiwöchigen Überfahrt über den Atlantik ernähren? Für alle Fälle schaffen wir in Kapstadt eine Kühltruhe an, in der wir 75 Kilogramm Pilchard einfrieren. Bei ausreichenden Nahrungsquellen entwickeln Robben ja bekanntlich einen prächtigen Appetit – ein ausgewachsenes Tier verschlingt täglich 7 bis 10 Kilo Fisch, Kalmare und Krebstiere – doch können sie bei Nahrungsmangel dank ihrer Fettreserven auch einmal 14 Tage lang ohne Futter auskommen. Demnach müßte also eigentlich alles klappen.
Am 21. März lichtet die *Calypso* den Anker, läßt die afrikanische Küste hinter sich und nimmt Kurs auf den brasilianischen Hafen Natal. Unterwegs berühren wir St. Helena und Ascension.
Zum Glück haben wir während der ganzen Überfahrt strahlendes Wetter . . .

2 *Pepito und Christobald*

Fütterungsversuche – Zwei ausgeprägte Persönlichkeiten – Erste Begegnung – Bedenkliche Anzeichen von Schwäche – Sankt Helena – Ein wunderbarer Fischzug – Bewachte Freiheit – Ascension – Der Versuch, sie anzuschirren

Das Kap liegt nun schon zwei Tage hinter uns. Das Wetter ist schön, und meinen Schätzungen nach könnten wir etwa Mitte April an der brasilianischen Küste und in der Folge im Karibischen Meer anlangen.
Die beiden Seebären gewöhnen sich allmählich an die Menschen und an die Raumnot an Bord. Natürlich versuche ich, ihnen die bestmöglichen Umweltbedingungen zu schaffen, und da sie unter normalen Umständen nahezu 80 Prozent ihres Lebens im Meer verbringen, machen wir uns daran, ihnen aus Sperrholz ein regelrechtes Schwimmbecken zu zimmern und mit einer blauen Plastikfolie zu beziehen. Verglichen mit ihrer bisherigen Bleibe auf dem mit einem Netz umspannten Achterdecks-Lukendeckel haben sie nun doch wesentlich mehr Bewegungsfreiheit, und da ich fürchte, daß sie unter der Trockenheit und Hitze leiden könnten, sorgen wir für einen ständigen Zustrom von Meerwasser.
Bleibt allerdings immer noch die Gefahr, daß sie sich in den Maschen der Netze verfangen oder daß der ziemlich starke Seegang ihr Becken ausleert. Wir müssen sie also Tag und Nacht überwachen können, und so bauen wir in ihrem Bassin eine Fernsehkamera ein.
Alles in allem jedoch scheinen Pepito und Christobald von ihrer neuen Unterkunft begeistert – jedenfalls planschen sie ebenso munter darin herum wie in ihren Tümpeln am Kap der Guten Hoffnung.
Aber trotz all unserer Bemühungen, trotz der verlockendsten Futterangebote haben sie sich, seit sie in Kapstadt gnädig Falcos Brassenfilets annahmen, nicht einmal zum kleinsten Pilchardhappen verleiten lassen.
Zu gern wüßten wir, was die verschiedenen Laute, die sie ausstoßen, zu bedeuten haben. Vielleicht läge hier der Schlüssel zur Verständigung und damit auch zu einem gewissen Vertrauen.
Während der ersten Tage fiel uns vor allem ein kehliges, an Hundegebell erinnerndes Gekläff auf, dessen Funktion wir nicht recht bestimmen konnten. Es konnte Gereiztheit oder auch eine Drohung

ausdrücken. Heute morgen nun war ein tieferer Laut zu hören, den wir ebenfalls nicht zu deuten vermögen. Eins aber steht fest, das Schwimmbecken erfreut sich größter Beliebtheit. Es ist eine wahre Freude, sie in ihrem Element zu beobachten. Dabei können wir ihnen nur relativ wenig Wasser bieten. Trotzdem lassen ihre Spiele in dem kleinen Becken schon ahnen, welche Beweglichkeit sie im offenen Meer entfalten.
Viel Zeit verwenden sie auch aufs Putzen. Vor allem ihrer Schnauze widmen sie größte Aufmerksamkeit. Sie kratzen sich mit ihren Hintergliedmaßen und streichen sich wie die Katzen die Barthaare glatt.

24. März – auf hoher See. Unsere Hauptsorge gilt Christobald, dem widerborstigeren, der noch immer nicht frißt. Trotzdem scheint er bei guter Gesundheit zu sein. Offensichtlich lebt er von seinen Reserven. Aber er ist noch sehr jung, und deshalb kann es so nicht mehr lange weitergehen.
Pepito frißt auch nicht viel mehr, bringt uns aber oft zum Lachen. Er zerkaut den Fisch und schleudert ihn dann in die Luft oder über den Rand des Planschbeckens und gebärdet sich um so ausgelassener, je mehr Leute seinen Possen zusehen. Diese Neigung zu Zirkusnummern trägt ihm den Spitznamen »Pepito der Clown« ein, und wenn er es gar nicht mehr lassen kann, die Bezeichnung »Pepito der Knilch«.
Nach Art eines guten Lehrers, der sich für die ungezogenen Schüler am meisten interessiert, hat ihn Raymond Coll mittlerweile regelrecht ins Herz geschlossen. Um unsere Pensionsgäste endlich zum Fressen zu bewegen, haben wir uns wieder einmal etwas Neues ausgedacht: Wir richten über ihrem Planschbecken eine Art Pendelverkehr ein, das heißt, wir lassen ständig einen Fisch vor ihrer Nase baumeln. Tatsächlich reißt ihn Pepito auch herunter, aber nur, um ihn gleich darauf ins Becken fallen zu lassen. Das nächste Mal bringen wir den Fisch höher an – mit demselben Ergebnis. Unsere Erfindung erweist sich also als ein Schlag ins Wasser. Immerhin amüsiert sie Pepito und Christobald und trägt dadurch vielleicht dazu bei, ihnen die Gefangenschaft etwas erträglicher zu machen.
So bauen wir das Spielchen noch ein bißchen aus und stellen unter unserer Fischfähre den Schemel auf, mit dem Gaston immer in die tauchende Untertasse steigt. Den Fisch lassen wir in entsprechender Höhe darüber pendeln. Binnen fünf Minuten hat Pepito begriffen, den Schemel erklommen und sich den Fisch geschnappt. Er knabbert daran herum, läßt die Stücke dann aber doch ins Wasser fallen. Es ist zum Weinen.

Nun sind wir schon seit 8 Tagen auf offener See, und die beiden Robben fressen noch immer nicht.
Da machen Bonnici und Sumian einen neuen Versuch, steigen selber ins Seebärenbecken, lassen einen Fisch ins Wasser plumpsen, halten ihn Pepito unter die Nase, stoßen ihn ihm zwischen die kleinen spitzen Zähne. Manchmal reißt er ihn ihnen aus der Hand, und wir sagen uns schon: »Jetzt ist es soweit, jetzt frißt er«, aber dann läßt er die abgerissenen Stücke ins Wasser fallen, und nach zwei Versuchen dieser Art heißt es das Becken säubern, weil 5 bis 6 Kilogramm Fisch am Grund verstreut liegen.
Nur etwas fällt auf – Christobald versucht sich zur Autorität aufzuwerfen und macht Pepito das Leben sauer. Bei den Fütterungsversuchen, die wir nach Möglichkeit immer zur selben Stunde wiederholen, stürzt er sich, ohne im Traum ans Fressen zu denken, auf jeden Fisch und hindert so auch Pepito am Fressen, der sonst vielleicht doch den einen oder anderen Brocken annehmen würde.
Der Charakterunterschied zwischen den beiden Tieren beginnt sich bereits deutlich abzuzeichnen. Pepito ist offensichtlich der zutraulichere und possierlichere; er hängt bereits ziemlich an Raymond Coll, während Christobald der gewalttätigere, mißtrauischere, aber auch vitalere und wahrscheinlich »intelligentere« zu sein scheint.
11 Tage haben wir die Tiere nun schon an Bord, und so allmählich läßt sich abschätzen, wie weit wir von unserem Ziel, einer auf Vertrauen gegründeten Verständigung mit den Meeressäugern, die uns in punkto Körpergröße und psychischer Struktur immerhin relativ nahestehen, noch entfernt sind.
Vor allem will ich keine dressierten, abgerichteten Tiere aus ihnen machen. Das möchte ich sogar mit allen Mitteln verhindern, und so veranlasse ich dann auch die Einstellung des Schemelspielchens, obwohl Pepito ja von selbst auf die Idee gekommen ist hinaufzusteigen – und auch der Fisch, da nicht verzehrt, nicht gut als »Belohnung« für eine geglückte Übung betrachtet werden kann.
Nur, wie es anstellen, den beiden Seebären an Bord ihre ganze Spontaneität zu belassen? Vielleicht ist es ein frommer Wunsch, sie nicht »verbiegen« zu wollen. Schließlich müssen sie ja lernen, mit 30 Männern zusammenzuleben. Außerdem sind sie, wie ich zu meinem Erstaunen feststelle, regelrechte Schmierenkomödianten. Offensichtlich interessieren sie sich für uns und wahrscheinlich noch mehr dafür, welchen Eindruck sie auf uns machen. Ja, legen sie es nicht geradezu darauf an, die Menschen immer ein bißchen zu verblüffen? Aber das ist, wohl verstanden, vorerst nur so ein Eindruck von mir.

Im übrigen kennt ihre Betulichkeit bis jetzt durchaus Grenzen. Sie knausern nicht mit Bissen, und obwohl wir mittlerweile schon auf der Hut sind und gelernt haben, schnell in Deckung zu gehen, verfehlen sie ihr Ziel nicht allzuoft. Da ihr Gebiß aber fast ebenso gefährlich ist wie das eines kleinen Bären, hat Dr. Millet mit Pflasteranlegen und Nähen alle Hände voll zu tun.

Doch nicht genug mit den Fütterungsschwierigkeiten, machen uns auch die Exkremente der Tiere zu schaffen, die nun, was wir uns schon auf Seal Island hätten sagen können, die Luft an Bord verpesten. Offensichtlich lassen sich Seebären nicht so ohne weiteres zur Sauberkeit erziehen wie Hunde oder Katzen. Äußerst reinlich, was sie selbst angeht, verschmutzen sie ihre Umgebung aufs unbedenklichste, so daß wir auf dem Achterdeck mit Schrubben und Beckenreinigen kaum nachkommen.

Aufschlußreiche Beobachtungen versprach ich mir von einer Begegnung zwischen unserem an Bord sehr beliebten Boxerhund Zoom und den beiden Seebären. Ich war regelrecht gespannt, wie sie sich zu ihm stellen würden. Doch dann verlief die Begegnung recht nichtssagend: Als Zoom seine beiden neuen Reisegefährten beschnuppern wollte, sträubte Pepito die Barthaare, ohne sich im übrigen feindselig zu zeigen, während Christobald, wie immer der aggressivere, den Boxer beinahe in die Schnauze gebissen hätte. Zoom konnte sich gerade noch in Sicherheit bringen und verzog sich beleidigt aufs Vorderdeck, wo er seither schmollt, war doch gerade das Achterdeck seine Domäne. Aber er ist viel zu gutmütig, um die Eindringlinge verjagen zu wollen. Jedenfalls traue ich ihm nicht zu, daß er den Seebären den Kampf ansagt. Bei Christobald bin ich mir da nicht so sicher.

Für die Etappe Kapstadt–Sankt Helena sind 14 Tage vorgesehen, und wir nähern uns allmählich der Insel, wo die erste Zwischenlandung stattfinden soll. Das Wetter ist großartig. Ungeduldig warte ich auf den Tag, an dem wir die Seebären endlich aus ihrem Sperrbezirk herausholen und an Bord freilassen können – unter Aufsicht natürlich. Sie scheinen mir, wiewohl immer noch beißlustig, mittlerweile zahm genug, um einen ersten Schritt in diese Richtung zu wagen. Zuviel allerdings darf ich den beiden nicht zutrauen – und unseren Leuten nicht zumuten, die ja nicht gerade die Opfer eines verfrühten Versuches werden sollen.

Gewiß, die Seebären haben ihre Scheu abgelegt. Aber das bedeutet noch lange nicht, daß sie schon zur Zusammenarbeit bereit wären. Auf die Phase der Ausgelassenheit folgt zunächst einmal eine Phase

der Lethargie, das heißt, an die Stelle der Badespiele im Planschbecken treten nicht enden wollende Siesten und eine absolute Gleichgültigkeit gegenüber allem, was ringsum vorgeht. Pepito rekelt sich am liebsten in der Sonne und verbringt viel Zeit mit Putzen.
Immerhin läßt er sich, und das ist bemerkenswert, unsere Liebkosungen gelegentlich schon gefallen, ohne uns eine Abfuhr zu erteilen.
Am 24. März zäunen wir mit Hilfe von Netzen auf dem Achterdeck einen größeren Bezirk für die Tiere ein, sperren sie aber abends, da uns die Einfriedung nicht unbedingt gesichert erscheint, wieder in ihre Käfige ein.

Michel Bernard möchte Christobald auf dieses kleine Podest lotsen.

Auf diese Art und Weise können wir sie auch gesondert füttern und Pepito vor Christobalds schlechtem Einfluß bewahren.
Am 31. März endlich wagt sich Michel Bernard mit Stulphandschuhen, Stiefeln und eigens in Kapstadt angefertigten Beinschienen zu Christobald ins Gehege – nicht um ihn zu dressieren, sondern lediglich, um ihn zu streicheln und ihm zu bedeuten, daß die Zeit der Aggression nun endgültig vorbei ist.
Christobald, vermutlich etwas älter als Pepito, hat die Freiheit länger geschmeckt und ist wohl schon zu groß, um den Kontakt zum Menschen noch zu suchen, den die verwaisten Jungtiere anscheinend spontan aufnehmen. Er ist mindestens schon ein Jahr alt. Aber trotz seines feindseligen Verhaltens sind wir fest entschlossen, ihm liebevoll entgegenzukommen, um ihn womöglich schließlich doch noch eines Besseren zu belehren.
Diese erste Kontaktaufnahme geht unentschieden aus. Zwar gelingt es Michel Bernard, Christobalds Flanken zu tätscheln, ja sogar ihm über den Kopf zu streichen, aber dafür reißt ihm der Seebär die Stulpe vom Handschuh und schnappt nach seinem zum Glück durch die lederne Beinschiene gut geschützten Knöchel. Die Rüstung hat demnach ihren Zweck also doch nicht verfehlt.
Da hat Raymond Coll mit dem weitaus anschmiegsameren Pepito entschieden leichteres Machen. Zwar bleckt auch dieser gelegentlich die kleinen spitzen Zähne, beruhigt sich aber sogleich wieder, wenn Raymond ihn streichelt und ihm gut zuredet. Seebären lassen sich – bei ihren winzigen Ohren und ihrem mäßig entwickelten Gehör eigentlich recht erstaunlich – von der menschlichen Stimme sehr stark beeinflussen, wobei es naturgemäß weniger auf die Wortwahl als auf den Tonfall ankommt. So gelingt es Raymond Coll, Pepitos Zutrauen immer wieder schnell zu gewinnen, und nachdem das Experiment eine Weile fortgeführt worden ist, findet es schließlich mit Abspritzen und Abbürsten sein Ende, eine Prozedur, die besonders Pepito zu schätzen weiß.

Die wenig verlockend aussehenden Pilchards mit ihrer in Fetzen herunterhängenden Haut und ihrer weichlichen Beschaffenheit mißfallen unseren beiden Gästen eindeutig – jedenfalls haben sie seit Tagen keinen Bissen angerührt. Dergestalt ohne Nahrungszufuhr aber sind sie mittlerweile darauf bedacht, mit ihren Kräften nach Möglichkeit hauszuhalten. Sie baden nur noch nachts und rühren sich tagsüber kaum vom Fleck.
Wieder fällt uns der tiefe Schrei auf, den wir schon von den ersten Tagen ihrer Gefangenschaft her kennen. Drückt er Niedergeschla-

genheit, Bedrängnis aus, ist er ein Notsignal? Wir wissen es nicht. Mit Sicherheit dagegen läßt sich sagen, daß sie die Sonne lieben, in der sie selbst während der heißesten Stunden liegenblieben, wenn wir sie nicht ins Wasser jagten.
Offensichtlich fühlen sie sich in ihrem umfriedeten Bereich soweit ganz wohl. Aber obgleich sie die Augen halb geschlossen halten, liegen sie doch immer auf der Lauer und richten sich von Zeit zu Zeit halb auf, um nachzuschauen, ob der Weg ins Meer, von dem sie den ganzen Tag träumen, nicht endlich doch frei ist.
Aber wir passen auf, haben wir unsere Pappenheimer inzwischen doch einigermaßen kennengelernt. So wissen wir zum Beispiel, daß sie nichts Gutes im Schilde führen, wenn ihre Augen groß und rund werden und ihre Barthaare sich sträuben, die mit ihrer Beweglichkeit eine Art Seismograph ihrer Empfindungen zu sein scheinen.
Nach wie vor putzen sich Pepito und Christobald aufs emsigste, wobei sie sich vor allem dem »Schnurrbart« mit größter Ausdauer widmen. Etwa 75 bis 80 Prozent der Zeit, die sie mit dem Putzzeremoniell verbringen, konzentrieren sie auf den Kopf, wobei sie sich bald die Stirn, bald den Schädel, bald die Backen mit einem Hinterfuß kratzen.
Mit Hilfe von Michel Bernard, der sich zu diesem Zweck vorsichtshalber wieder in seine Rüstung gestürzt hat, gelingt es Coll und Bonnici, unseren beiden Seebären Maß zu nehmen.
Am 27. März führen wir das Glockensignal ein, das heißt, von nun an läuten wir jeden Morgen, wenn wir den Gefrierfisch, von dem allabendlich die entsprechende Portion aus der Tiefkühlkammer zum Auftauen herausgenommen wird, aufs Achterdeck bringen, die Schiffsglocke. Die Bedeutung dieses Signals haben Pepito und Christobald zwar bald heraus, aber ihren Appetit regt es offenbar leider nicht an – die Mahlzeit wird so gut wie immer verschmäht.
1. April. – Heute morgen ist ein Schwarm fliegender Fische auf die *Calypso* niedergeprasselt. Als die Tiere mit ihrem ganzen Gewicht auf den Planken des Achterdecks aufschlugen, erfaßte die Seebären eine wahnsinnige Aufregung. Sie stürzten sich auf alle Fische, die in ihre Reichweite kamen. Den Rest sammelten wir auf, um ihn ihnen zu geben. Endlich also fressen sie! Nur Christobald muß sich wieder darauf versteifen, Pepito alles, was wir ihm anbieten, abzujagen und aus dem Schlund zu reißen.

Seit 14 Tagen sind wir nun schon auf hoher See und haben weder Land noch Schiff gesichtet. Die Zeit war für die Mannschaft geruhsam – unentwegt Sonne und so gut wie kein Seegang –, und so

haben sich unsere Leute nach den Strapazen am Kap der Guten Hoffnung blendend erholt.
Täglich halten wir mit den Seebären eine einstündige »Verführungssitzung« ab, wie ich sie gern bezeichne, was natürlich nicht heißt, daß es nicht auch zwischendurch immer wieder zu Kontakten zwischen Mensch und Tier kommt, zumal jeder an Bord es sich zur Gewohnheit gemacht hat, die Seebären in allen Tönen anzusäuseln, und dieses zärtliche Blabla seine Wirkung nicht verfehlt hat.
Bald werden wir einen Schritt weitergehen und ihnen noch mehr Bewegungsfreiheit zugestehen können. Nur möchte ich vor unserer ersten Zwischenlandung nicht mehr damit beginnen, denn auf Sankt Helena werden wir im Gegenteil unsere Wachsamkeit erst einmal verdoppeln müssen.
Dabei liegt mir die Rolle des Kerkermeisters gar nicht, weit weniger jedenfalls als dem unerbittlichen Hudson Lowe (englischer General, der Napoleon auf Sankt Helena bewachte, Anmerkung der Übersetzer), auch wenn ich nur Seebären, also im Vergleich zu seinem berühmten Gefangenen relativ unbedeutende Lebewesen, in Gewahrsam habe.
Einer Festung gleich taucht Sankt Helena aus dem Meer vor uns auf, ein riesiger, in der Sonne ockerfarbig leuchtender Felsen mit einer schwarzen Kerbe – der einzigen, von Häusern gesäumten Hauptstraße der Insel.
Es ist bereits später Nachmittag, als wir auf der Reede vor Anker gehen. Natürlich legen wir nicht am Kai an, sondern setzen mit dem Schlauchboot über, nur daß die Mole gerade repariert wird und wir uns an einem Tau an der Verladebrücke hochhieven müssen.
Anscheinend sind hierzulande nur sportliche Touristen erwünscht. (Inzwischen sind die Arbeiten abgeschlossen, die Touristen auf den Spuren Napoleons können also wieder ganz normal an Land gehen.)
Es ist Sonntag. Auf dem Weg in die Stadt begegnet uns keine Menschenseele, und auch die Stadt selbst liegt wie ausgestorben da.
Aus der Kirche erklingt ein Choral aus jugendlichen Kehlen. Bernard Chauvelin und Dr. Millet beschließen, sich einmal umzusehen, aber ihr Auftauchen versetzt die 25 jungen Mädchen, die im Gegensatz zu ihrem Dirigenten, einem in strenges Schwarz gewandeten Pfarrer, in weißen Kleidern erstrahlen, in solche Verwirrung, daß sie vor Überraschung den Mund offenstehen lassen.. Doch zwei Schläge mit dem Taktstock auf das Notenpult bringen den holprigen Gesang wieder in Gang.

Ganz von allein hat Pepito gelernt, den Niedergang hinaufzurobben.

Schließlich landet die Mannschaft in der einzigen Kneipe am Ort und läßt sich in der deprimierenden Atmosphäre vollaufen.

Nicht so jedoch die Betreuer der Seebären, die an Bord der *Calypso* zurückgeblieben sind und mittlerweile mitnichten Daumen gedreht haben. Im Gegenteil, getrieben von Pflichtgefühl, haben Bonnici und Raymond Coll bei Anbruch der Nacht einen Fischzug mit Lampen vorbereitet, wie er in den Mittelmeerländern üblich ist. Und tatsächlich, kaum sind die Scheinwerfer ins Wasser gelassen, versammeln sich zahllose Makrelen am Heck der *Calypso* – die wackeren Fischer brauchen bloß noch Angeln und Netze auszuwerfen. Die Ausbeute ist überwältigend. Im Handumdrehen sind mehrere Kilo Fisch eingeholt, die wir alsogleich den Seebären zum Fraß vorwerfen.

Hochstimmung breitet sich an Bord aus. Wie Christian Bonnici erzählt, »schlingen Pepito und Christobald die Fische wie Napfkuchen hinunter« (den er wie alle Franzosen besonders schätzt), ja, das erbeutete Meeresgetier verschwindet wie mit Zauberschlag in den Robbenkehlen.

Nach dieser Fütterung machen sich Raymond Coll und Bonnici noch einmal ans Werk und füllen unsere Kühlkammer mit Frischfisch. Die entsetzlichen Pilchards werden ins Meer geworfen, allen, die da wollen, zum Fraß. Im übrigen war es höchste Zeit: Christobalds Hungerstreik dauert nun schon zwei Wochen.

Im Laufe der nächsten Tage erweist uns der Gouverneur mit Gattin die Ehre eines Besuches auf der *Calypso*. Madame, zwar auf schlankem Pfennigabsatz, möchte nichtsdestoweniger das Schiff von oben bis unten besichtigen, was sich jedoch bei dieser Ausrüstung nicht unbedingt empfiehlt. Doch Dr. Millet weiß Rat; er treibt irgendwo ein Paar Sandalen von passender Größe auf.

Pepito und Christobald zeigen sich dem hohen Besuch von ihrer besten Seite, was ihnen große Bewunderung einträgt.

Als wir dem Gouverneur ein paar Tage später einen Gegenbesuch abstatten, lädt er uns zu einer Spazierfahrt in seinem Rolls-Royce ein und zeigt uns unter anderem das Hochplateau der Insel, dessen Grün in seltsamem Gegensatz zum Ockergelb der ausgetrockneten Felsenküste steht.

Außerdem sprechen wir in Longwood vor, wo uns ein Diplomat, der sich gleichzeitig als Historiker ausgezeichnet hat, aus dem Stegreif einen äußerst interessanten Vortrag hält.

Dr. Millet hat sich wieder einmal wie bei allen Zwischenlandungen ins Krankenhaus begeben, denn nichts befriedigt ihn so sehr, wie einem Amtsbruder auf die eine oder andere Weise beizustehen. Der *Calypso* kommt das in Form eines fast unerschöpflichen Medikamentenvorrats zugute.

Aus dem Krankenhaus zurückgekehrt, verfehlt Dr. Millet nicht, der Mannschaft eine recht interessante Neuigkeit zu vermelden: Vor 14 Tagen hat ein südkoreanisches Schiff hier angelegt und St. Helena ein Füllhorn mit venerischen Krankheiten beschert – zur Verzweiflung des Chefarztes am Krankenhaus, der den südkoreanischen Mikroben durch keine Behandlung beikommen konnte. Dr. Millet ist offensichtlich nicht darauf erpicht, sich womöglich ebenfalls mit diesen therapieresistenten südkoreanischen Gonokokken herumzuschlagen.

Bei einem unserer Spazier- und Erkundungsgänge begegnen wir auf einem schmalen Seitenweg einem etwa 60jährigen Paar, englisch-indischen Mischlingen, die in ihrem ganzen Leben noch nie nach Jamestown heruntergekommen sind, obwohl die Stadt nur 15 Kilometer entfernt liegt.

Nach Dr. Millets Beobachtungen sind die Einheimischen eher schwächlich, anfällig für Krankheiten und zu einem großen Teil Opfer des Alkoholismus.

Ehe wir von Sankt Helena ablegen, tauchen wir noch zu einem Wrack in geringer Tiefe, das sich jedoch als uninteressant erweist und offensichtlich nicht wert ist, in die Reihe unserer Unterwasserfilme aufgenommen zu werden. Wir haben die Scheinwerfer und Kabel also für nichts und wieder nichts hinuntertransportiert.

Dafür ist auf dem Achterdeck alles durcheinandergeraten und der Bereich der Seebären stark eingeengt worden. Außerdem hat sich kein Mensch so recht um sie gekümmert.

Gerade das aber scheint ihre Zuneigung zu uns befeuert zu haben. Jedenfalls klammern sie sich geradezu an Michel Bernard und heischen immer neue Fische. Im übrigen scheinen sie Raymond Coll, Yves Omer, Dominique Sumian und Christian Bonnici mittlerweile mit Sicherheit auseinanderzukennen.

Nach unserer Zwischenlandung auf Sankt Helena beschließe ich, in unseren Beziehungen zu den Seebären einen Schritt weiterzugehen und ihnen an Bord volle Bewegungsfreiheit zuzugestehen.

Das heißt, von nun an sollen Pepito und Christobald Zutritt zu den Verbindungsbrücken und zum Vorderdeck haben, allerdings unter der stetigen Aufsicht ihrer Ziehväter Raymond Coll und Michel Bernard.

Pepito macht uns viel Freude. Er folgt seinem Freund Raymond

Pepito ist wesentlich umgänglicher als Christobald.

Coll auf Schritt und Tritt. Eindeutig hat sich zwischen den beiden eine echte Zuneigung angesponnen. Raymond Colls sensibler, intuitiver Art ist es offensichtlich gelungen, den jungen Seebären zu gewinnen.
Wie ein Lauffeuer breitet sich die Kunde aus, daß er mutterseelenallein den Niedergang zur Verbindungsbrücke an Backbord hinaufgerobbt ist und, zu Raymond Colls Füßen gegen das Ruder ge-

schmiegt, mit diesem auf der Kommandobrücke die vierstündige Wache angetreten hat.

Christobald scheint kein solches Wunderkind. Er hockt sich gern nach Seebärenart auf seinen eingerollten Schwanz (was den Seehunden aufgrund ihrer Anatomie unmöglich ist), zieht genießerisch den Wind ein und läßt die Barthaare spielen. Offensichtlich träumt er von der Freiheit, was ja auch sein gutes Recht ist. Michel Bernard, der sich vorstellen kann, was in dem kleinen runden Kopf vor sich geht, umarmt Christobald, streichelt ihn und versucht ihn ohne großen Erfolg auf seine Knie zu ziehen. Immerhin hat unser Doktor seit 48 Stunden keine Bißwunde mehr verarzten müssen.

Auf halber Strecke unserer Atlantiküberquerung taucht Ascension vor uns auf, eine wüstenartig verödete, von kleinen Kratern bedeckte Insel mit einer ganzen Anzahl von Radarmasten, die eigentlich den Engländern gehört, heute aber zu den bedeutendsten amerikanischen Stützpunkten im Atlantik zählt und nicht nur als Raketenabschußbasis, sondern auch als wichtige Station im Apolloprogramm dient.

So andersartig die Zwischenlandung hier im Vergleich zu der auf Sankt Helena verläuft, so interessant ist sie in anderer Hinsicht. So wird zum Beispiel, als wir ankommen, gerade die Wiederholung eines Apollostarts von Kap Kennedy in Florida vorbereitet.

Die amerikanischen Offiziere begrüßen uns erfreut und zeigen uns bereitwillig die außerordentlich komplizierten Einrichtungen auf der Insel, die als erste Beobachtungsstation in direkter Verbindung mit dem Informationszentrum der NASA in Houston (Texas) steht.

Unsere Besichtigungsfahrt im Jeep führt uns unter anderem auch auf den Gipfel der Insel, ein begrüntes Plateau mit ein paar Bauernhöfen – der einzige Punkt, an dem Regen fällt –, mit seinen Wolken, Landhäusern, seinem Rasen und dem Gouverneurspalais eine typisch englische Enklave inmitten der amerikanischen Technologie. Auf der Rückfahrt halten die Jeeps plötzlich an: Über einem der Krater blinkt ein rotes Signal. Es ist 7 Minuten vor 3. Punkt 3 Uhr geht eine Klappe hoch, und unter ohrenbetäubendem Pfeifen und Zischen steigt eine Rakete aus ihrem unterirdischen Lager in den Himmel auf. Wenn wir richtig verstanden haben, findet täglich ein solcher Abschuß statt.

In einem seltsamen Gegensatz zu den Einrichtungen der Amerikaner, die natürlich auch einen Flugplatz angelegt haben, stehen die erstaunlich primitiven Hafenanlagen: Der Hafenkapitän haust in einer einfachen Bretterbude mit einer alten verrosteten Kanone davor, und auch die Landemöglichkeiten sind kaum ausgebaut. Da un-

sere amerikanischen Freunde bei der Besichtigungsfahrt unter anderem von einem Wrack in der Nähe unseres Ankerplatzes gesprochen haben, beschließen wir, ihm einen kurzen Besuch abzustatten. Aber wie sich zeigt, ist es ein alter, uninteressanter Schrotthaufen. Gewiß gäbe es in der näheren Umgebung dieser mitten im Atlantik liegenden Insel, die seit vier Jahrhunderten von vielen Seeleuten als Zwischenstation angelaufen wird, noch allerlei versunkene Schiffe. Aber wir sind hier nicht auf einer archäologischen Forschungsreise und sollten uns lieber dem Fischfang widmen, um für unsere Seebären Futter zu beschaffen.
Die Erfahrungen, die wir bei Sankt Helena gemacht haben, erfüllen uns mit großen Hoffnungen. Wir werden unseren Fischzug also wieder in die Nacht legen. Und tatsächlich, kaum haben wir einen Scheinwerfer ins Wasser gelassen, glänzen vor dem Rumpf der *Calypso* die Schuppen zahlloser Sardinen auf und verheißen einen weiteren wunderbaren Fang. Schon in den ersten Minuten ziehen Christian Bonnici und der Doktor 20 Kilo Fisch an Land, was alle an Bord zum Mitmachen ermutigt, und so werfen schließlich 10 Freiwillige von der Brücke Angeln aus, ohne sich auch nur die Mühe zu machen, Köder aufzuziehen.
Der Held dieses zweiten Licht-Fischzugs ist Raymond Coll. Mit einem Fangnetz bewaffnet, steigt er auf die achtern angebrachte Taucherplattform hinunter und erwischt bei jedem Auswerfen so viele Sardinen, daß er das Netz allein nicht einholen kann. Unter diesen Umständen haben wir natürlich bald genug. Die Kühltruhen quellen über. Die Seebären brauchen bis zu unserer Ankunft im Karibischen Meer also bestimmt keinen Hunger zu leiden. Im Moment tun sie sich an den lebendigen, zappelnden Fischen gütlich, die ihnen Michel Bernard ins Planschbecken geworfen hat.
Und dabei betonen wir immer, der Angelsport sei an Bord der *Calypso* verpönt. Doch zu unserer Rechtfertigung sei gesagt, daß wir ihm nicht unseretwegen obliegen, sowenig wie der Unterwasserjagd, daß wir nur den Seebären zuliebe unseren Prinzipien untreu werden. Immerhin ist nun ihre Tagesration sichergestellt; jeder kann seine 10 Kilogramm Fisch verschlingen.
Nachdem wir von Ascension zum zweiten Teil unserer Atlantiküberquerung aufgebrochen sind, rüsten wir uns auch zu einem neuen Kapitel in unserem Abenteuer mit den Seebären. Doch zunächst heißt es, sie mit allen Mitteln wieder zu Kräften zu bringen. Erst müssen sie ihre Gesundheit in vollem Umfang wiedererlangen. Zu diesem Behuf reichert Dr. Millet ihr Futter mit Vitaminen an, und gottlob fressen beide mit ausgezeichnetem Appetit.

Nun möchte ich aber, daß die Tiere von jetzt an ihr Futter immer von ein und derselben Person entgegennehmen: Pepito von Raymond Coll und Christobald von Michel Bernard.
Außerdem soll die Fütterung von einem umständlichen Zeremoniell begleitet werden, und so bitte ich Raymond und Michel, jedesmal ihren Taucheranzug anzuziehen und sich ein Glasgefäß um den Bauch zu binden, aus dem sie dann den Seebären die Fische oder Kalmare anbieten. Überdies wird die Sitzung nach wie vor mit der Schiffsglocke eingeläutet.
Wie man daraus ersehen kann, habe ich mein ehrgeiziges Vorhaben keineswegs aufgegeben. Im Gegenteil, Pepitos und in gewissem Ausmaß auch Christobalds Fortschritte haben mich sogar noch ermutigt. Ich habe mir nur um so fester in den Kopf gesetzt, aus den beiden Seebären nicht nur erträgliche Bordkumpane, sondern darüber hinaus brauchbare Tauchgenossen zu machen. Vielleicht aber heißt das doch nach den Sternen greifen, denn weiß Gott, was ihnen einfällt, wenn wir sie wieder ins Meer lassen. Wahrscheinlich wird dort ihr angeborener Freiheitsdrang den Sieg über ihre Zuneigung zu den Menschen davontragen.

Im Hinblick auf dieses Vorhaben hatte ich in Kapstadt eine Art Geschirr für die Seebären anfertigen lassen. Zumindest bei den ersten Versuchen im offenen Meer wollte ich sie an der Leine wissen. Das allerdings hieß, die Tiere möglichst schnell an diese Ausrüstung gewöhnen. Pepito zeigt sich wie immer geduldig und läßt sich gelehrig anschirren. Christobald dagegen macht allerlei Zicken. Zu vehementen Szenen aber kommt es erst, als wir sie an der Leine an Deck spazierenführen wollen. Christobald und Pepito, im Lauf der letzten Tage an eine relativ große Freiheit gewöhnt, wollen sich nicht gängeln lassen. Es hagelt Bisse, sie springen und bellen wie toll, und binnen kurzem geht auf dem Achterdeck und den Verbindungsbrücken alles drunter und drüber. Deutlich zeigt sich, wir haben die Schlacht noch nicht gewonnen. Außerdem müssen wir feststellen, daß das Geschirr zu hart und zu schmal ist und die Tiere ins Fleisch schneidet. Also machen sich Dominique Sumian, Michel Bernard und Bonnici daran, einen womöglich erträglicheren, breiten Nylongürtel herzustellen und den Seebären überzustreifen, was mit allerlei Schwierigkeiten verbunden ist.
Schließlich jedoch lassen sie sich durch großzügige Sardinenspenden so weit beschwichtigen, daß ihnen die Männer das Geschirr anlegen können. Die Promenadenversuche an der Leine allerdings lösen nach wie vor keine große Begeisterung aus.

3 Frei im Meer

Puerto Rico – Auf dem Strand – Das Unterwassergehege – Arbeitsreiche Tage – Christobalds Odyssee – Die Heimkehr des verlorenen Sohnes – Ernährungsprobleme – Der Panamakanal – Die Freilassung

Eine Menschenmenge drängt sich am Kai, als die *Calypso* am Spätnachmittag in Natal einläuft. Der Anblick der Seebären löst Geschrei und Geschiebe aus; alle wollen sie sehen. Um leichter anlegen zu können, haben wir die Käfige von ihrem gewohnten Platz entfernt. Zu sehr mit den Landemanövern beschäftigt, nehmen wir es mit dem Aufpassen nicht allzu genau. Beim Bedienen des Verholspills bemerkt Christian Bonnici plötzlich Pepito, der sich schon halb vom Schiff geschmuggelt hat. Er erwischt ihn gerade noch bei den Hintergliedmaßen, woraufhin Pepito, nicht faul, den Kopf dreht und ihn in den Bauch beißt. Er preßt die Kiefer gut eine Minute lang fest aufeinander und läßt erst wieder locker, nachdem er begriffen hat, daß ihm seine Zähne in diesem Fall nicht weiterhelfen. Bonnici nutzt die Chance, packt ihn und trägt ihn in seinen Käfig zurück. Seitdem schmollt Pepito und verweigert jede Nahrung.
Am 13. März fällt uns ein neuer Schrei auf, ein tiefes Geheul, das die beiden Seebären ausstoßen, während sie die Barthaare aneinanderreiben.
Um 22 Uhr läuft die Calypso wieder von Natal aus, doch schon bald darauf halten die Maschinen an: Wir wollen ein paar Fische fangen und lassen die Scheinwerfer ins Wasser, aber diesmal ist es verlorene Liebesmüh: Das Wasser ist aufgewühlt. Außerdem haben wir Vollmond. Kein einziger Fisch geht ins Netz.
Es ist ein kompletter Reinfall.
Am 14. März, am Ostersonntag, beschließt Pepito, der feiertäglichen Stimmung zuliebe seinen Hungerstreik einzustellen und ein paar Makrelen zu verkosten.
Da wir unseren beiden Pensionsgästen aber trotz dieser ersten Pleite gern Frischfisch vorsetzen möchten, machen wir noch zweimal Station – nur leider wieder vergeblich. Weder Netz noch Angel, noch Lampen zeitigen den geringsten Erfolg. Sollten wir uns in Gewässern ohne alles tierische Leben befinden?
Da wir bemerkt haben, daß Pepito die großen Makrelen nicht ohne

weiteres nehmen kann, schneiden wir ihnen, ehe wir sie ihm geben, vor seinen Augen den Kopf ab und entgräten sie, woraufhin er gleich sieben nacheinander frißt.
Christobald dagegen hat sich in der Zwischenzeit zu einem gewaltigen Fischvertilger entwickelt, so daß wir, wenn er so weitermacht, bald Nachschubprobleme bekommen werden.
15. April. Seit heute morgen hat das Wasser eine grünliche Färbung. Wir nähern uns der Amazonasmündung, wo wir zu unserem Erstaunen auf Delphine mit gesprenkelter Flosse stoßen.
16. April. Heute morgen werfen wir vor Cayenne Anker. Unsere Kühltruhen sind allesamt leer. Wir brauchen dringend Futter für unsere Seebären.
Bonnici und Sumian treiben in der Stadt bei einem Fischhändler gefrorene Makrelen auf und erstehen gleich den ganzen Vorrat. Aber da der Fisch aus Frankreich eingeflogen worden ist, verlangt der Mann einen irren Preis.

Auf der Fahrt nach Puerto Rico hat sich ein Teil der Mannschaft unter Falcos Führung nach Sainte Croix abgesetzt. Pepito und Christobald machen täglich Fortschritte. Mittlerweile kommen sie mit Vorliebe in die Messe, lümmeln sich mit den Vorderfüßen auf den Tisch und werfen das Geschirr um, was ihnen sichtlich Spaß bereitet. Besonders unpraktisch in puncto Sauberhaltung des Schiffes sind für uns ihre Streifzüge über die Verbindungsbrücken, denn trotz aller Bemühungen ist es uns bis jetzt nicht gelungen, sie stubenrein zu machen. Zwar haben wir ihnen wie Katzen flache Kisten mit Sand, Sägemehl, Asche, ja sogar mit Algen hingestellt, aber sie haben alle Angebote verschmäht: Seebären sind eben keine Katzen. Immerhin setzt sich Christobald jetzt auf Michel Bernards Knie, und Pepito folgt Raymond Coll den lieben langen Tag auf den Fersen, offensichtlich voller Bewunderung für alles, was er macht, und stets begierig auf ein Wort von seinem Ziehvater.
Auf diese Art und Weise sieht sich Raymond Coll, bekanntlich der schweigsamste Mann an Bord, zu einem unaufhörlichen Monolog genötigt, den Pepito zu begreifen scheint. Von Zeit zu Zeit allerdings braucht er auch einen Rüffel, und wäre es nur, »weil er einem dauernd zwischen die Beine kommt«.
Wer hätte vor einem Vierteljahr auf Seal Island, als die Seebären in panischem Schrecken vor unseren Tauchern die Flucht ergriffen, gedacht, daß sie uns eines Tages durch ihre Zutraulichkeit lästig werden könnten?
Am 9. Mai kehrt Falco nach Erledigung seines Auftrags im Karibi-

schen Meer mit seiner Mannschaft per Flugzeug nach San Juan de Puerto Rico und damit zur *Calypso* zurück.
Nun sind wir auf der Suche nach einem Schwimmbecken, das groß genug für unsere Zwecke ist. Ehe wir Pepito und Christobald Meerwasser zu schmecken geben, scheint es uns nämlich ratsam, das Unterwasserballett »Seebären und Taucher« erst noch einmal in einem Schwimmbecken an Land durchzuproben.
Schließlich hören wir von einer äußerst liebenswürdigen Dame, die in ihrem Garten ein großartiges Schwimmbecken hat und auch bereit sein soll, es uns zur Verfügung zu stellen, vorausgesetzt, sie darf beim Transport, beim Bad und bei den Dreharbeiten mit dabeisein, denn: »Sie schwärmt für Seebären.«
Natürlich greifen wir zu. Ein Kombiwagen ist bald beschafft und die Seebären verladen. Die Dame steigt ebenfalls zu, und fröhlich geht es bei glühender Sonnenhitze quer durch San Juan de Puerto Rico. Doch da trifft Pepito, durch das Gerüttel und den Lärm offensichtlich verstört, Anstalten, Yves Omer, der am Steuer sitzt, auf den Schoß zu kriechen. Dieser kann gerade noch an den Bordstein fahren, während Falco und Sumian den seit langem zum erstenmal wieder wild um sich beißenden Seebären in die Zwangsjacke nehmen. Die verstörte Dame bringt sich eilends in Sicherheit, vergißt in ihrem Schreck aber, die Tür hinter sich zuzumachen, was Christobald auf der Stelle wahrnimmt. Im Handumdrehen ist er auf der Straße, fühlt sich aber zum Glück etwas unsicher, wovon wiederum Sumian unverzüglich profitiert, um ihn an den Hinterfüßen ins Auto zurückzuziehen. Die Dame hat sich mittlerweile in den Schutz ihres eigenen Wagens und Chauffeurs begeben.
Gottlob haben wir im Supermarkt von San Juan alle Kalmare aufgekauft, deren wir habhaft werden konnten, denn mit dieser in Happen geschnittenen Lockspeise kann man die Seebären fast zu allem bringen. Auch jetzt genügen ein paar Brocken dieses begehrten Leckerbissens, um sie ins Auto und anschließend in den Garten besagter Dame zu lotsen. Unverdrossen tappen sie hinter Falco drein bis zum azurblauen Schwimmbecken, in das sie sich, kaum haben sie es entdeckt, stürzen, daß es nur so spritzt.
Dieses Becken kommt uns für unser Vorhaben sehr zupaß, zumal sich die Dame, die uns den Schrecken nicht länger verübelt, als ideale Gastgeberin geradezu rührend um das Wohl der Taucher und Seebären kümmert.
Vier Tage, vom 12. bis zum 15., dauert die Hauptprobe. Pepitos und Christobalds Gelehrigkeit lassen nichts zu wünschen übrig. Rasch sind sie mit ihren Freunden im Wasser vertraut, halten sich in

ihrer Nähe und kehren auf ein Zeichen hin zu ihnen zurück – lauter Dinge, deren Erlernung im offenen Meer mit großen Risiken verbunden gewesen wäre. So dagegen können ihnen die Taucher ohne Angst vor etwaigen Fluchtversuchen demonstrieren, daß sie dank der Aqualungen ebenfalls lange Zeit im Wasser aushalten und sich darin fast ebenso wohl fühlen, auch wenn sie sich nicht so schnell fortbewegen können.
Falco glückt es sogar, Pepito und Christobald am Boden des Schwimmbeckens mit Kalmarstückchen zu füttern. Die Zähmung unter Wasser macht Riesenfortschritte.
Am 16. Mai kommt es dann bei der Rückfahrt zur *Calypso* erneut zu einer dramatischen Szene. Christobald gelingt es, niemand weiß so recht wie, sich halb zu einem offenen Fenster hinauszuzwängen. Irgendwer schlägt Alarm, Bremsen kreischen, Sumian wirft sich mit einem Hechtsprung auf den Ausreißer und stößt ihn Bébert auf die Knie, der ihn sofort so umklammert, daß er sich nicht mehr rühren kann. Doch diese Aktion löst in unserem Seebärenkind einen kindlichen Wutausbruch ohnegleichen aus. Durch die Stadtfahrt ohnehin aufgebracht, läßt Pepito seinem durch die zusätzliche Aufregung nicht mehr beherrschbaren Drang freien Lauf und beschmutzt Bébert, Sumian und das Auto, was zur Folge hatte, daß wir fortan in San Juan de Puerto Rico keinen Leihwagen mehr bekamen.

Am nächsten Tag laufen wir, kaum haben wir uns von all den Aufregungen wieder ein bißchen erholt, aus dem Hafen von San Juan aus, um unsere Experimente auf einem abgelegenen Strand fortzusetzen. Eine gleich in der Nähe der Stadt liegende, allem Anschein nach unbewohnte weiße Sandstrandbucht scheint uns für diesen Zweck wie geschaffen.
Hier wollen wir den ersten Landeversuch wagen. Alle legen mit Hand an, und bald halten wir, unsere ordentlich angeschirrten Seebären im Bug der Barkassen, auf den Strand zu.
Je mehr wir uns dem Land nähern, desto aufgeregter werden die Tiere. Pepito läßt sich von Coll beruhigen, aber Christobald gerät erneut in Rage und gebärdet sich wie toll. Sowie wir Sand unterm Bug spüren, reißt er sich los und springt ins Wasser. Unmöglich, ihn an der Leine zurückzuhalten, er wehrt sich wie ein Löwe. Wir müssen ihn packen, so fest ins Netz wickeln, daß er sich nicht mehr rühren kann, und an Bord der *Calypso* zurückbringen.
Zwar widerstrebt es mir, eine Robbe, die ihrem natürlichen In-

Das Tal von Jamestown auf Sankt Helena.

stinkt, ihrem Drang zum Meer, nicht hat widerstehen können, wie ein Paket zusammenzuschnüren, aber durch Geschirr und Leine behindert, hätte sie Tausende von Kilometern von ihrer Heimatinsel entfernt nicht die leiseste Überlebenschance gehabt.
Eines Tages soll sie ihre Freiheit zurückerhalten, aber unter Bedingungen, die ihr gestatten, in ein normales Leben zurückzufinden.
Im übrigen kann ich mich, wie ich Christobald in der Barkasse zur *Calypso* zurückkehren sehe, des Eindrucks nicht erwehren, daß er gar nicht hatte durchbrennen wollen, sondern einfach von dem Drang überwältigt worden war, endlich in dieses Meer zu tauchen, das er bisher wie einen unerreichbaren Wunschtraum vor der Nase hatte. Vermutlich ist weit mehr Verlaß auf ihn, als wir glauben.
Pepito dagegen begnügt sich damit, das Wasser zu beschnuppern, und läßt sich zu Raymond Colls maßlosem Stolz friedfertig an der Leine am Ufer entlangführen.

23. Mai. Im Morgengrauen taucht die Insel Tobago vor uns auf.
Hier also wollen wir Pepito und Christobald zum erstenmal tauchen lassen, und so machen wir uns im Schlauchboot auf die Suche nach einer geeigneten Stelle. Nachdem wir mehrere Inselchen in Augenschein genommen haben, entscheiden wir uns schließlich für eine verlassen daliegende kleine Felsenbucht von gut 50 Meter Tiefe mit sehr schönen großen malvenfarbenen Rindenkorallen, goldgelben Elchkorallen und farbenprächtigen Fischen.
Den ganzen Vormittag bringen unsere Leute damit zu, die kleine Felsenbucht mittels eines fest verankerten Netzes abzusperren, damit dieser erste Versuch nicht womöglich mit einer letzten Endes tödlichen Flucht endet.
Als am Frühnachmittag das Netz gespannt ist, gehen die Taucher daran, die beiden Tiere an ihr Gehege zu gewöhnen. Sobald wir es dann riskieren können, wollen wir die Abzäunung entfernen. Die Überfahrt in den Barkassen ist diesmal soweit gut verlaufen, Pepito unter Raymond Colls Liebkosungen ganz ruhig geblieben. Christobald allerdings, für den Falco die Verantwortung übernommen hat, hat sich doch wieder aufgeregt und ständig gebellt. Er ist und bleibt nun einmal ein Unruhegeist und Schreihals, obwohl ich gestehen muß, daß mich seine Vitalität andererseits geradezu entzückt.
Während ich die Szene gespannt verfolge, frage ich mich wieder einmal, ob wir von unseren Meeresfreunden nicht doch zuviel verlangen. Schließlich ist es ihr gutes Recht, ihre Freiheit zu fordern, und sei es mit jenem durchdringenden Gekläff, das uns durch Mark und Bein geht.

Bisher hat der Mensch diese armen Tiere nur zur Schaustellung im Zirkus ausgebeutet.
Wir sind die ersten, die den Versuch machen, eine ganz andere Beziehung zu ihnen herzustellen, und wir hoffen, daß sie uns, wenn sie sich in ihrem Element, im Meer, wiederfinden, als Freunde akzeptieren. Das heißt, wir rechnen mit ihrer Zuneigung oder, anders gesagt, mit einer echten psychischen Bindung.
Von dieser Annahme ausgehend, waren wir stets bestrebt, uns so zu verhalten, daß sie uns lieben, aber nicht fürchten lernen. Die nun folgende Probe, unvergleichlich aufschlußreicher als das Zusammenleben an Bord, wird erweisen, ob unsere Bemühungen erfolgreich waren und ob die Zuneigung stärker ist als die Verlockung der Ferne und Weite.
Tobago ist also die Probe aufs Exempel. Hat sich die Mannschaft 3 Monate lang umsonst geplagt oder nicht? Ich selbst sehe mich außerstande, vorherzusagen, wie das Experiment verlaufen wird.
Der spannende Augenblick ist also gekommen. Falco steigt mit Christobald in die mit dem Netz abgesperrte Bucht, von Anfang an darauf gefaßt, daß sein Schützling an der Leine zerren und Fluchtversuche unternehmen wird. Aber unser geduldiger Cheftaucher wird entgegen seinen Befürchtungen für seine Mühen reichlich belohnt: Christobald bleibt aus eigenen Stücken in seiner Nähe. Zu unserem großen Erstaunen ist es Pepito, der das Netz nach einem Auslaß ins offene Meer absucht und schließlich zu Raymond Coll zurückkehrt, wie um ihn zu bitten, ihm die Tür aufzumachen.
Nun umschwimmen die beiden Seebären Taucher und Korallen, schießen wie Raketen zur Oberfläche auf, steigen in Spiralen wieder ab, streifen ihre menschlichen Gefährten und streben mit einer einzigen mächtigen Wendung des ganzen Körpers erneut zum Licht hinauf, während unsere Kameraleute die durch die Geschirre und Leinen leider etwas beeinträchtigte Szene wie wild filmen.
Da breche ich das Experiment ab, um nach diesem ersten Erfolg nicht doch noch einen unliebsamen Zwischenfall zu riskieren.
An den darauffolgenden Tagen wird der Versuch mit Leine und Geschirr noch des öfteren wiederholt. Schließlich bitte ich Falco und Coll, die Tiere bei den weiteren Experimenten freizulassen, da sie das Geschirr meines Erachtens, auch wenn es ihnen abgenommen wird, weiterhin spüren und durch dieses Gefühl in der Nähe ihrer Kameraden bleiben werden. Zu hoffen bleibt freilich, daß sie das Absperrnetz nicht überspringen. Aber wie erwartet, wird auch dieses Experiment in halber Freiheit ein voller Erfolg. Selbst Zoom scheint zu begreifen, daß seine Vettern mit den Schwimmfüßen im

Begriffe stehen, Geschmack an diesem ungezwungenen Leben zu finden, das er schon seit langem mit der Besatzung der *Calypso* führt.

Auch diese Phase wird mehrmals wiederholt, ehe ich mich zum nächsten Schritt entschließe, der eindeutig erbringen soll, ob sich zwischen den Tauchern und den Robben tatsächlich eine ähnliche Beziehung herausgebildet hat, wie sie zwischen Mensch und Hund schon seit langem besteht.

Statt in die bereitliegenden Barkassen zu steigen, locken Falco und Coll, die sich mit einer tüchtigen Portion Kalmare versehen haben, Pepito und Christobald zur Taucherplattform der *Calypso* und springen ins Meer. Endlich also können sie diesen seit langem gehegten Traum verwirklichen.

Wir haben nur eine Vorsichtsmaßnahme getroffen: am Ende der Leinen einen roten Schwimmer befestigt, der uns notfalls helfen soll, den Fluchtweg der Robben auszumachen. Davon abgesehen jedoch, sind sie völlig frei.

Falco und Coll tauchen zum Grund hinunter, der gut 15 Meter tief liegen dürfte, und warten gespannt. Tatsächlich bewegen sich die beiden Seebären mit gesträubten Barthaaren in Wolken von Luftbläschen auf sie zu. Offensichtlich suchen sie sie. Und nun hebt inmitten der Korallen ein großartiges Rodeo, ein wundersames Ballett an, in dessen Verlauf Pepito und Christobald immer, wenn sie in Reichweite der Taucher kommen, gestreichelt und getätschelt und mit Kalmarstückchen belohnt und auf diese Art und Weise ganz allmählich zu ihrem alten Unterwasserpferch gelockt werden, wo die Spiele lustig weitergehen.

Der entscheidende Moment ist also gekommen. Jedenfalls bedeutet der Umstand, daß Pepito mit Coll und Christobald mit Falco ohne weiteren Zwischenfall von der *Calypso* bis zur Bucht hinübergeschwommen sind, für mich die Krönung unseres Programms. Nun können wir es meines Erachtens ohne weiteres wagen, ihnen voll und ganz zu vertrauen, einer echten Kameradschaft zwischen Mensch und Meeressäuger steht nichts mehr im Wege.

So holen wir denn die trennenden Netze des Unterwasserpferchs an Bord. Die Taucher überprüfen ihre Ausrüstung, und ich spreche mit Michel Deloire die Drehtechnik, die Möglichkeit von Zeitlupenaufnahmen und die Plazierung der Kameras unter Wasser durch.

Für Pepito und Christobald ist es ein Morgen wie jeder andere. Und »Morgen« bedeutet für sie Ausflug mit ihren Freunden ins Meer und Verteilung von Kalmaren. Sie ahnen nicht, daß sie heute ohne Geschirr und Leine schwimmen dürfen und daß ihr kleiner Privat-

Christobalds Barthaare zittern vor Aufregung, als er sich daranmacht, vom Achterdeck der *Calypso* ins Meer zu hechten.

park mittlerweile die Ausmaße des ganzen Meeres angenommen hat.
Die Vorbereitungen sind bald beendet, die Absperrnetze entfernt, der Beobachtungsposten an Bord besetzt und die Boote startklar. Nun gibt es nur noch eins: weitermachen. Die Gefühle der Mannschaft schwanken zwischen Besorgnis und Hoffnung.
Pepito zieht, gefolgt von Coll, als erster los. Dann starten Falco und Christobald gemeinsam.
Gleich darauf erscheinen die beiden Seebären wieder an der Oberfläche, als wollten sie sich orientieren, ganz wie es die Robben vom Kap der Guten Hoffnung machen, bevor sie ins offene Meer hinausschwimmen. Ihre Freunde Falco und Coll können nur abwarten und hoffen.
Und tatsächlich tauchen die beiden wieder zu ihren Betreuern ab,

um mit ihnen in ihrem Unterwasserparadies zu spielen. Das ist wohl der schönste Augenblick für ihre Menschenfreunde.
Als Pepito und Coll, Falco und Christobald an Bord der *Calypso* zurückkehren, haben sich die letzten Bedenken, die ich damals beim Einfangen der Tiere auf der Robbeninsel hegte, zerstreut, hat sich doch mittlerweile eindeutig erwiesen, daß der Mensch den Pelzrobben nicht nur den Tod bringen, sondern ebensogut, sofern er es nur will, ein auf Zuneigung gegründetes echtes Freundschaftsverhältnis zu ihnen anknüpfen kann.
Der wesentliche Schritt ist also geschafft. Ich jedenfalls bin überzeugt, daß uns unsere Seebären wohl kaum noch versetzen werden; diese Gefahr scheint mir nicht mehr besonders aktuell. Ich male mir im Gegenteil schon unser gemeinsames Treiben im Meer aus, wo wir einander als Tauchgefährten immer näherkommen werden.
So wünsche ich mir, daß uns die beiden Meeressäuger nicht nur bei unseren Tauchunternehmungen begleiten, sondern regelrecht mit uns zusammenarbeiten, und zwar spontan, ohne jeden Zwang, daß sie jedem von unseren Tauchern folgen, der sie auf eine Unterwassererkundungstour mitnehmen will.
Bis jetzt ist es ihnen in den meisten Fällen schwergefallen, zwischen Arbeit und Spiel zu unterscheiden. Für Pepito und Christobald war wohl ohnehin alles ein und dasselbe – nicht ganz so allerdings für unsere Taucher, die beim Aufsteigen Dekompressionspausen einlegen müssen, während die Seebären wie alle Meeressäuger unbeschadet in einem Zug an die Oberfläche hinaufschwimmen können.
Für ein Spiel allerdings entwickelten die Seebären schon bald eine besondere Vorliebe, fürs Rutschen. Tatsächlich können wir auf dem Achterdeck der *Calypso* eine lange Rutschbahn aufstellen, um mehrere Taucher möglichst schnell ins Wasser zu befördern. Sobald nun Pepito und Christobald dieses Requisit entdeckt hatten, wurden sie nach Art der Kinder nicht müde, sich darauf zu tummeln.
Wir folgten damals gerade den Spuren eines spanischen Silberschiffes, auf dem wir allerlei Schätze aus der Neuen Welt vermuteten. Dabei stand uns etwas bis dahin nie Versuchtes bevor: ein von Tonnen von Korallen zugewachsenes Wrack zu erforschen.
Zunächst allerdings konnten wir die alte Galeone erst gar nicht finden. Schließlich aber glückte es uns doch. (Vgl. Jacques-Yves Cousteau und Philippe Diolé, *Silberschiffe* – Tauchen nach versunkenen Schätzen.)
Eines Tages entdeckten wir große, von Korallen überwucherte Kanonen. Und damit begann eine überaus anstrengende Arbeit, galt es

doch mehr oder weniger ein Schiff aus seinem Kalkgrab auszuschaufeln. Darüber gingen die Tage hin, und Wasser und Lebensmittel fingen an knapp zu werden. So mußten wir schließlich unseren submarinen Arbeitsplatz verlassen, um Proviant zu fassen.
Wieder einmal waren wir also, um Verpflegung an Bord zu nehmen, nach Puerto Rico zurückgekehrt. Bébert war nach Frankreich heimgekehrt, wo ihn andere Aufgaben erwarteten, und Serge Foulon sollte sich um Christobald kümmern.
Am 10. Juli, auf der Rückfahrt zu unserem Silberschiff, erteile ich Coll und Foulon die Erlaubnis, vor der unweit von Puerto Rico gelegenen Insel Mona mit den beiden Seebären wieder einmal zu tauchen. Und da passiert es: Christobald sagt Serge trotz aller Kalmarangebote die Gefolgschaft auf und sucht das Weite.
Er taucht zur Oberfläche auf, betrachtet die kleine Insel und wendet sich dann entschlossen dem Meer zu.
Roger Maritano, unser Kapitän, bemerkt den Vorfall als erster. Der Abstand, in dem Christobald von den Luftbläschen, die den Standort der Taucher verraten, auftaucht, kommt ihm nicht geheuer vor. Aber bis Coll mit Pepito wieder an der Oberfläche erscheint, bis er ihn in seinen Käfig gesperrt hat und mit dem Netz in die Barkasse gesprungen ist, hat Christobald schon ein ganz schönes Stück Weg zurückgelegt. Seine Spur haben wir allerdings, da wir aufmerksam beobachten, wo er wieder auftaucht, um Luft zu schnappen, noch nicht verloren.
Eine gute Stunde lang setzt ihm die Barkasse in einem tollen Zickzackkurs nach (Michel Deloire ist es erfreulicherweise geglückt, diese dramatische Verfolgungsjagd zu filmen), holt ihn sogar ein, ja, Sumian hat ihn beinahe schon im Netz, aber da gelingt es Christobald, der diese Art Umgarnung von früheren Erfahrungen her nur zu gut kennt, sich durch eine geschickte Wendung zu befreien, und noch um einige Grade schneller als zuvor schwimmt er davon.
Schließlich geht der Barkasse der Treibstoff aus, und da ihr die *Calypso,* die vor Anker liegt, nicht gefolgt ist, muß sie die Verfolgung aufgeben.
Unaufhaltsam schwimmt Christobald von der *Calypso* fort. Das allerbetrüblichste daran aber ist, daß der Mensch die Mönchsrobben im Karibischen Meer schon vor langem ausgerottet hat, daß sich unser Seebär vom Kap der Guten Hoffnung also den denkbar ungeeignetsten Ort ausgesucht hat, um in die Freiheit zurückzukehren.
Die Seebären erreichen eine Geschwindigkeit von über 25 Stundenkilometern, können gut und gern 20 Minuten unter Wasser bleiben und vermutlich über 400 Meter tief tauchen. Sie können sich nahe-

zu unbegrenzte Zeit im Wasser aufhalten und sich buchstäblich von der Bewegung der Wellen in Schlaf wiegen lassen.
Alles in allem besteht also wenig Hoffnung, daß wir Christobald wieder zu Gesicht bekommen. Trotzdem geben wir in den nächsten drei Tagen die Suche nicht auf. Pepito irrt wie eine Seele im Fegefeuer über die Verbindungsbrücken, offenbar untröstlich über die Abwesenheit seines Gefährten.
Aber auch die anderen an Bord lassen den Kopf hängen, selbst Zoom macht einen traurigen Eindruck. Tag für Tag suchen die Taucher, wo die *Calypso* auch sein mag, das Meer ab. Aber nirgends findet sich eine Spur von Christobald. Er war der eigensinnigere, der unzähmbarere von beiden, was jedoch nicht heißen soll, daß ich seinen Freiheitsdurst unsympathisch finde, im Gegenteil.
Pepito fühlt sich vereinsamt und schmiegt sich trostbedürftig an seinen Freund Raymond Coll. Der »gute Toto« läßt alles mit sich geschehen. Er ist rührend. Bedenklich erscheint uns nur, daß er gar so wehrlos ist. Doch da Wasser und Sprit zur Neige gehen, muß ich wohl oder übel den Befehl erteilen, das gut 300 Kilometer entfernte Puerto Rico anzulaufen.
Als wir in San Juan de Puerto Rico die Lokalzeitung, den *San Juan Star*, aufmachen, entdecken wir zu unserer maßlosen Verblüffung ein Foto von Christobald, wie er einem Fischer eine Sardine aus der Hand frißt. Es ist ihm also während seiner neuntägigen Freiheit offensichtlich nicht leichtgefallen, Nahrung zu finden. Vielleicht hat er die gut 100 Seemeilen von Mona nach San Juan halb verhungert zurückgelegt. Jedenfalls ist er gleich dem ersten Menschen, dem er begegnete, ins Garn gegangen, einem Fischer, der nur eine Meile vom Hafen entfernt vom Boot aus fischte. Und da geschah das zweite Wunder: Der Fischer kam, statt ihn zu harpunieren oder zu erschlagen, auf die gute Idee, ihn durch eine Sardine in seinen Kahn zu locken und ihm einen Ziehknoten um den Hals zu legen! Alle Hochachtung vor diesem Juan Medina (so sein Name).
Am Sonntagabend sucht uns ein Reporter vom *Star* auf der *Calypso* auf. Doch er will mit der Sprache nicht recht herausrücken, und so setze ich meine Frau Simone und Michel auf den Fischer beziehungsweise die Käufer der Robbe an. Nur ist es keineswegs so einfach, wie wir geglaubt hatten. Auch im Segelclub hält man mit dem Namen und der Adresse des Käufers zurück. Aber schließlich gelingt es meinen Sendboten doch, das Rätsel zu lösen, und alsogleich begeben sie sich zu besagter Madame W., wo sie prompt die nächste Abfuhr erleben. Immerhin gelingt es ihnen, zu erwirken, daß man mich um 6 Uhr abends empfangen will.

So mache ich mich denn in Michels Begleitung auf den Weg, fest entschlossen, den Rat, den man mir gegeben hat, zu befolgen und »alle Register meines Charmes zu ziehen«. Dementsprechend klingle ich, obwohl die Tür offensteht. Als ein reichlich abstoßendes Subjekt mit vorquellendem Bauch und lottrigem Aufzug erscheint, erkundige ich mich naiv biedermännisch: »Mister W.?« – »Mitnichten«, antwortet der Mensch mit unverhohlener Feindseligkeit. Da habe ich einen Bock geschossen. Es ist der »Johann« von Madame W., deren geschiedener Mann in New York lebt. Also wechsle ich

Erster gemeinsamer Tauchversuch mit Geschirr und Leine.

die Taktik. Mit breitem Grinsen und entsprechend höflichen Floskeln verschaffe ich mir selbst Einlaß und lenke meine Schritte in Richtung Salon, wobei ich besagtes Subjekt erst gar nicht zu Wort kommen lasse, sondern sofort mit meiner Seebärengeschichte loslege. Mittlerweile ist auch Madame W. mit ihrer Mutter, einem wahren Drachen in Weibsgestalt, samt einem ihrer Grünschnäbel namens Ricky aufgekreuzt. Die Atmosphäre ist frostig. In meiner Not zücke ich schließlich ein Exemplar meines Schmökers *Living Sea* und widme es den beiden Rockern »Ricky und Randy«. Dann komme ich aufs Fernsehen und auf Filme zu sprechen und dringe in Madame W., in unserem Film in Person aufzutreten. Und da tatsächlich ist das Eis endlich gebrochen. Whisky wird angeboten, Christobalds Rückgabe in Aussicht gestellt, und zum Schluß präsentiert uns besagter Johann mit Leichenbittermiene eine Rechnung über 196 Dollar für seine Auslagen.
Ich schlage ein, und wir verabreden uns für den nächsten Vormittag im Jachtclub. Am Nachmittag gehen wir dann gemeinsam zur Villa der Madame W., um Christobald abzuholen. Als Raymond Coll sieht, wie unser Ausreißer untergebracht ist, packt ihn die blanke Wut: Das hochgepriesene Schwimmbecken der Madame W. entpuppt sich als »kleines, aufblasbares Kinderplanschbecken«, der dem Seebären zugewiesene Auslauf ist über und über mit Kot bedeckt.
Madame W. will uns unbedingt beweisen, daß Christobald sie schon ins Herz geschlossen hat.
»Sehen Sie nur«, fordert sie uns auf, »welch gute Freunde wir geworden sind.« Mit diesen Worten tritt sie auf Christobald zu, um ihn zu streicheln. Dem jedoch fällt nichts Besseres ein, als nach ihrer Hand zu schnappen und seine Zähne gleich so tief hineinzuschlagen, daß wir uns ins Mittel legen und ihn wegziehen müssen. Doch das Drama ist nicht mehr aufzuhalten: spitze Schreie, Seufzer, Beinaheohnmachten. Und natürlich muß die Wunde desinfiziert und verbunden werden. Schließlich ist es dann doch so weit, daß wir uns auf den Weg machen können. Ein Konvoi von fünf Autos setzt sich zum anderen Ende der Stadt in Bewegung: im einen der Reporter und der Fotograf vom *San Juan Star*; im nächsten Eugène Lagorio und ich; im dritten John Soh, Deloire und Agostini vorn, Coll und Christobald hinten; im vierten Madame W., ihre Mutter, ihr Johann und die zwei Fratzen; und im folgenden Lastwagen der Fischer mit einem Kumpel – ein nicht enden wollender Paradezug, denn man verliert sich und sucht sich und findet sich glücklich sogar wieder. Christobald bekommt, wie konnte es auch anders sein, im

Von Geschirr und Leine befreit, tauchen die beiden Seebären mit unseren Leuten.

Mietwagen die gewohnte Kolik, und als wir eine dreiviertel Stunde später endlich ankommen, ist Coll von Kopf bis Fuß vollgekleckert. Im Auto hat sich ein höllischer Gestank ausgebreitet, und Agostini hat unterwegs zum Fenster hinausgespien ... All das kann man auf dem Film sehen und Madame W. vor Zufriedenheit gurren hören. Gegen 18 Uhr erfolgt die triumphale Rückkehr Christobalds an Bord. Als er Pepitos ansichtig wird, umarmt er ihn!
Natürlich hebt nun auf der *Calypso* ein großes Feiern zu Ehren des heimgekehrten verlorenen Sohnes an. Auch Pepito und Zoom be-

grüßen den Ausreißer freudig. Raymond, unser Smutje, hat in der Schiffsmesse ein Mordsbankett angerichtet, dessen Hauptgericht in einem Kalmar *à la provençale* besteht, das Christobald in unserer Mitte verzehrt, allerdings nicht ohne alles ein bißchen durcheinanderzubringen.
Am nächsten Morgen erscheint ein großer Artikel im *San Juan Star*, und danach kommt die ganze Stadt an Bord.
Doch für uns heißt es, nachdem wir uns für 2 Monate verproviantiert haben, zu unserem Silberschiff zurückzukehren, wo wir dann allerdings 3 Monate wie Einbrecher mit Spitzhacke und Hammer schufteten und Tonnen von Korallen abtrugen, bis uns Wasser und Lebensmittel schließlich vollständig ausgegangen waren.
Etwa 14 Tage nach Christobalds Rückkehr an Bord erwartet uns eine große Enttäuschung. Wir finden ihn eines Morgens offensichtlich krank vor, was Foulon und viele andere auf seinen Zwangsaufenthalt im Kinderplanschbecken in Puerto Rico zurückführen.
Er war wirklich nicht in sonderlich guter Verfassung gewesen, als wir ihn abgeholt hatten.
»Sie haben ihm nichts zu fressen gegeben«, murrte Raymond, »oder vielleicht nur verdorbenen Fisch.«
Zwar hatten wir ihm an Bord eine Stärkungskur verordnet, die auch anzuschlagen schien, aber »so wie früher war es nicht mehr«.
Natürlich haben wir an besagtem Morgen sofort Dr. Tassy alarmiert, der Christobald Herzstärkungsmittel spritzte und es sogar mit einer Herzmassage versuchte. Aber alles war vergebens. Tags darauf ging Christobald ein.
Bei der allgemeinen Nahrungsmittelknappheit an Bord stellte die Versorgung der beiden Seebären ein regelrechtes Problem dar. Wir mußten wohl oder übel auf das örtliche Angebot zurückgreifen. Zuerst versuchten wir es mit Zackenbarschen, aber wie sich zeigte, vertrug Pepito diesen Fisch nicht.
Am Tag, nach dem er ihn bekommen hatte, traf ihn Raymond in einem lamentablen Zustand an. Pepito hatte gespien. Was aber noch eindrucksvoller war, er drückte seine beiden Vorderpfoten auf den Bauch und verdrehte die Augen, wie um darzutun, wo es ihm weh tat. Dr. Tassy, sofort zu Hilfe gerufen, gab Raymond Coll eine Tube Salbe und empfahl, sie Pepito in den Anus zu drücken.
Die Kur wirkte Wunder. Nach zwei Stunden hatte sich Pepito gründlich entleert. Aber während dieser Zeit mußte ihm Raymond den Bauch massieren und halblaut gut zureden.
Eine halbe Stunde nach dieser Erleichterung tummelte sich Pepito bereits wieder in seinem Schwimmbecken.

Wir mußten uns nach diesem Zwischenfall nach anderen Fischen umtun.
So meldeten sich trotz der zermürbenden Arbeit am Tag, die darin bestand, Korallenblöcke abzuschlagen, aufs Achterdeck zu hieven und dort zu zerschlagen, wiederholt Freiwillige zum Fischen in der Nacht und mühten sich von 10 Uhr abends bis 3 Uhr früh, eine Anzahl jener offensichtlich äußerst verträglichen und von den Seebären sehr geschätzten kleinen Hornfische zu fangen.
Doch der Trinkwassermangel, die allgemeine Erschöpfung, die Zyklongefahr und vor allem die Enttäuschung darüber, daß unser Wrack 100 Jahre jünger war als vermutet, all das veranlaßte uns, unserer Korallenbank definitiv den Rücken zu kehren.

Außerdem wartete schon eine Reihe anderer Aufgaben im Pazifik auf uns, den wir nun über den Panamakanal befahren wollten.
Für große Schiffe stellt die Passage durch diesen Kanal nicht das leiseste Problem dar: Ein ganzes Team von Spezialisten kommt an Bord und führt sämtliche Manöver aus. Aber für ein so kleines Schiff wie die *Calypso* läßt man die Schleusenkammern nicht eigens vollaufen. Das heißt, wir müssen uns einem größeren Schiff anschließen, die Verholtrossen selber bedienen und überhaupt selbst auf unsere Sicherheit achten. Während die großen Schiffe durch je zwei Trossen vorn und hinten von den sogenannten Mulis, kleinen, auf Gleisen laufenden Elektrolokomotiven, durch die Schleusen getreidelt werden, damit sie gegen kein Schleusentor stoßen, stehen der *Calypso* keine solchen Hilfsmittel zu. Wir müssen sie statt dessen an ein größeres, auf diese Weise geschlepptes Schiff anhängen und selber zusehen, wie wir mit der starken Strömung, die beim Füllen der Schleusenkammern entsteht, fertig werden.
Im folgenden möchte ich ein paar Auszüge aus dem Bordtagebuch unseres Kapitäns Claude Caillart bringen, der die Fahrt durch den Panamakanal leitete.
Freitag, 20. September 1968: Um 8 Uhr kommt der Lotse an Bord, und wir legen sofort ab. Wir reihen uns hinter einem kubanischen Frachter ein, der ein Marinekommando an Bord hat. Eine solche Überwachung müssen sich nur die kubanischen Schiffe in der Kanalzone gefallen lassen.
Der Gatunsee ist vom Schiff aus gesehen sehr schön. Baumwipfel steigen aus dem Wasser auf. Diese Bäume standen schon vor Lesseps und der Aushebung des Kanals da und leben heute immer noch. Ihre buschigen Kronen nehmen sich über dem bleigrauen Wasser besonders grün aus.

Mittlerweile können unsere Taucher den Seebären vertrauen: Die Tiere halten sich stets in der Nähe ihrer Freunde auf. Rechts eine Figur aus dem Unterwasserballett, das Seebären und Taucher gemeinsam aufführen.

Die Schleuseneinfahrt bei Gatun ist der schwierigste Abschnitt der ganzen Kanaldurchfahrt: Eine von der Schleuse fächerartig ausgehende starke Strömung droht uns gegen die Uferbefestigung zu drücken. Aber bei langsamer Fahrt und geschicktem Manövrieren geht alles glatt. Wir legen an Steuerbord eines großen Schleppers, der *Rousseau*, an, der uns vom ersten Schleusenbecken zum zweiten und von da zum dritten schleppen soll. Brodelnd steigt das Wasser in den Becken hoch, ein höchst eindrucksvoller Anblick. Die *Calypso* nimmt sich in dieser Umgebung wie die reinste Nußschale aus. Im zweiten Becken sind wir auf gleicher Höhe mit einem Transatlantikfrachter, der *Anjou*. Gegenseitige Begrüßung per Funk. Machen aus, daß wir uns in Callao, wo die *Anjou* regulär zwischenlandet, treffen werden.

Das Schleusentor geht auf, der Kubaner zieht davon und wir hinterdrein. Können ihn steuerbords überholen, woraufhin der Cheflotse auf der Kommandobrücke erscheint und sich beschwert. Er verweist auf die Schiffahrtsordnung, wogegen ich geltend mache, daß wir durch die Umstände zu diesem Manöver gezwungen sind, was ihn etwas zu besänftigen scheint.

Aber so einfach ist es gar nicht, unseren Rivalen zu überholen. Wir müssen die Kurven auf Höhe der Bojen schneiden und gelegentlich einen Abkürzer nehmen, zumal uns der Lotse nicht gestattet, in die schmale, soweit aber ganz bequem anmutende Fahrrinne der Bananendampfer einzubiegen. Davon abgesehen, ist der Mann mit seinem Tropenhelm, seinem Tornister und seiner amerikanischen Thermosflasche sehr freundlich und liebenswürdig.

Bei der Einfahrt in den Gaillard Cut, die berüchtigte Culebra, gehen wir mit dem Tempo herunter. Vor uns liegt ein 848 Fuß langer Öltanker, und außerdem wird hier der Kanal von 300 auf 500 Fuß verbreitert. Das machen wir uns zunutze, um in einer Bö einen spanischen Frachter zu überholen, was uns just unter einer an den französischen Beitrag zum Kanalbau erinnernden Gedenktafel glückt.

Bei der Einfahrt in die Schleuse von Pedro Miguel hat der Ölriese vor uns trotz seiner vier Lotsen und vier Schlepper mit Schwierigkeiten zu kämpfen. Er wird an die Lokomotiven gehängt, das Schleusentor schließt sich, die Sperrkette spannt sich. Das heißt für uns längsseits gehen und auf seine Ausfahrt warten. Doch eine Strömung von achtern erschwert das Manöver und läßt den Schiffsrumpf gegen den starken Gummifender prallen. Endlich wird der Tanker aus dem Becken getreidelt, das Schleusentor öffnet sich, und nun kommt die Reihe an uns, nur daß uns die Unterstützung durch die Mulis versagt ist. Als wir aus Pedro Miguel herausfahren, ist der norwegische Öltanker bereits in Miraflores. Der Lotse treibt mich zur Eile an, aber diesmal beschleunige ich nicht so überstürzt, sondern lasse mir die nötige Zeit. Das Anlegen erfordert hier eine noch größere Geschicklichkeit als in Pedro Miguel, da eine noch stärkere Strömung herrscht. Tatsächlich haben wir mit dem Rumpf den Gummi- und an Steuerbord den Holzfender gestreift, was dem Schiff einige unsanfte Stöße eintrug und ein bißchen die Farbe abkratzte. Die starke Strömung von achtern macht die Passage vom einen Schleusenbecken zum anderen (Miraflores hat deren zwei) nicht eben leicht. Einmal stoßen wir an der Mauer an, können aber dank eines geschickten Manövers wieder klarkommen. Endlich sind wir auf der Höhe des Pazifik angelangt. Mir reicht es allmählich aber auch. Ich habe die Nase von Schleusen und dem Kanal voll.

Doch kaum hat sich das Schleusentor halb geöffnet, sehen wir, daß uns draußen auf hoher See ein unheimlicher Sturm mit Blitz, Donner und sintflutartigen Güssen erwartet. Wir können nur von Bake zu Bake fahren. Dabei kreuzen uns einige entgegenkommende Frachter.
Vor Balboa gehen zwei Schnellboote längsseits und bringen die »clearance«, Kalmare für den Seebären und ein paar Laibe Brot an Bord.
Immer noch bei heftigem Regen fahren wir unter der Panamabrücke durch, und um 18.20 Uhr geht der Lotse von Bord, mit seinem Tropenhelm und seinem Regenschirm eine würdige Erscheinung. Dann umrunden wir die Inseln und nehmen Kurs auf Palmelo.

Ich bin fest entschlossen, Pepito freizulassen, sobald sich entsprechend günstige Bedingungen bieten.
Gewiß, nach all den Monaten, die wir miteinander verbracht haben, fällt es uns verdammt schwer, uns von ihm zu trennen, sind die Seebären mittlerweile doch geradezu zu einem Teil unseres Lebens an Bord wie bei den Tauchexpeditionen im Meer geworden. Aber schließlich und endlich ist es die einzig tragbare Lösung, und zwar für ihn und für uns.
Außerdem, wozu das Experiment fortsetzen? Schließlich haben wir unser Ziel erreicht und den Beweis erbracht, daß Meeressäuger sich fast ebenso leicht an den Menschen gewöhnen, fast ebenso anhänglich sein können wie die Säugetiere auf dem Land.
Und überdies soll uns die Expedition, die als nächstes auf dem Programm steht, mitten in die Anden zum Titicaca-See in eine Höhe von fast 4000 Metern hinaufführen. Nun könnten wir Pepito zwar auf der *Calypso* zurücklassen, aber seine Überwachung und Versorgung würde für die stark geschrumpfte Besatzung eine zu große Belastung darstellen. Wir werden nämlich alle verfügbaren Arme brauchen, um unsere Seeflöhe auf den Zug zu verladen und oben im Hochgebirge wieder abzuladen, wo wir die physiologischen Auswirkungen der Höhe auf das Tauchen untersuchen wollen.
Von Callao nehmen wir Kurs auf den peruanischen Hafen Mollendo, von dem aus wir unsere Expedition zum Titicaca-See starten wollen. (Vgl. Jacques-Yves Cousteau und Philippe Diolé, *Calypso*, Abenteuer eines Forschungsschiffes, Droemer Knaur.)
Claude Caillart, unser Kapitän, und die ganze Mannschaft sind angewiesen, nach Seebärenkolonien Ausschau zu halten, deren es meines Wissens an der südamerikanischen Pazifikküste viele geben muß. Um meine Vorstellung besser verwirklichen zu können, habe

ich außerdem noch zwei peruanische Zoologen, Spezialisten für Meeressäuger, an Bord geholt.
Am 30. September gehen wir um 8 Uhr morgens vor den Chinchas-Inseln vor Anker. Wir entdecken ein paar Seelöwen am Strand, und so schicke ich Raymond Coll mit der Barkasse hinüber. Doch schon bald kehrt sie zurück: Die Seelöwenkolonie hat sich als zu klein erwiesen.
Also holen wir den Anker wieder ein, und weiter geht die Fahrt an einem einsam aus dem Wasser ragenden Felsen vorbei nach Süden zu den Ballistas-Inseln, wo wir wieder »Station« machen wollen. Ungefähr gegen Mittag werfen wir zwischen den beiden Inseln Anker. Der Hafenbeamte kommt herübergerudert und unterhält sich mit unseren peruanischen Gelehrten.
Wir machen mittlerweile mehrere Siesta haltende Seebärenherden aus, und da ich gern wissen möchte, welcher Art sie angehören, lassen wir die Barkasse mit Canoé, Jean-Paul, Philippe und Sumian zu Wasser. Doch der Versuch schlägt fehl, denn als das Boot bei der Insel anlangt, sind die Seebären bereits untergetaucht. Immerhin zeigt sich, daß es allerlei höchst geeignete Grotten und viele Seebären gibt. Der zweite Versuch dagegen ist von Erfolg gekrönt: Unsere Leute bringen einen Seebären von Pepitos Größe an Bord.
Dieser macht einen höchst unzufriedenen Eindruck und schnappt wild um sich. Wir schaffen ihn in das Gehege auf dem Achterdeck, damit ihn die Peruaner in aller Ruhe untersuchen können, aber da gehen unserem sanften, langmütigen Pepito die Nerven durch: Er steigt über die Verholtrossen weg und stürzt sich ins Meer.
Die Barkasse ist schnell zu Wasser gelassen, und mit Fangnetz und Kalmaren nehmen Maurice, Leandri und Marius die Verfolgung auf. Aber Pepito beißt im wahrsten Sinne des Wortes nicht recht an. Er holt sich die Kalmare mit den Lippen, bewegt sich langsam aufs Land zu, taucht, und weg ist er. Die Bootsbesatzung glaubt, ihn überall zu sichten, nur daß es sich bei näherem Zusehen genausogut um einen seiner Vettern handeln könnte, der auf eine kleine Erkundungstour gegangen ist.
Mittlerweile liegt auch das Untersuchungsergebnis der beiden Peruaner vor: Die eingefangene Robbe gehört tatsächlich zur selben Art wie Pepito und Christobald, nämlich zur Gattung *Arctocephalus Australis*, auch wenn sie dunkler ist und eine längere Nase hat.

Bei Puerto Rico, wo unsere Leute mit den beiden Seebären tauchen, ist der Meeresgrund mit Korallen übersät, zwischen denen sich farbenfrohe Fische tummeln.

So erteile ich der Barkasse per Funk Anweisung, die Verfolgung aufzugeben und an Bord zurückzukehren. Ich habe einen guten Vorwand: Durch eine Gegenströmung hat sich der Anker losgerissen, und Caillart muß den Ankerplatz wechseln.
Trotzdem herrscht an Bord Unbehagen. Die Crew ahnt, was los ist, und als ich den Befehl erteile, den einheimischen Seebären wieder auszusetzen, sehen sie ihre Befürchtungen bestätigt . . .
Als wir das Tier, das sich zielstrebig von der *Calypso* entfernt, aus dem Blick verloren haben, weiß jedermann Bescheid, und eine spürbare Traurigkeit breitet sich auf dem Schiff vom Achterdeck bis zur Kommandobrücke aus.
Und doch war es wohl die beste Lösung. Denn hätten wir Pepito länger behalten, er hätte sich zu sehr an uns gewöhnt. Und da wir ihn nicht auf die Dauer hätten mitnehmen können, hätte ihm ein besonders trauriges Schicksal bevorgestanden: die Gefangenschaft in einem Zoo oder einer ähnlichen Einrichtung, wo er bestimmt »dressiert« worden wäre, was ich ja gerade hatte vermeiden wollen. War es da nicht wesentlich besser, ihm eine Chance zu geben, sich seinesgleichen wieder anzuschließen?
Gewiß, wir hatten, und dessen war ich mir auch von Anfang an bewußt gewesen, eine große Verantwortung auf uns genommen; dennoch war unser Abenteuer mit den Seebären ein entscheidender Schritt in der Erforschung der Beziehungen zwischen Mensch und Tier.
Unbestreitbar ist es uns geglückt, in Pepito und Christobald, auch wenn sie uns schließlich verlassen haben, gewisse Gefühle zu wecken. Verlassen nicht auch die Kinder ihre Eltern? Einen Monat lang haben uns die beiden Meerestiere immerhin als freie Kameraden im Meer begleitet.
Trotzdem war unser Experiment wohl nur ein halber Erfolg. Gewiß, die Seebären sind, obwohl sie weder Geschirr noch Leine trugen, nach jedem Tauchgang von sich aus an Bord zurückgekehrt und gehorchten den Befehlen der Mannschaft, vor allem ihren Ziehvätern. Aber dabei spielten die Kalmarhappen vermutlich doch eine größere Rolle als die Anhänglichkeit. Letztlich waren Pepito und Christobald wohl nicht ganz so gelehrig und treu wie Hunde.
Diese Zähmungsversuche wurden in der Folge in den Vereinigten Staaten fortgesetzt, anscheinend aber mit mehr Methode und besserem Erfolg, nur bedauerlicherweise in einem militärischen Rahmen. So ist es der Abteilung San Diego gelungen, Seebären zur Torpedosuche abzurichten. Zum Heraufholen bedient sich die US-Navy allerdings der Schwarzwale.

II.Teil:
See-Elefanten

4 Sturm auf Guadalupe

Wie Boxer – Einquartierung der Mannschaft auf Guadalupe – Schlechtes Wetter – Im Wasser – Der Harem – Rodeo – Die Ziegen – Eine alptraumhafte Nacht – Gutes Einvernehmen

1968 war für unsere ganze Mannschaft ein äußerst arbeitsreiches Jahr. Ja, wir hatten uns so viel vorgenommen, daß wir uns in verschiedene Gruppen aufsplittern mußten, um überhaupt herumzukommen. Während die einen einem Projekt in Südamerika nachgingen, beschäftigten sich die anderen bereits mit einer ganz anderen Sache im Pazifischen Ozean.
Unter anderem hatten wir eine Expedition zum Titicaca-See an der peruanisch-bolivianischen Grenze ins Auge gefaßt. Zur Erforschung dieses nahezu 4000 Meter hoch gelegenen, tiefen Sees aber mußten wir unsere tauchenden Untertassen über die Anden schaffen.
Trotz dieses Vorhabens jedoch sollte die *Calypso* dem Wanderzug der Grauwale im Pazifik vom Eismeer bis nach Niederkalifornien folgen. (Vgl. Jacques-Yves Cousteau und Philippe Diolé, *Wale – Gefährdete Riesen der See*.)
Und außerdem wollte ich gleichzeitig einen Film über die See-Elefanten drehen lassen, jene ungeheuer massigen, fetten, fast schon unförmigen und anscheinend mürrischen Tiere, denen wir auf unseren Kreuzfahrten und vor allem bei Zwischenlandungen auf einsamen Inseln des öfteren begegnet waren und die uns durch ihr Gebrüll, ihre Liebesspiele und besonders durch ihre lange, rüsselförmige Nase, der sie ihren Namen verdanken, neugierig gemacht hatten.
Die Vorfahren dieser Tiere, die im Lauf der Entwicklungsgeschichte gewaltig gewachsen sind und sich schließlich für das Leben im Wasser entschieden haben, dürften ähnlich wie Hunde ausgesehen haben. Sie gehören zur Ordnung der Pinnipedia, was schlicht »Flossenfüßer« heißt.
Ted Walker, ein befreundeter amerikanischer Spezialist für Meeressäugetiere, der unsere Nord-Süd-Fahrt auf der Spur der Grauwale an Bord der *Calypso* mitgemacht hat, ein ausgesprochener Bewunderer der See-Elefanten, hatte uns schon viel von ihnen erzählt, so unter anderem auch, daß sie zur Paarungszeit an Land gehen, wo sie allerdings sehr schutzlos und gefährdet sind.

Tatsächlich bedeutet für sie jede Minute an Land eine beträchtliche Anstrengung, macht ihnen doch ihr Gewicht nicht wenig zu schaffen. So ermüden sie schnell, zumal es ihnen natürlich auch viel zu heiß ist. Kein Wunder also, daß sie die meiste Zeit fast stumpfsinnig vor sich hin dösen und nur aufwachen, um zu kämpfen oder zu lieben.

Laut Ted Walker hätte diese mangelnde Anpassungsfähigkeit an das Leben an Land im 19. Jahrhundert fast zu ihrer Ausrottung geführt, da sie hier nicht die geringste Chance hatten, den Nachstellungen der Menschen zu entgehen, die Walfänger ihnen aber, wenn der Walfang nicht zufriedenstellend ausgefallen war, schonungslos nachsetzten, um ihre Tranfässer zu füllen.

Dabei hielten sie sich an ein einfaches Rezept: Sie überraschten die See-Elefanten an Land und trieben sie mit Bootshaken zum Ufer, wo sie sie mit Knüppeln erschlugen. Auf diese Art und Weise ersparten sie sich sogar noch den Transport der schweren Kadaver: Die Tiere begaben sich selber an den Ort ihrer Exekution.

Um 1880 waren die großen See-Elefantenherden des Nordpazifiks auf ein paar hundert Tiere dezimiert, die auf der fernen (134 Meilen von der mexikanischen Halbinsel Baja California entfernten) Insel Guadalupe Zuflucht suchten.

Da schaltete sich die mexikanische Regierung ein und erließ Schutzbestimmungen, was jedoch nicht bedeutete, daß sie wirklich Frieden gefunden hätten: Von den Zoologen immer wieder aufgestört und von Spezialmannschaften für Zoos und ähnliche Einrichtungen gefangen, stand eine Zeitlang ihr Aussterben zu befürchten – bis die mexikanische Regierung kurzerhand eine Abteilung Soldaten auf der verlassenen Insel Guadalupe stationierte. Allen Beobachtungen nach gab es noch genügend Tiere, um den Fortbestand der Art zu sichern, obwohl sich genauere Schätzungen kaum anstellen ließen: Die See-Elefanten brauchen 8 bis 10 Minuten keine Luft zu holen, tauchen gelegentlich bis in eine Tiefe von 300 Metern ab und kommen womöglich eine ganze Meile von ihrem Abtauchort entfernt wieder an die Oberfläche. Sosehr sie dem Menschen an Land auf Gnade oder Ungnade ausgeliefert sind, so leicht entziehen sie sich ihm im Wasser. Sie sind für das Leben im Meer großartig ausgerüstet. Im Unterschied zum Wal mit seiner horizontalen Schwanzflosse haben sie eine doppelte vertikale Hinterflosse, mit deren Hilfe sie sich nach Art der Fische durch seitliche Schläge fortbewegen, wobei sie sich trotz ihrer gewaltigen Fleischmassen dank der Vorderflossen geschmeidig drehen und wenden können.

Bis jetzt hatte keiner von uns lange genug unter ihnen gelebt, um ihr Verhalten zu beobachten und hinter ihrem abweisenden Äußeren die Originalität entdecken zu können, die ich ihnen allerdings mehr aus einer Art Intuition heraus, zuschrieb. Da mir bekannt war, daß sie sich zur Paarungszeit in großer Zahl auf der Insel Guadalupe einfinden, beschloß ich, einen ersten Erkundungstrupp dorthin zu schicken. Allerdings war Eile geboten, denn die See-Elefanten oder *Mirounga mirounga*, wie sie die Wissenschaft nennt, kommen nur zur Paarung und zum Werfen an Land. Im März oder April gehen sie für mindestens 7 Monate ins Meer und durchstreifen als rastlose Nomaden den Ozean.

Eine unserer Mannschaften, die Besatzung der *Polaris* (eines Schiffes, das wir gechartert hatten), war den See-Elefanten des Pazifiks bereits begegnet, und zwar als sie, der Wanderung der Grauwale bis zu den kleinen Salzwasserlagunen Niederkaliforniens folgend, bei miserablem Wetter eine mehrere Stunden von der Route nach San Diego abgelegene kleine Insel, San Benito, anliefen. Zu ihrem Erstaunen wurden sie dort von jenen über 2 Tonnen schweren Tieren empfangen, die sich in voller Größe aufrichteten, sie brüllend mit ihren großen, vorquellenden Augen fixierten und ihren monströsen Kopf wie Boxer vor dem Kampf wiegten.
So häßlich sie die Tiere fanden, so sehr beeindruckte sie andererseits ihr Mut, mit dem sie den kamerabewaffneten Eindringlingen die Stirn boten.
Vom Bericht unserer Kameraden erneut angestachelt, beschloß ich, schnellstens eine Expedition nach Guadalupe zu rüsten, wo diese Tiere unter Naturschutz stehen und wo wir deshalb hoffen konnten, sie in genügend großer Zahl anzutreffen. Mein Plan ging dahin, sie aus möglichst kurzer Entfernung an Land und im Wasser von einer Tauchermannschaft, die eine Zeitlang unter ihnen leben sollte, filmen zu lassen.
Innerhalb weniger Tage war die Expedition vorbereitet, ein gut zweiwöchiges Unternehmen, dessen Organisation und Planung mein Sohn Philippe übernahm. Unter anderem mußte die Genehmigung der mexikanischen Regierung eingeholt, die nötige Zeltausrüstung gekauft und Filmmaterial, Proviant sowie allerlei anderes Zubehör (von einer Handvoll großer Nägel bis zu einer Sturmlampe) bestellt werden.
Außerdem brauchte die Mannschaft ein Stromaggregat, einen Kompressor zur Aufladung der Preßluftflaschen, Tauchausrüstung, Unterwasserkameras sowie normale Kameras, Fotoapparate und Tonbandgeräte.

Ein besonderes Problem warf der Umstand auf, daß es auf Guadalupe, einer unfruchtbaren Felseninsel, nicht einmal eine Wasserstelle gibt. Doch hier ließ sich durch den Kauf einer eindrucksvollen Anzahl Plastikkanister Abhilfe schaffen.
Vom Planungseifer fortgerissen, verfiel Philippe schließlich auf die ausgezeichnete Idee, lebende Hühner mitzunehmen, zumal sie ihm der Händler als ausgesprochene Legehennen angepriesen hatte. Das hieß natürlich, auch Draht für den Hühnerhof einkaufen.
Zu dumm nur, daß die Hühner, durch die Seereise gewaltig verschreckt, nur alle heilige Zeit ein Ei legten und folglich wie alle schlechten Leger in der Pfanne landeten.
Nachdem Schlauchboot, Feldbetten, Preßluftflaschen, Treibstoff und zu guter Letzt auch noch eine fast vergessene Bratpfanne an Bord gebracht worden waren, stach die *Searcher*, ein kleines Schiff, abends in See, um die Mannschaft über Nacht von San Diego zu der 120 Meilen entfernten Insel Guadalupe überzusetzen.

Am Morgen türmt sich die Insel gewaltig und abweisend aus dem Wasser auf. Die See geht hoch, der Himmel ist von grauen Wolken verhangen, die schnell von Ost nach West treiben. Alle Welt schlottert vor Kälte und fühlt sich klein und schwach angesichts der steilen Felsen, der schweren Brecher und der gestellten Aufgabe. Zunächst heißt es das, wie sich nun herausstellt, recht beträchtliche Rüstzeug an Land transportieren.
An einem steinigen, von einem felsigen Berg überragten Strand geht die *Searcher* vor Anker. Über den Büschen ganz oben auf dem Berg zeichnen sich ein paar Bäume im Nebel ab.
Auf dem Ufer lagern haufenweise massige Gestalten, von denen sich ab und an eine aufrichtet und ein Stück weit schleppt. Von diesen großen, ungeschlachten Leibern steigt ein ohrenbetäubendes Getöse und Gebrüll, vor allem aber ein unerträglicher Gestank auf. Doch die Neuankömmlinge, vollauf mit dem Landemanöver beschäftigt, finden kaum Zeit, die Inselbewohner eines Blickes zu würdigen. Von dem Gelärme anfangs fast betäubt, gewöhnen sie sich nach und nach daran, wie man sich an die Geräusche eines Bahnhofs oder einer Fabrik gewöhnt – wie sie auch den anfangs erstickenden Gestank bald kaum mehr wahrnehmen.
Nach einem ermüdenden Hin und Her zwischen Schiff und Ufer ist der Strand auf gut 100 Meter mit Kisten und Kästen, Säcken und Kanistern übersät, was die See-Elefanten jedoch nicht weiter zu stören scheint. Zu Hunderten, vielleicht zu Tausenden liegen sie apathisch und dicht gedrängt am Boden, offensichtlich fest entschlos-

Die *Calypso* passiert eine Schleuse des Panamakanals.

sen, weder zu wanken noch zu weichen: Sie denken nicht daran, aus dem Weg zu gehen, sondern fixieren die Eindringlinge aus großen, runden, dunkelblauen, kurzsichtigen, träumerischen, etwas gelangweilten Augen ohne jede Spur von Angst. Um sich Platz zu schaffen, müssen die Männer sie knuffen und beiseite schieben, was die Kolosse doch etwas rebellisch macht. Sie knurren, richten sich auf, schütteln den Kopf, um schließlich widerwillig den Weg freizugeben. Gelegentlich mimt auch ein besonders großes Exemplar einen allerdings nicht recht überzeugenden Ausfall.

Von Menschen ist weit und breit keine Spur zu sehen, nur die seit 50 Jahren unbewohnten, mittlerweile zerfallenen Gebäude, in denen einst die mexikanischen Truppen untergebracht waren. In diesen Ruinen beschließt sich auch unsere Mannschaft niederzulassen und macht sich daran, den am Strand verstreuten Hausrat die rund 50 Meter hinüberzuschleppen.

Der Umzug, der gut 2 Stunden beansprucht, geht schweigend vor sich. Bei Anbruch der Nacht ist fast alles an Ort und Stelle, die Dächer sind ausgebessert, die alten Häuser als Magazine und Warenlager entrümpelt. Das Zelt ist aufgeschlagen, die Küche in einem geeigneten Winkel untergebracht und eine alte, noch recht feste Hütte mit Filmmaterial vollgepackt.

Alles in allem ein hübsches Fleckchen Erde: Die zerfallenden Gebäude mit den dazwischen sprießenden Büschen, weit von der Trostlosigkeit von Ruinen entfernt, haben den Charme eines mexikanischen Dorfes, das wieder in den Naturzustand zurückkehrt. Auf drei Seiten ragen rot und violett schimmernde Berge auf, während sich im Norden immer noch die Wolkenwand türmt. Die Vögel sind so zutraulich, daß sie die Brösel zwischen den Füßen der Männer aufpicken, und die von den Mexikanern zurückgelassenen Katzen freunden sich schnell mit den Neuankömmlingen an. Die sechs Hühner sind in ihrem Gehege in Sicherheit.

Am nächsten Morgen hat die Mannschaft noch alle Hände voll zu tun, ehe sie sich der See-Elefanten annehmen, ihnen ins Meer folgen und sie filmen kann. Die anfallenden Arbeiten, als da sind die Installation des Kompressors, die Aufladung der Flaschen, das Einlegen der Filme, das Sammeln von Holz für die Küche und vieles andere, werden durch die Umstände stark behindert und erschwert. Das Wetter ist miserabel, die Sonne kaum zu sehen, das Wasser aufgewühlt und trüb. An Drehen wäre ohnehin nicht zu denken.

Die Umgebung des Lagers ist schnell erkundet. Die vulkanische Insel mit dem schwarzen Gestein ist erst vor rund 7 Millionen Jahren aus dem Meer aufgetaucht. Alles in allem kein allzu fröhlich wirkender Ort. Aber die See-Elefanten scheinen sich auf dem steinigen Ufer wohl zu fühlen und gern auf den ungleich großen Kieseln zu schlafen.

Jahrhundertelang wurden diese Tiere wegen ihrer Haut und ihres Fettes gejagt (die Speckschicht kann bis zu 10 Zentimeter dick werden). Bezeichnenderweise fanden unsere Männer gleich am Anfang einen riesigen Kessel, der zum Auslassen des Fettes diente. Die Walfänger haben nämlich auf der ganzen Insel ihre Spuren hinterlassen, wodurch der Gegensatz zwischen der Zeit, in der die See-Elefanten von den Menschen bedenken- und erbarmungslos umgebracht wurden, und heute, wo sie der Länge nach auf dem Strand ausgestreckt die Ruhe genießen, besonders deutlich zutage tritt.

Der Zugang zum Strand ist mit Fallstricken geradezu übersät. Die Klippen mit einem Kamerastativ hinunterzuklettern erfordert feste Kniegelenke und eiserne Nerven. Anfangs brauchten unsere Leute eine halbe Stunde dazu, gegen Ende ihres Aufenthaltes auf der Insel schafften sie es in der halben Zeit.

Sehr gefährlich wäre es allerdings geworden, wenn einer auf den Felsen ausgeglitten wäre und sich etwas gebrochen hätte. Er hätte bis zur Rückkehr der *Searcher* ohne jede ärztliche Hilfe ausharren müssen.

Täglich mischen sich unsere Leute unter die Tiere – kein besonderes Kunststück im übrigen, denn die See-Elefanten schlafen viel, was sich meist schon an ihrem Schnarchen erraten läßt. Kaum jedoch sind sie aufgewacht, erfaßt sie angesichts der Eindringlinge Panik: Sie richten sich, den Rüssel drohend vorgestreckt, auf und beginnen laut zu brüllen. So versuchen sie die Taucher einzuschüchtern, was Philippe auf die Idee bringt, ebenfalls laut loszubrüllen, wodurch es ihm tatsächlich gelingt, einen großen Bullen seinerseits so einzuschüchtern, daß er ihm den Weg freigibt.

Diese allgemeine Schläfrigkeit der Tiere machen sich unsere Leute zunutze, um sich heranzupirschen und auf die Lauer zu legen, bis es etwas zu filmen gibt: Junge See-Elefanten beim Gähnen oder Niesen oder Jungtiere, die sich mit den Vorderflossen kratzen oder um die eigene Achse drehen, um zu sehen, was hinter ihnen passiert, eine regelrecht elegante Wendung, die man mit einiger Geduld immer wieder abpassen kann.

Alles in allem jedoch trauen sich unsere Leute selbst nach einwöchigem Aufenthalt auf Guadalupe immer noch nicht zu, das Verhalten der See-Elefanten mit Sicherheit vorherzusagen. Sie versuchen nur, stets darauf zu achten, keine Haltung anzunehmen, die die Tiere als Herausforderung empfinden könnten, um sie nicht zu reizen.

Einer plötzlichen Eingebung folgend, beschließen Bernard Mestre und Serge Foulon, sich den Tieren nicht aufrecht oder auf den Knien zu nähern wie bisher, sondern sie nachzuahmen und in ihrem schwarzen Taucheranzug auf sie zuzukriechen – offensichtlich eine ausgezeichnete Idee. Eindeutig hat die kriechende Haltung für einen See-Elefanten etwas weniger Bedrohliches als die aufrechte, die er irgendwie als feindlich empfindet – und zwar wohl weniger aus eingefleischtem Mißtrauen gegenüber dem Menschen, der der Art ehedem so erbarmungslos nachstellte, als vielmehr, weil ihn eine aufrechte Silhouette an einen angriffslustigen Rivalen erinnert. Eine liegende Gestalt dagegen gemahnt ihn an ein See-Elefantenweibchen. Aber wie dem auch sei, jedenfalls empfiehlt es sich, auch wenn es gewiß nicht das bequemste ist, auf dem Bauch auf sie zuzurobben. Tatsächlich ist es Serge Foulon auf diese Art und Weise geglückt, sich an ein Männchen mit einem großen Rüssel heranzupirschen, ohne daß es sich im mindesten aufgeregt hätte. Zu dumm nur, daß man diese Fettberge, die einer wie der andere aussehen, nicht auseinanderhalten kann. Sie liegen in rauhen Mengen am Strand herum und sind zum Teil so formlos, daß sie den Betrachter wie zufällig am Ufer liegengelassene große Säcke anmuten.

Im großen und ganzen tummeln sich die See-Elefanten am liebsten in Ufernähe. Sie lassen sich von der Dünung wiegen, gleiten über die schaumbedeckten Felsen hinweg und schwimmen durch übergischtende Brecher. Für die Taucher ist es nicht einfach, ihnen zu folgen, laufen sie doch bei der heftigen Brandung stets Gefahr, gegen die Felsen geschleudert zu werden oder den See-Elefanten zu nahe zu kommen, die sich ihnen gegenüber im Wasser völlig anders verhalten als an Land. Sie zeigen Angst und ergreifen, sobald ein Taucher in Sicht kommt, die Flucht. Vielleicht ordnen sie ihn in die Reihe ihrer großen Feinde, der Haie und Schwertwale ein. Jedenfalls halten sie ihn ohne Zweifel für irgendein gefährliches Meerestier.

Wie sich bald herausstellt, haben die See-Elefanten ausgesprochene Lieblingsplätze: wenig tiefe, von hohen Felsen eingerahmte Plätze. Und wenn es gelingt, sie hier zu überraschen und ihnen den Ausgang zu versperren, kann man sie gut in ihrem Versteck filmen. Allerdings halten sie auch hier nicht lange still. Sie geraten bald in Wut und greifen an, ja teilen gelegentlich sogar einen Stoß mit den Zähnen aus.
Bei einer solchen Gelegenheit geht die Blende einer Unterwasser-

kamera zu Bruch, und ein paarmal sehen sich die Taucher sogar genötigt, die Flucht zu ergreifen. Ein andermal bekommt Bernard Delemotte einen Biß von einem jungen See-Elefanten ab, der zum Glück aber vom Gummianzug abgefangen wird. Stunden vergehen mit dem Bemühen, sich vor den Tieren zu verstecken und ihnen hinter Luftbläschenwolken, Gischt oder Felsen aufzulauern. Am Ende sinken die Taucher stets ermattet, atemlos und kälteschlotternd ins Schlauchboot und verharren in einem Schweigen, das Bände spricht.

Rings um die Insel ist eine außerordentlich üppige marine Vegetation anzutreffen: Ein dichter Teppich fleischiger Algen überzieht

Der übervölkerte Strand von Guadalupe.

Felsen und Grund. Dagegen ist das laue, ungefähr 21 Grad warme Wasser ausgesprochen arm an Fischen, unter denen die scharlachroten Garibaldi wieder besonders auffallen.

Nur selten gelingt es den Tauchern, die See-Elefanten in größerer Tiefe zu überraschen. Beim geringsten Alarm bilden sie eine geschlossene Phalanx und reißen, wenn der vermeintliche Angreifer auf sie zuschwimmt, drohend das Maul auf. Zum Glück ist im Wasser wenigstens ihr entsetzliches Gebrüll nicht zu hören, das an Land durch das Echo zwischen den schwarzen Steilküsten zurückgeworfen und noch verstärkt wird.

Sich durch die langen, braunen Algen einen Weg bahnend, versuchen die Taucher, sich an den Flossen friedfertig wirkender Tiere festzuklammern. Doch ein Ruck mit dem Rücken genügt, den Aufdringlichen abzuschütteln und ihn durch ein paar kräftige Stöße abzuhängen.

Denn so ungeschickt der See-Elefant an Land ist, so elegant bewegt er sich im Meer. Ein außerordentlich schneller Schwimmer, dreht und wendet er sich mit unvorstellbarer Geschmeidigkeit. Sein ganzer Körper scheint in Fluß zu geraten. Seine runden Augen nehmen, wahrscheinlich aufgrund der Lichtbrechung, eine rötliche Färbung an.

Im übrigen hat er nicht, wie man bei oberflächlicher Betrachtung vermuten könnte, einen zweigeteilten Schwanz, sondern zwei Schwimmfüße, zwischen denen sich der Schwanz befindet.

Trotz des mäßig schönen Wetters und der aufgewühlten See schwimmen unsere Leute täglich zum Tauchen hinaus – sehr auf der Hut vor den Zähnen, besonders den gut sichtbaren langen Eckzähnen der großen Tiere, mit denen diese aufeinander losgehen und ihrem Opfer bei schnellem Zuschnappen ernstliche Verletzungen zufügen können.

Im übrigen sind die Tiere durch den Anblick der Taucher im Wasser eindeutig überrascht. Offensichtlich machen sie sie schon in einer größeren Entfernung aus, nähern sich ihnen aber nicht wie Pepito und Christobald, sondern wahren im Gegensatz zu den verspielten Seebären Distanz und Ernst, ja sogar eine gewisse unbestimmte Feindseligkeit.

Bei diesen Exkursionen lernen Philippe und seine Kameraden die See-Elefanten und ihren Mut immer mehr schätzen: Selbst die Winzlinge greifen an, wenn sie sich bedroht fühlen.

Das Leben auf der Insel verläuft angenehm ruhig und ungestört. Nur gelegentlich tauchen mexikanische Wärter auf, um ihre Hilfe

anzubieten und ihre neuen Freunde mit frisch geschossenem Ziegenfleisch zu versorgen. Sonst stört nichts die Einsamkeit der Besatzung, die sich so ausschließlich ihren Aufgaben und Entdeckungen widmen kann.
Eines Morgens sichten Bernard Delemotte und Philippe, als sie um 5 Uhr früh auf die Felswand neben ihrem Lager steigen, auf dem benachbarten Strand rund 200 See-Elefanten. Die Weibchen, zu einem kompakten, grunzenden Fleischberg zusammengedrängt, werden langsam vom Männchen umkreist, und keines wagt, die Gruppe zu verlassen. Nähert sich ein anderes Männchen, bläst das größere Tier den Rüssel auf und stürzt sich unter bedrohlichem Gebrüll auf den Feind, um ihn zu verjagen. Aus der Vogelperspektive gesehen, scheint der Strand in drei Sektoren unterteilt: Links ist offensichtlich der Bereich der Kleinen und Jungen, die vielleicht im vergangenen Jahr auf die Welt gekommen sein mögen, in der Mitte der der Weibchen mit dem größten Männchen und rechts der von vier oder fünf Weibchen mit einem kleineren Männchen. Gegen 8 Uhr beschließt das größte Männchen, sich ins Wasser zu begeben, und langsam robben ihm alle seine Weibchen nach.
Der Patriarch hat die stattliche Länge von 5 Metern aufzuweisen, gehört aber noch nicht einmal zu den größten seiner Art, die bis zu 7 Meter erreichen können. Sein Rüssel mißt 60 Zentimeter. Mittlerweile tollt die ganze Familie in den Wellen herum, bis der Bulle, vermutlich auf Nahrungssuche, verschwindet. Und schließlich rollen mit Ausnahme der Kleinen sämtliche See-Elefanten, die anfangs am Ufer lagen, in der Brandung.

Da das vorsichtige Heranpirschen, Streicheln, ja alle Angebote von frischem Fisch nicht verfangen wollen, beschließt die Crew, die Taktik zu ändern und es einmal anders zu probieren. Philippe hat nämlich gelesen, daß ein See-Elefant in dem Moment, in dem er seinen Rüssel nicht mehr bewegen kann, schlagartig gelehrig wird.
Warum es also nicht einmal mit diesem Rezept versuchen?
Bernard Delemotte wählt als Lasso einen dicken Strick aus, der das Tier nicht verletzen kann, und Serge Foulon steigt in die Fluten, um sich seinem Opfer, einem mittelgroßen Bullen, von seewärts zu nähern. Die anderen postieren sich so, daß ihnen von der Szene nichts entgehen kann. Da kommt Serge bereits auf dem Bauch über die Steine angekrochen. Kaum wird das Männchen seiner ansichtig, stürzt es wild aufbrüllend auf ihn zu. Sein Kriegsgeschrei hallt von den Felswänden wider, bedrohlich wälzt sich der Fleischkoloß, wie eine Lokomotive keuchend und Kieselsteine vor sich herfegend, auf

Mit Geduld und Diplomatie gelingt es Bernard Delemotte ...

den mit einemmal sonderbar klein wirkenden Serge zu. Einen Augenblick lang haben alle um ihn Angst, schließlich haben sie selber gesehen, wie das Männchen ein Stück Holz so groß wie drei Baseballschläger mit einem Ruck seiner mächtigen Kiefer zerbrochen hat. Aber davon noch ganz abgesehen, könnte es den Mann allein durch sein Gewicht erdrücken. Doch Serge versteht, sich die Schwerfälligkeit des Tieres zunutze zu machen und geschickt der Gefahr auszuweichen. Wie ein gelernter Cowboy wirft er das Lasso und erwischt den See-Elefanten tatsächlich schon beim ersten Versuch beim Rüssel. Doch nun beginnt der Kampf erst wirklich, denn statt schlagartig gelehrig zu werden und sich brav zähmen zu lassen, wird das Ungeheuer nun erst richtig wütend. Unter ohrenzerreißendem Gebrüll, mit dem Kopf schlenkernd, fällt es erneut über Serge her und wendet sich dann dem Meer zu, Serge und Bernard Delemotte, die das Lasso nicht loslassen, hinter sich herschleppend. Als die beiden Cowboys triefend und auf alle Bücherweisheit fluchend aus dem Wasser steigen, um sich ermattet auf den Strand fallen zu lassen, ernten sie zum Schaden auch noch den Spott: Philippe bricht bei ihrem Anblick in schallendes Gelächter aus.
Das Männchen ist am nächsten Tag wieder auf seinem Posten und überwacht seinen Harem wie zuvor.

Zu den Bewohnern der Insel zählen auch Ziegen, Nachfahren der von den Walfängern und Seeräubern mitgebrachten Tiere – für frischfleischhungrige Robinsons keine geringe Verlockung. Zwar sind wir erklärte Gegner sinnlosen Mordens, aber die wilde Herde um ein Exemplar zu verringern, scheint unseren Leuten, zumal die Spezies ohnehin die ganze Insel kahlzufressen droht, kein Sakrileg. Außerdem sind ihnen hierin die mexikanischen Küstenwachen mit gutem Beispiel vorangegangen.

So machen sich denn eines schönen Tages zwei ausgesprochene Kletterkünstler unter unseren Tauchern bei Morgengrauen auf den Weg. Als sie am Nachmittag, am Ende ihrer Kräfte, zurückkehren, wissen sie ein Lied von den seiltänzerischen Teufeln zu singen, die sie, von Fels zu Felsen hüpfend, mit unglaublicher Schläue an der Nase herumgeführt haben.

Eine haben sie immerhin erwischt, aber nur, weil sie sich von der Herde getrennt und deren Flucht durch einen Angriff gedeckt hatte.

... einem alten See-Elefantenbullen über den Rüssel zu streicheln.

Diese Ziegenheldin wird nun ausgenommen, abgebalgt und mit Stumpf und Stiel aufgegessen.

In den ersten Märztagen, gegen Ende der Expedition, springt unvermittelt der Wind um. Am Abend deutet alles auf Sturm, aber unsere Leute, durch das harte Tauchgeschäft am Tag ermattet, begnügen sich damit, ein paar Planen und das Schlauchboot festzumachen.

Als sie um 3 Uhr nachts wieder erwachen, haben die Windstöße bereits den ersten Zeltstock verbogen, und die anderen folgen Schlag auf Schlag. Bis die Männer völlig zu sich kommen, sind sie unter der Zeltplane begraben, werden von Lampen, Decken, Sandalen bombardiert. Mühsam kriechen sie aus dem Schlafsack und halten das Zelt fest, das nicht übel Lust zu einem Höhenflug durch die sturmdurchbrausten Lüfte zeigt und sie mit seinem tollen Geflatter die ganze Nacht auf Trab hält.

Scheppernd gehen die Dächer – verrostete Blechreste –, die unseren kostbarsten Gerätschaften Schutz bieten sollten, der Reihe nach in einer Entfernung von 10, 15 Metern zu Boden, gefolgt von Tiegeln und Töpfen, die stets 1 Meter Vorsprung vor ihren Verfolgern behalten. Dieser nächtliche Spuk hat nur einen Vorteil: Endlich einmal bleibt die geschundene Haut unserer Kameraden von den Moskitos verschont.

Das Tohuwabohu, das der anbrechende Tag enthüllt, scheint nicht wiedergutzumachen. Philippe und seinen Freunden sinkt der Mut beim Anblick des wüsten Durcheinanders. Die Felsen sind mit Lappen, Schwimmflossen und Tauchanzügen übersät, überall liegen Dachüberreste herum, und die Installation ist durch die Bank zum Teufel. Zu allem Überfluß hat sich der Sturm noch immer nicht gelegt und reißt den Männern, die vor allem die Häuser wieder dicht machen möchten, die Bleche aus der Hand. Die Lebensmittel sind ohnehin in alle Windrichtungen zerstreut und durch Regen und Meerwasser verdorben.

Gegen Mittag beruhigt sich der Sturm endlich etwas.

Da taucht die *Searcher*, das Schiff, das die Mannschaft auf Guadalupe abgesetzt hat, in der Bucht auf, um nachzusehen, wie unsere Kameraden das Unwetter überstanden haben. Von Landen kann zwar keine Rede sein, das Meer geht noch zu hoch, und die Unterhaltung muß mittels Sprachrohr geführt werden, aber trotzdem fühlen sich unsere Robinsons durch die Schiffsbesatzung spürbar aufgemöbelt, einfach, weil dieser der Sturm auf hoher See noch übler mitgespielt hat. Als die *Searcher* am selben Abend am Horizont verschwindet, ist es unseren fünf Inselbewohnern doch geglückt, wieder halbwegs Ordnung in ihrem Lager zu schaffen.

Bald heitert sich das Wetter wieder auf, und in den letzten Tagen kann Philippe unter großartigen Bedingungen noch ein paar recht schöne Unterwasserszenen drehen.

Im übrigen haben sich mittlerweile auch die See-Elefanten an die Menschen gewöhnt und beachten sie nicht weiter. So können Philippe und seine Kameraden sie nach Lust und Laune beobachten, und dabei zeigt sich, daß die Tiere viel »gefühlsbetonter« sind, als es anfangs den Anschein hatte. Ihre Gefühlsäußerungen reichen von Wutausbrüchen und Gewalttätigkeiten bis zu Zärtlichkeit und Verspieltheit. Noch überraschender für die Taucher aber ist die Entdeckung ihrer Individualität, hatten sie doch anfangs eine anonyme Masse vor sich zu haben geglaubt. Nun stellt sich heraus, daß jedes Tier eine eigene Persönlichkeit ist, besonders die kleinen, zwei- bis viermonatigen Jungen, schöne 1 bis 1,50 Meter große Kerlchen mit einem weichen, in trockenem Zustand zart silbergrauen Pelz, die mit ihren immer ein bißchen weinerlichen, großen runden Augen, ihrem kurzen Hals und ihrem Jugendspeck einen irgendwie an Charlie Chaplins »Kid« erinnern.

Die jungen Weibchen zeigen sich wesentlich zutraulicher und anschmiegsamer als die Männchen, die sich nach wie vor gern aus voller Kehle brüllend auf die Eindringlinge zu bewegen.

Schließlich jedoch können die Taucher sogar, den Kopf auf den Rücken der Weibchen gelegt, ihre Siesta unter den See-Elefanten halten, die sich freiwillig neben ihnen zum Schlafen ausstrecken. Vor allem Serge erfreut sich des Vertrauens der Tiere. Dafür hat er aber auch Stunden mit den Jungen gespielt, sich mit ihnen im Sand herumgewälzt und sie abgetätschelt.

Als die *Searcher* vor Guadalupe auftaucht, um die fünf Inselbewohner nach San Diego zurückzuholen, empfinden Kameraleute wie Taucher Bedauern. Trotzdem ist es allmählich höchste Zeit: Wasservorrat und Proviant gehen zur Neige, und die Ziegenjagd hat inzwischen allen Reiz verloren.

Dennoch trennen sich Philippe und seine Freunde, nachdem die ganze Ausrüstung wieder auf die *Searcher* verladen ist, nur schweren Herzens von den See-Elefanten, die sich träg am Strand rekeln und mehr und mehr vom Nebel geschluckt werden, der sich immer dichter über die steilen Felswände ihrer Insel legt.

Der Bericht unserer Leute scheint mir so ermutigend, daß ich beschließe, einen einstündigen Film über diese Tiere zu drehen und zu diesem Behuf mit der Calypso nach Guadalupe zurückzukehren.

5 Übervölkerte See-Elefantenkolonien

Schamhafte See-Elefantenkühe – Kämpfe – Raupenartige Fortbewegung – Silvesterabend – Zusammenbruch der sozialen Rangordnung – Komplizierter Paarungsakt – Mutterschaft – Wein im Tauschhandel gegen Langusten

Philippes Bericht über seine erste Begegnung mit den See-Elefanten von Guadalupe: die Streifen, die er von dieser Expedition mitbrachte, beeindruckten uns dergestalt, daß wir beschlossen, einen Film über See-Elefanten in unser Winterprogramm aufzunehmen und unter Einsatz all unserer Mittel zu realisieren.
Mittlerweile nun liegt die Fahrt längs der amerikanischen Westküste, die uns von Peru bis Long Beach (wo wir frischen Proviant faßten) hinaufführte, hinter uns, und unser Ziel Guadalupe kommt in Sicht. Damit beginnt ein Abenteuer, dessen Anfang Kapitän Claude Caillart in seinem Bordtagebuch folgendermaßen schildert:
Freitag, 27. Dezember 1968: Am nördlichen Landepunkt der Insel, die Philippe mit seinem Team im März erkundet hat, beigedreht. Philippe, Canoé, Michel Deloire und Omer setzen in der Zodiak über und pirschen sich vorsichtig an die See-Elefanten heran, die zwar etwas abrücken, sich aber im großen und ganzen eher passiv verhalten.
Anschließend am Ostufer der Insel entlanggefahren, um nach See-Elefanten- und Robbenkolonien Ausschau zu halten. Auf den Felsen Seelöwen und auf den steinigen Stränden allenthalben See-Elefanten gesichtet, deren Zahl allerdings abnimmt, je weiter man nach Süden kommt.
Um 13.15 Uhr dann beim südlichen Landepunkt vor Anker gegangen. Jean-Paul Bassaget setzt mit der Barkasse über und kehrt nach einiger Zeit mit drei mexikanischen Marineinfanteristen zurück. Laden die drei zu einem Drink an Bord ein und drücken ihnen zum Abschied ein Geschenkpaket in die Hand, mit dem sie hochbefriedigt von dannen ziehen.
Bleiben bis etwa 15 Uhr, lichten dann aber den Anker und nehmen Kurs auf den nördlichen Anlegeplatz. Erfreulicherweise geht um 16.15 Uhr dank einer ingeniösen Erfindung von Jouas das automatische Steuergerät wieder.
Ankermanöver gelingt nicht auf Anhieb – versuche es zunächst bei

18 Faden Tiefe, stelle dann aber während des Beidrehens fest, daß wir uns schon zu nahe beim Ufer befinden. Also das Ganze noch mal von vorn. Schließlich mit vier Schaken bei 35 Faden Tiefe vor Anker gegangen. Der Meeresboden ist hier zwar ziemlich abschüssig, aber ich sehe keine andere Möglichkeit. Obwohl wir erst 17 Uhr haben, ist es bereits stockfinster. Auf Anordnung des Alten sollen die Uhren um Mitternacht um eine Stunde vorgestellt werden.
Philippe kommt an Bord zurück. Konnte, wie er sagt, keine für die hiesigen Verhältnisse typische Szene drehen. Dafür bringt er einen Ziegenbock mit, den er eingefangen hat. Doch da Smutje Morgan keinen Bock brauchen kann, wird das Tier an Land zurückgeschafft und freigelassen.
Morgen früh um 5.30 Uhr soll die Arbeit beginnen. Gegen 2.45 Uhr taucht der Alte auf – das Getöse der See-Elefantenbullen, die offenbar gruppenweise gegeneinander kämpfen, hat ihn aus dem Schlaf gerissen.
Samstag, 28. Dezember: Um 6.20 Uhr startet das Kamerateam. Sie wollen den Sonnenaufgang an Land abwarten und dann verschiedene Szenen filmen – Kämpfe zwischen den Bullen, Säugen der Jungen, vor allem aber die Niederkunft einer See-Elefantenkuh, was besonders schwierig zu sein scheint.
Während an Bord die tauchende Untertasse startklar gemacht wird, brechen Omer/Sumian und Canoé/Gauret mit den Zodiaks auf, um in Küstennähe unter Wasser zu filmen. Die See-Elefanten, die sich im seichten Wasser von der Dünung auf und ab schaukeln lassen, scheinen nicht sonderlich scheu, aber auch nicht ganz ungefährlich: Jedenfalls wird Sumian in den Arm gebissen, zum Glück nur leicht. Gehe an Land und versuche, bäuchlings über die Kiesel robbend, die See-Elefanten auf die Taucher zuzutreiben, was indessen nicht so recht gelingt – die Biester sind ziemlich störrisch.
Tauchfahrt mit dem Seefloh, nichts Bemerkenswertes entdeckt.
Da der Alte unbedingt die Geburt eines See-Elefanten auf Zelluloid bannen will, soll ein Team die Nacht an Land verbringen, eine trächtige Kuh aufspüren und sie beim Werfen filmen. Allgemeiner Aufbruch mit Zelten und Feldbetten. Doch der gewünschte Erfolg bleibt aus. Unsere Leute sehen rein gar nichts, weil die See-Elefantenkühe dichtgedrängt beieinanderliegen – zweifellos wird das gebärende Tier so allen Blicken entzogen.
Himmel ziemlich grau, am Morgen leichter Sprühregen, nachmittags dann stärkere Güsse.
Bernard und Riant platzen mit der Neuigkeit herein, sie hätten eine See-Elefantenkuh entdeckt, bei der es ohne allen Zweifel soweit sei.

Das Kamerateam rast los, doch das Triumphgeschrei erweist sich als verfrüht, und um 15.30 Uhr kommen sie naß zum Auswinden und mit einer Laune zum Schneiden zurück. Trotzdem treten sie bereits um 19 Uhr die nächste Nachtwache auf der Insel an.

Wie Claude Caillart zutreffend anmerkt, hatte ich tatsächlich gehofft, im Laufe der ersten Tage, als wir zwischen der *Calypso* und der Insel hin und her pendelten, um unseren Film über die See-Elefanten in groben Zügen festzulegen, auch die Geburt eines See-Elefantenbabys aufnehmen zu können, ja, die Szene sollte sogar den Höhepunkt des ganzen Films abgeben. Aber ich hatte die Rechnung ohne den Wirt, sprich: ohne die See-Elefantenkühe, gemacht, die in diesem Punkt geradezu unglaublich schamhaft scheinen. Wir mochten uns plagen, soviel wir wollten – und die Mannschaft ließ es an löblichem Eifer weiß Gott nicht fehlen –, es wollte uns einfach nicht gelingen, diese entscheidende Szene vors Objektiv zu bekommen. Offenbar halten es die See-Elefantenkühe wie viele wildlebende Säugetiere und werfen nur unter entsprechend günstigen Voraussetzungen, vornehmlich nachts.
Doch hören wir Caillart weiter:
Montag, 30. Dezember: Mit den Teams am Morgen an Land gegangen. Habe den Auftrag, mit dem Fernglas ein werfendes Weibchen auszuspähen, liege aber umsonst auf der Lauer.
Michel Deloire hat mehr Glück. Er kann eine tolle Liebesszene aufnehmen, und Philippe gelingt es, einen langwierigen und ziemlich blutigen Zusammenstoß zwischen zwei Bullen zu filmen.
Die See-Elefanten ramponieren sich bei diesen Kämpfen ganz schön. Mehrfach auf Tiere gestoßen, denen der Rüssel halb herunterhing. Mittlerweile setzen unsere Taucher ihre Beobachtungen in größeren Tiefen fort. Omer kann zwei See-Elefanten beim Liebesspiel im Wasser filmen und sichtet außerdem ein großes Tier – Schwertwal, Hai? –, das senkrecht hinunterschießt.

Das erste, was ich verblüfft konstatierte, als wir Guadalupe anliefen, war die Riesenzahl an See-Elefanten – sie bedecken buchstäblich wie eine schwärzliche Masse sämtliche Strände. Geht man dann an Land, verstärkt sich dieser Eindruck der Übervölkerung noch, ja, die Raumnot und das daraus erwachsende Durcheinander sind dergestalt, daß die gewaltigen Bullen auf ihrem Weg zum Meer einfach über die wimmernden See-Elefantenbabys wegrobben. Da die Kleinen noch sehr biegsam und weich, fast gummiartig elastisch sind, kommen manche mit dem Leben davon, viele aber werden auch regelrecht totgewalzt, was die Bullen indessen in keiner Weise anficht – sie haben für ihre Opfer nicht einmal einen Blick übrig. Im Grunde kein Wunder, da die Tiere unter ihren jetzigen Lebensbedingungen ausgesprochen zu leiden haben. Während der Art ehedem ein weites Gebiet zur Verfügung stand – sie bevölkerte die gesamte Pazifikküste von den Aleuten bis zum Panamakanal –, ist sie heute durch die Zivilisation fast vom ganzen amerikanischen Kontinent verdrängt. Nun bringen die See-Elefanten zwar über 6 Monate im offenen Meer zu, aber einmal jährlich müssen sie zu Fortpflanzung und Aufzucht der Jungen doch aufs Land zurück. Vom Menschen allenthalben um ihren Lebensraum gebracht, gleichzeitig aber durch Jagdverbot geschützt, bleibt den *Mirounga mirounga* nur ein einziger Ort auf der Welt, an den sie sich zur Paarungszeit zurückziehen können: die Insel Guadalupe.

So wird durch ein sonderbares Paradox ausgerechnet die Rettung der Art, die zu den spektakulärsten Erfolgen des Tierschutzes zählt, für die See-Elefanten zur Gefahr. In Riesenzahlen auf engstem Raum zusammengepfercht (denn die Strände von Guadalupe bieten nur verschwindend wenig Platz), sind sie in ihrem biologischen Gleichgewicht ebenso gestört wie in ihrem Sozialverhalten und möglicherweise auch in ihrem Seelenhaushalt.

Lebewesen, das zeigt sich am Beispiel der See-Elefanten mit aller Deutlichkeit, lassen sich eben nicht ungestraft manipulieren. Denn ob man sie nun schonungslos dezimiert oder einer übermäßigen Vermehrung Vorschub leistet, man zerstört damit stets Lebensgesetze und ökologische Zusammenhänge, die die Art selbst im Laufe von Jahrtausenden entwickelt hat und die für ihr Gleichgewicht und ihr Zusammenleben unabdingbar sind. Werden sie nicht eingehalten, treten Störungen auf, die bei geselligen Arten wie den *Mirounga mirounga* – oder den Menschen – bis zur Zerrüttung gehen können.

Früher waren die See-Elefantenkolonien laut Zeugnis der Zoologen wesentlich kleiner. Die Tiere bildeten eine hierarchisch geordnete Gesellschaft mit deutlich erkennbarer Sozialstruktur, wobei jeweils ein Bulle über einen Harem von rund zwölf Kühen herrschte, die er auf einem bestimmten Strandstück, seinem Revier, das er erbittert verteidigte, um sich versammelt hielt.

Heute dagegen hausen See-Elefantenbullen, -kühe und -kälber auf so engem Raum zusammen, daß sich die Sozialstrukturen verwischt haben und die Gesetze, die ehedem das Leben in der Kolonie regelten, durch Übervölkerung in Frage gestellt sind. Welch nachteilige Folgen diese Entwicklung zeitigt, erweist sich am Beispiel des für

Auf dem Strand aneinandergedrängt, harren die See-Elefantenkühe ihres Herrn und Gebieters.

das Wohlbefinden der Tiere so unerläßlichen Reviers: Da der Angriffslust der Bullen mit seinem Wegfall die logische Berechtigung entzogen ist, entwickeln sie eine völlig unkontrollierte Aggressivität. Die alten Drohgebärden und Kampfposen, bei denen sich die Tiere, auf den rückwärtigen Teil ihres Körpers gestützt, fast in voller Größe aufrichten, um nach unwahrscheinlichen Verrenkungen mit voller Wucht gegeneinanderzuprallen, werden zwar beibehalten, dienen aber weitaus öfter dazu, die Gewalttätigkeit abzureagieren, als ein Revier zu behaupten oder eine Kuh zu erobern oder ihren Besitz zu verteidigen. Bezeichnenderweise kann es jederzeit zum

Bei ihren erbitterten Duellen (hier zwei ungefähr gleich starke Tiere) ...

Am Rande sei hier bemerkt, daß Guy Jouas als überzeugter Verehrer des weiblichen Geschlechts auch im Tierreich den Weibchen entschieden den Vorzug gibt und ihnen weit mehr Feinsinnigkeit, Schlauheit und Sensibilität nachrühmt als den Männchen. Um so bedauerlicher, daß er keinen einzigen Laut einer See-Elefantenkuh erhaschen konnte – sie scheinen völlig stumm und begleiten nicht einmal die Zweikämpfe der Bullen mit ermunternden Tönen.
»Dafür«, erzählt Jouas, »geben die Kleinen um so mehr Laute von sich. Die einen wimmern vor Schmerz, weil sie herumgeboxt oder plattgewalzt werden, die anderen vor Hunger oder weil sie ihre Alte nicht finden können. Doch ihre durchdringenden Klagelaute lassen die erwachsenen Tiere kalt.«
Ich beschloß, einen Versuch anzustellen, und bat Eugène Lagorio und Canoé, mit einem Sendegerät am Strand entlangzuspazieren und das von Jouas aufgenommene Drohgebrüll der See-Elefantenbullen abzuspielen. Die beiden handhaben das Gerät mit viel Geschick, paßten ab, bis sich ein Bulle nahe genug beim Harem eines anderen befand und ließen dann das Band ablaufen. Die beiden Männchen schienen gleichermaßen verblüfft, hoben den Kopf und

stießen mit allen Anzeichen erwachender Wut ihr Herausforderungsgebrüll aus. Legte sich ihre Rage etwas, drehte Lagorio den Sender erneut auf, und binnen kurzem stürzten die beiden Bullen aufeinander los und begannen einen blutigen Kampf.
Wer würde angesichts einer solch künstlich geweckten Aggressionslust nicht an jene tragischen Fälle denken, in denen Menschen durch geschickte Propaganda zu Haßgefühlen aufgestachelt oder in ihrem Haß bestärkt werden?

Zu den Beobachtungen und Versuchen, die wir in der folgenden Zeit anstellen, gehört es auch, Tiere verschiedener Altersgruppen zu messen, eine Prozedur, die die See-Elefanten zwar mehr oder weniger willig über sich ergehen lassen, die aber trotzdem, wie Operationsleiter Philippe feststellen muß, ihre Tücken hat. Einem Koloß von fast 6 Meter Länge und 3 Tonnen Lebendgewicht Maß zu nehmen, erfordert nicht nur Geduld, sondern vor allem auch Wendigkeit, könnte doch ein Schlag mit den Hintergliedmaßen einen Menschen glatt zermalmen. Am schwierigsten ist es, den Rüssel abzumessen, dieses sonderbare Organ, über dessen Funktion man sich

... kämpfen die See-Elefantenbullen Brust gegen Brust.

Die See-Elefantenbullen schnappen nach dem Rüssel des Gegners ...

Daß See-Elefantenbullen, deren Reviere weit genug voneinander entfernt und eindeutig genug gegeneinander abgegrenzt sind, keineswegs die ganze Zeit mit Kämpfen um Lebensraum und Weibchen zubringen, konnten wir einige Wochen später von Bord aus an einer großen, doch bei weitem nicht so übervölkerten See-Elefantenkolonie auf der ausgedehnten argentinischen Halbinsel San José studieren.

Verglichen mit den argentinischen See-Elefanten (die nicht zur Art *Mirounga mirounga* gehören, was jedoch in unserem Zusammenhang wohl kaum etwas zur Sache tut), befinden sich die von Guadalupe fast ständig in einer dramatisch zugespitzten Situation: Die Bullen müssen nicht nur dauernd ihr Revier gegen die Nachbarn verteidigen, sondern auch ihren Harem gegen zwei Sorten von Freibeutern abschirmen – gegen alte und junge Nebenbuhler, die sich meist auf dem Seeweg anpirschen, um sich mit den nur wenigen Wochen lang empfängnisfähigen Kühen zu paaren.

Denn alte wie junge Bullen, die als Ausgestoßene am Rande der Kolonie leben und sich durch besondere Rauflust hervortun, kennen kein anderes Sinnen und Trachten, als sich eines Weibchens zu bemächtigen.

»Man kann«, erzählt Yves Omer, »immer wieder junge Bullen um die Harems herumlungern und die Kühe begehrlichen Blicks beäugen sehen. Ab und an gelingt es dann einem, ein junges Weibchen im Meer draußen zu begatten, woraufhin beide zurückkehren, als wäre nichts geschehen.«

Nicht selten freilich sagt der legitime Gatte dem verhaßten Nebenbuhler den Kampf an, wobei sich diese Vergeltungsduelle deutlich von den Kämpfen unterscheiden, die die ausgewachsenen und normalerweise gleich starken Bullen um den Rang des »Strandmeisters« austragen.

Den Kämpfen geht manchmal ein regelrechtes Ritual voraus. So kann es vorkommen, daß zwei Gegner ziemlich weit voneinander entfernt friedlich vor sich hin dösen, bis sich plötzlich der eine aufrichtet und drohend losbrüllt, was der andere aus der Ferne mit

... und bringen sich mit ihren Hauern oft blutige Verletzungen bei.

werden, können sie ihren Geschlechtstrieb aus sozialen Gründen doch erst ziemlich spät befriedigen. Denn die alten Robbenmännchen wachen eifersüchtig über ihren Harem, so daß den jungen Tieren als einzige Hoffnung der »Ehebruch« bleibt, ein Abenteuer, das nicht selten tragisch ausgeht.

Überhaupt ist das Liebesleben dieser vielen tausend auf engem Raum zusammengepferchten Tiere, die einander unentwegt beaugapfeln und überwachen und deshalb nie so recht zur Ruhe kommen, ziemlich gestört und belastet.

Wenn die See-Elefantenkühe auch nicht gerade vorbildliche Mütter sind, erfüllen sie ihre Mutterpflichten doch so einigermaßen, wobei es ihnen allerdings nicht immer gelingt, ihr eigenes Junges mit Sicherheit von den anderen zu unterscheiden. Dafür säugen sie bereitwillig auch fremde Jungtiere. Ein Kleines braucht nur mit der Schnauze gegen ihren Bauch zu boxen, und schon wälzen sie sich auf die Seite und lassen es trinken. Dennoch darf man aus dem Umstand, daß der Säugungsakt zu jeder beliebigen Zeit und auf jede beliebige Weise stattfinden kann, wohl zu Recht schließen, daß Mutterliebe bei den Robben auf Guadalupe keine allzugroße Rolle spielt.

Was freilich nicht heißen soll, daß überhaupt keine Mutterinstinkte mehr lebendig wären. Immerhin griff eine See-Elefantenkuh Philippe und Maurice an, als sie ihr Junges einfingen, um es zu messen.

Nach 350tägiger Tragzeit gehen die trächtigen Weibchen an Land und werfen ihr Junges, das, zunächst noch halb blind und kaum bewegungsfähig, selber zusehen muß, wie es sich inmitten des wilden Durcheinanders der mit Kampf und Kopulation vollauf beschäftigten Alten behauptet. Niemand nimmt von den Kleinen Notiz, und so ist es kein Wunder, daß ein Drittel bereits im Laufe des ersten Lebensjahres wieder eingeht.

Normalerweise ernähren sich die Jungen so lange von der äußerst fetthaltigen Muttermilch, von der sie über 2 Liter pro Tag trinken, bis sie stark genug sind und gut genug tauchen können, um sich ihre Nahrung im Meer selbst zu suchen.

Diese mangelhafte Entwicklung der Mutterinstinkte dürfte wohl nicht dem normalen tierischen Verhalten entsprechen, sondern gleichfalls eine Folge der Übervölkerung darstellen. Beweis dafür ist auch der Umstand, daß See-Elefantenkühe außerhalb der Kolonie mit ihrem turbulenten Treiben ihr Kleines nachdrücklich verteidigen.

Als sich unser zweites Team auf der Insel Guadalupe einquartierte, hatten die See-Elefantenkühe, wie an den überall herumliegenden

Diese See-Elefantenkuh ist Serge Foulon sichtlich zugetan.

Plazentahaufen ersichtlich, gerade mit dem Werfen begonnen. Die Alten fressen den Mutterkuchen nämlich nicht auf, und so schleppen ihn die Neugeborenen manchmal noch eine Weile hinter sich her, bis er auf dem Strand liegenbleibt, von wo ihn sich die Möwen mit lautem Gekreisch im Sturzflug holen.

Trotzdem wollte es unseren Filmleuten auch diesmal nicht glücken, die Geburt eines See-Elefantenjungen aufzunehmen, denn kaum setzten bei einem Weibchen die Wehen ein, umringten es die anderen und entzogen es so den Blicken. Außerdem waren die Chancen bei Tag ohnehin schlecht – die meisten Kühe scheinen nachts zu gebären.

Fest steht indessen, daß sie an Land und nicht im Meer werfen und daß sie jeweils nur ein einziges Junges zur Welt bringen. Die kleinen, etwa 80 Zentimeter langen und zwischen 15 und 20 Kilo schweren Robben kommen (wie auch Delphine) nicht mit dem Kopf, sondern mit dem Schwanz voran zur Welt und sind, wie bereits angedeutet, zunächst noch halb blind, kaum fähig, sich fortzubewegen, und dementsprechend empfindlich. Mit ihrem schwarzen

6 Den See-Elefanten auf der Spur

Die Rätsel des Rüssels – Ein Ledersack – Bewundernswerte Taucher – Nahrung der See-Elefanten – Der See-Elefantenfriedhof – Sonderbare Kratzwut – Der große Aufbruch – Sympathie

Überzeugt, daß wir noch nicht alle Rätsel der See-Elefanten gelöst haben, schicke ich die *Calypso* am 31. Januar 1969 noch einmal für eine Woche nach Guadalupe zurück.
Als erste, soviel wissen wir, gehen die großen Männchen an Land, die von Narben, den Spuren vergangener Paarungskämpfe, gezeichneten Bullen mit ihrem grauschimmernden, ziemlich kurzhaarigen Fell und einem während der Brunst stellenweise rosaroten, gefälteten, von Blut aufgeschwollenen Rüssel.
Später kommen dann die trächtigen Weibchen nach, die, kaum haben sie ihr Junges geworfen, von den großen Männchen, den sogenannten Strandmeistern, mit Beschlag belegt und ihrem Harem einverleibt werden. Zwar könnten sich, da es von Natur aus ebenso viele Bullen wie Kühe gibt, die Paare kampflos zusammenfinden, aber die Männchen sind polygam veranlagt und scharen gelegentlich bis zu 100 Weibchen um sich, wodurch die jungen männlichen Tiere zu unfreiwilligen Junggesellen werden.
Vor allem wollte ich bei dieser neuen Forschungsfahrt in Erfahrung bringen, ob sich die See-Elefanten wie die Seebären zähmen und an die Leine legen lassen. Diese fast 3 Tonnen schweren Tiere gelehrig und zutraulich zu machen und als Tauchkameraden zu gewinnen schien mir der Mühe wert.
So wagen wir denn einen Versuch. Ein Kamerateam wartet an Land, ein zweites im Wasser, während eine dritte Gruppe versucht, einem ziemlich großen See-Elefanten ein Geschirr überzuziehen.
Das Männchen wehrt sich nach Kräften, entkommt auch glücklich, schüttelt sich und geht seinerseits mit weit ausholenden Schlägen des Kopfes zum Gegenangriff über. Doch so schnell geben die Männer der *Calypso* nicht auf. Sie lassen nicht locker, bis Bernard Delemotte das Tier schließlich zwischen die Beine bekommt. Aber als er sich anschickt, ihm das Geschirr überzustreifen, richtet sich der See-Elefant plötzlich auf, wirft Bernard mit einem einzigen Ruck ab und ergreift die Flucht. Er wird aber bald wieder eingeholt.

Doch da breche ich das Experiment ab. Einmal, weil es mir grausam erscheint, dieses schwerfällige, offensichtlich am Ende seiner Kräfte angelangte Tier noch weiter zu hetzen, zum anderen aber auch, um unseren Kameraden unnötige Bisse zu ersparen oder sie gar von diesem Fleischberg erdrücken zu lassen. Denn die See-Elefanten sind ganz andere Kaliber als die zarten, zutraulichen Seebären, die mit uns an Bord der *Calypso* zusammenlebten, auch wenn sie für ihre Massigkeit seltsam verletzlich scheinen.

Charakteristisch für den See-Elefanten ist der Rüssel, der allerdings eher an den des Tapirs als an den des Elefanten erinnert, trägt er ihn doch ebenfalls wie ein lästiges Anhängsel von zweifelhaftem Nutzen fast geniert vor sich her. Zum Greifen verwendet er dieses sonderbare Instrument, auf Grund dessen er zu den ausgefallensten Tieren zählt, jedenfalls nicht.
Vielfach, wie im Fall der afrikanischen und indischen Elefanten, dient der Rüssel zur Ausführung besonders schwieriger oder gewalttätiger Aktionen, so zum Beispiel zum Aufsammeln von Geldstükken oder zum Umlegen von Bäumen. Nicht so jedoch beim See-Elefanten, wozu allerdings zu bemerken ist, daß es im Tierreich gar nicht so selten vorkommt, daß Organe keinen weiteren Zweck erfüllen, sondern lediglich ein entwicklungsgeschichtliches Relikt, gewissermaßen ein Zeugnis für die Abstammung, darstellen. Vor rund 50 Millionen Jahren gab es in Afrika verschiedene Arten von Rüsseltieren oder *Proboscidea* (von griechisch *proboskis* = Rüssel). Nun sind wir aber auf Grund unserer Beobachtungen auf Guadalupe überzeugt, daß der Rüssel – der übrigens nur ausgewachsene Männchen ziert und mit dem Alter wächst – für den See-Elefanten keineswegs bloß ein unnützes, lächerliches Anhängsel ist. Zwar kann er ihn nicht wie der Landelefant gerade ausstrecken oder über dem Kopf schwingen, aber trotzdem dient er ihm nicht nur, wie bereits erwähnt, zur Verstärkung des Gebrülls, sondern auch als Waffe. Um den Gebrauch dieses Instruments begreifen zu können, müssen wir uns erst einmal seine Form genauer ansehen. In etwa zylindrisch, auf der Stirn wulstig vorgewölbt, nach unten zu aber abgeplattet und leicht zusammenlaufend, am Ende entfernt einem Waschbeutel gleichend, wie der Rüssel im Kampf gegen den Rivalen durch Aufrichten des Oberkörpers hochgezogen und durch plötzliches Senken des Kopfes als eine Art Totschläger benutzt, wobei die seitlich sitzenden, nach unten gezogenen Nüstern genügend geschützt bleiben. Bei diesem Manöver versucht das Tier außerdem, dem Gegner die Stoßzähne in den Leib zu rammen.

Beidseits des Rüssels – der an dem Punkt beginnt, an dem bei anderen Robben die Schnauzenspitze sitzt –, auf großen Fleischhöckern, die sich auswuchsartig unterhalb der Augen vorrunden, wachsen bis zu 50 Zentimeter lange Barthaare, die offenbar eine ähnliche Funktion erfüllen wie bei Seebären und Katzen. Mit Hilfe dieser in Luft und Wasser gleichermaßen brauchbaren Sinnesorgane kann das Tier auf größere Entfernung die Anwesenheit eines anderen Lebewesens, gleichviel, ob Feind oder Beute, ausmachen. Diese Barthaare, offensichtlich weit mehr als nur ein Tastorgan, sind für die gesamte Orientierung im dreidimensionalen Raum unabdingbar.
Das unter dem überhängenden Rüssel verborgene Maul ist weich und schlaff, die Lippen empfindsam.

Wir hatten beim Filmen und Fotografieren immer die größten Bullen bevorzugt, in der Hoffnung, die physischen und psychischen Eigenarten dieser Tiere auf diese Art und Weise leichter aufdecken zu können.
Dabei waren wir auch einmal auf einem mächtigen See-Elefanten gestoßen, der mit halbgeschlossenen Augen, den Rüssel über die Kieselsteine hinunterhängend, die lächerlich klein wirkenden Vordergliedmaßen angelegt, die beiden Hinterflossen nach hinten ausgestreckt, auf dem Strand zu schlafen schien. Wie er so dalag, weichlich auseinanderfließend, die zu weite, faltige Bauchhaut über die Steine gebreitet, glich er einem riesigen, mit schwabbeliger Gallertmasse gefüllten Ledersack – ein Anblick, der sich aus dem Hautgewebe der See-Elefanten erklärt. Wie ein Querschnitt zeigt, ist es allem Anschein nach ähnlich beschaffen wie das der Walrosse, das heißt, unter der ziemlich dicken Hornschicht der Oberhaut kommt das bis zu 10 Zentimeter starke Fettgewebe, dann die Aponeurose und dann erst die Muskelpakete. Kein Wunder also, daß die fettuntersetzte Haut unseres schlafenden Kolosses so schlaff herunterhing.
Aus den fast auf dem Boden aufliegenden Nüstern ertönte heftiges Schnarchen, Aufstoßen und Niesen, ein gurgelndes, kollerndes Konzert, das seltsam menschlich klang und an einen ewig Verschnupften erinnerte.
Als ihm Bernard Delemotte mit der blanken Hand aufs Hinterteil klatschte und unser großer Freund mit einem Ruck auffuhr, das heißt ein Drittel seines Leibes aufrichtete, waren wir denn doch gebührend beeindruckt: Er überragte uns samt und sonders und schaute aus der imponierenden Höhe von 2,50 Metern auf uns herab. Hals und Rumpf bildeten einen einzigen massiven Kegel, an

Wie schon an ihren Posen zu ersehen, sind die kleinen See-Elefanten ausgesprochen zutraulich und friedfertig.

dessen oberem Ende ein gähnend aufgerissener, riesiger Schlund schimmerte, eine Öffnung, die des großen Sackes wahrhaftig würdig war und der ein nicht abreißendes, mark- und beinerschütterndes, gleichzeitig klagendes, aufbegehrendes und drohendes rhythmisches Gebrüll entquoll. Diese ungeschickten Riesen haben in ihrem ganzen Verhalten wahrhaftig etwas Tragisches an sich.
Ganz besonders aber erstaunte mich immer ihre Fortbewegung. Man kann eigentlich, obwohl ich sie selbst in diesem Punkt mit Raupen verglichen habe, nicht von Kriechen sprechen. Zwar sieht es ähnlich aus. Aber während Würmer und Raupen sich durch Verschiebung ihrer einzelnen Ringe fortbewegen, können sich die See-Elefanten als kompakte Muskelwalzen ohne Unterteilung nirgends wirklich aufstützen und sind auf Grund ihres Gewichts auch gar nicht fähig, sich mit Hilfe der Vordergliedmaßen weiterzuziehen.
Sie müssen sich vielmehr mit dem Oberkörper aufrichten, diesen nach vorn werfen und dann den Hinterleib nachziehen, sich erneut

halb aufrichten, fallen lassen, nachziehen und so fort. Der Vorgang vollzieht sich unter so heftigen Muskelkontraktionen, krampfartigen Zuckungen und Gleichgewichtsstörungen, daß man ein bresthaftes Wesen vor sich zu sehen glaubt. Normalerweise bewegt sich der See-Elefant langsamer als ein gehender Mensch, kann aber, wenn ihm irgend etwas Angst einjagt, auch schneller vorankommen.

Man hat die See-Elefanten die häßlichsten Meeressäuger genannt – möglicherweise zu Recht. Mich allerdings muten sie eher pathetisch an. Ihre tiefliegenden Kulleraugen haben oft einen unerwartet intelligenten Ausdruck, der im übrigen je nach Umgebung variiert. Wenn sie sich – am Strand überrascht und aufgestört – zum Kampf oder zur Flucht gezwungen sehen, können ihre im allgemeinen braunen Augen traurig, ja beinahe flehentlich dreinschauen, als würde sie das Bewußtsein ihrer Unbeholfenheit an Land lähmen und niederschmettern. Im Meer dagegen belebt sich ihr Blick, wird frecher, selbstsicherer und hält dem des Tauchers furchtlos stand.

See-Elefanten bekommen wie unsereiner mit dem Älterwerden einen immer faltigeren Hals.

Das Unterwasserkamerateam hat ausgezeichnete Arbeit geleistet. Jetzt gibt es keinen Zweifel mehr: Die See-Elefanten sind großartige Schwimmer und Taucher. So schwerfällig sie sich an Land benehmen, so beweglich sind sie im Wasser. In einer Tiefe von 10, 12 Metern faul auf dem Buckel liegend, genehmigen sie sich auf einem Algenbett erholsame Verschnaufpausen. Offenbar haben sie es nicht eilig. Die Luft scheint ihnen nicht so schnell auszugehen, und die Rückenlage gehört wohl zu ihren Lieblingsstellungen.

Aber auch beim Schwimmen haben unsere Taucher die See-Elefanten unermüdlich mit der Kamera verfolgt, wenn sie sich durch gleichgerichtete Schläge ihrer beiden vertikalen Schwanzflossen fortbewegten oder durch Ausspreizen dieses Körperteils – der ebensogut die Rolle übernehmen kann, die bei einem Flugzeug die Landeklappen spielen – die Geschwindigkeit verlangsamen, um schließlich zu stoppen – im ganzen Bewegungsablauf ein geradezu graziöser Moment.

Natürlich war es für die See-Elefanten keinerlei Problem, stets Abstand zu den Tauchern zu halten. Einmal, weil sie ausgezeichnet sehen und im Wasser über ein ausgedehntes Gesichtsfeld verfügen, und zum anderen, weil bei einem Annäherungsversuch der Taucher drei sanfte Schwanzschläge genügen, um sich aus dem Staub zu machen. Unglaublich, mit welcher Leichtigkeit sich die Tiere im Meer tummeln, sich um die eigene Achse drehen, sich bald dahin, bald dorthin wenden, um von Zeit zu Zeit, sich jeder Form mühelos anpassend, auf die Felsen am Grund hinunterzugleiten.

Das Wasser hebt praktisch ihr ganzes Gewicht auf. In diesem Medium empfinden sie ihre enorme Masse nicht mehr als Fluch. Hier sind sie ganz offensichtlich in ihrem Element, fühlen sich zu Hause.

Immer wenn wir sehen, wieviel besser sich wieder ins Wasser zurückgekehrte ehemalige Landtiere wie Seelöwen, Seebären, Pottwale und Delphine im Meer fortbewegen können als wir Menschen, obwohl uns doch heute alle Hilfsmittel der modernen Technik zur Verfügung stehen, spüren wir so etwas wie Neid in uns aufsteigen und nehmen uns mit neuerwachtem Eifer vor, die Meeressäuger zu unseren Tauchgefährten zu machen.

Yves Omer ist es geglückt, ein Männchen in eine Felsenhöhle zu treiben und dort in Nahaufnahme zu fotografieren. Die ganze Szenerie paßt großartig. Etwas Geeigneteres als diese Unterwasserhöhle, deren Algenteppich sich sanft in der Dünung wiegt, läßt sich überhaupt nicht denken. Doch da trägt eine etwas stärkere Welle Omer auf das Tier zu, das erschrickt und mit weit aufgerissenem Maul angreift. An diesem Tag geht wieder einmal eine Unterwas-

serkamera zu Bruch. Gelegentlich kann man auch auf ein an der Oberfläche eingeschlafenes Tier stoßen und ihm mit einiger Geschicklichkeit nahe genug kommen, um es an den Barthaaren zu zupfen, woraufhin es wie von der Tarantel gestochen auffährt und verschwindet. Diesen Zeitvertreib hat vor allem Sumian zu seinem Lieblingssport erkoren, was ihm allerdings manchen, wenn auch nur leichteren Biß eingetragen hat und ihn schließlich zu der Einsicht brachte, die Tiere lieber an den Schwanzflossen zu ziehen.
Schon bald nach der Geburt wechseln die See-Elefanten zu ihrem großen Unbehagen das Haar. Zu dieser Zeit ist es mit ihrer Schönheit nicht weit her. Die Haut geht ihnen anfangs am Kopf, später am ganzen Leib und schließlich auch am Schwanz, in Fetzen ab. Die nachschiebenden Haare sind ausgesprochen kurz. Solange dieser Prozeß andauert, setzen sie keinen Fuß ins Wasser. Um diese Zeit bieten Guadalupes Strände einen kläglichen Anblick: Die Herden, denen die Haut traurig vom Leib hängt, erinnern an Bettler in Lumpen. Außerdem scheinen sich die rosig schimmernden Ungeheuer alles andere als wohl zu fühlen, denn sie seufzen und stöhnen, und die ganz Kleinen wälzen sich auf den Kieselsteinen, um den Vorgang zu beschleunigen.
Ist der Haarwechsel oder die Mauser für die meisten Tiere mit allen möglichen Unannehmlichkeiten verbunden, so scheint er für die See-Elefanten eine ausgesprochen schmerzhafte, mehrwöchige Krankheit zu sein, die nach Beobachtungen von Zoologen sogar von Fieberanfällen begleitet ist.

Nach dem fehlgeschlagenen Anschirrversuch verfalle ich auf die Idee, einem See-Elefanten eine Boje anzuhängen, wie wir es damals schon bei den Walen gemacht hatten. Auf diese Art könnten wir ihn leichter verfolgen (nicht zuletzt wegen der Bremswirkung der Boje) und ihn vielleicht im Wasser filmen.
Außerdem brächte ich gern in Erfahrung, wovon die See-Elefanten eigentlich leben. Mit Hilfe der Bojen müßte es möglich sein, wenigstens einen bei der Nahrungssuche zu überraschen.
Den Behauptungen mexikanischer Fischer zufolge sollen sie die Algen abweiden. Nun findet sich im Meer zwar tatsächlich ein großer Pflanzenreichtum, aber beim Grasen hatten wir noch keinen See-Elefanten getroffen. Beim Fischefangen allerdings auch noch nicht. Doch welcher Art die Beute auch sein mag, vermutlich muß das Tier sie, da es scharfe, aber weit auseinanderstehende Zähne hat, die sich wohl zum Reißen, aber nicht zum Kauen eignen, auf einen Sitz hinunterschlingen.

Am Grund stießen wir auf eine Vielzahl von Seeohren, aber wir hatten keine Ahnung, ob die See-Elefanten sie mögen oder verschmähen. Alles in allem verdächtigten wir sie während der Paarungszeit eher eines asketischen Lebenswandels. (Die großen See-Elefantenherden der Kergueleninseln ernähren sich, wie die Untersuchung des Mageninhaltes ergab, von Kalmaren.)
Doch um ihnen folgen zu können, mußten wir sie erst einmal mit der Boje markieren. Fragte sich nur wie. Eine Harpune, mit der wir bei den Walen gearbeitet hatten, kam nicht in Frage. Denn selbst die leichteste, die gemeinhin nur in die Speckschicht eindringt, drohte die See-Elefanten, die weitaus empfindlicher sind als die großen Wale, ernstlich zu verletzen. Wir mußten uns also wohl oder übel ein anderes Mittel ausdenken.
Philippe glaubte bald, eines gefunden zu haben, und erklärte sich bereit, die »Operation Boje« durchzuführen. Tatsächlich gelang es ihm, an den Hintergliedmaßen eines ziemlich stattlichen männlichen Tiers mittels einer Nylonschnur einen roten Schwimmer anzubringen, woraufhin sich der Bulle in seinem Schrecken über dieses Anhängsel ins Meer hinausstürzte, wo ihn Schlauchboot und Taucher bereits erwarteten und eine tolle Jagd begann. Doch statt das Weite zu suchen, schlängelte sich der See-Elefant hartnäckig zwischen all den Felsen, die das Ufer säumten, durch, so daß die Boje, die er hinter sich dreinzog, von einem Steinblock zum anderen hüpfte. Die Zodiak, dauernd in Gefahr, bei diesem Tempo einen überfluteten Felsen zu rammen, hatte Mühe und Not, bei diesem Hindernisrennen mitzuhalten. Schließlich riß das Schlepptau, die rote Boje machte einen Satz in die Luft und landete dann auf dem Strand. Das bedeutete das Ende dieses Versuchs. Wieder ein Fehlschlag. Den See-Elefanten war offensichtlich nicht so leicht beizukommen. Da erst fielen uns unsere tauchenden Untertassen ein, und wir beschlossen, den Tieren einmal in der Tiefe aufzulauern. In der Tat war uns schon aufgefallen, daß sie gern an tieferen Stellen tauchten. Außerdem wußten wir, daß sie 9 bis 10 Minuten keine Luft zu holen brauchen und tiefer gehen können als ein Taucher. Am reizvollsten schien uns, das Unternehmen in der Nacht zu starten, hatten wir die Tiere, da wir sie noch nie beim Fressen angetroffen hatten, doch in Verdacht, sich nachts vollzuschlagen.
Also ließen wir einen unserer »Seeflöhe«, wie wir unsere tauchenden Untertassen an Bord nennen, um Mitternacht mit André Laban ins Wasser, mußten das Gefährt aber wegen eines Lecks schon nach einer Stunde wieder an Bord der *Calypso* zurückholen.
Am 4. Februar brach Laban um 21 Uhr erneut mit der tauchenden

Philippe Cousteau bei einem etwas heftigen Zwiegespräch mit einem riesigen See-Elefantenbullen.

Untertasse zur Erforschung der Tiefen auf, durchstieß den Algenbereich, in dem sich ein paar schläfrige See-Elefanten herumtrieben, ohne jedoch zu grasen, und entdeckte in der Zone zwischen 80 und 100 Meter Tiefe im Licht seiner Scheinwerfer ein Felsen- und Geröllchaos, übersät von den leeren Schalen unzähliger Seeohren, an denen sich die *Mirounga* womöglich hier gütlich getan hatten.
Doch mit einemmal geht das Licht der Scheinwerfer aus, Laban ist von undurchdringlichem Dunkel eingehüllt, die Motoren arbeiten nicht mehr, und das in 100 Meter Tiefe. Die Sicherungen sind durchgebrannt. Zum Glück kann er über das Unterwassertelefon die *Calypso* verständigen.
»Ich komme wieder 'rauf, hab' keinen Sprit mehr. Ende.«
Sofort wird eine Barkasse zu Wasser gelassen, um die Untertasse nach dem Wiederauftauchen zurückzuholen, aber in der stockfinsteren Nacht ist es nicht einfach, den unerleuchteten Seefloh ausfindig zu machen. Die Suche zieht sich hin, und gerade solche Erfahrungen haben uns veranlaßt, die tauchenden Untertassen später mit elektromagnetischen Signalvorrichtungen auszustatten.
Zum Glück jedoch hört wenigstens Laban die Geräusche des Außenbordmotors und kann so seinerseits die Barkasse dirigieren.

Philippe hatte ziemlich tief unten auf einer Felsenplattform eine ganze Reihe von See-Elefantenkadavern entdeckt. Offensichtlich war er also auf einen jener berühmten und vielbeschriebenen, aber noch nie gesichteten »See-Elefantenfriedhöfe« gestoßen.

Die ausgebleichten Skelette und das in der Tiefe herrschende Halbdunkel ergeben miteinander eine höchst dramatische Szenerie, die uns würdig erscheint, gefilmt zu werden, wozu Philippe sich nur allzugern bereit erklärt.

So stellt er sich denn an Bord der *Calypso* ein Kamerateam für den beabsichtigten Tauchgang zusammen, das bereits an der Oberfläche und dann auch weiter drunten auf driftende See-Elefantenkadaver stößt. Still taucht die Mannschaft in immer dunklere Tiefen ab.

Ein vereinzelter Hai stößt aus der Finsternis nach oben, schwimmt auf sie zu. Langsam gleiten die Männer nach unten, lassen die am Sockel der Vulkaninsel balkonartig vorspringenden, submarinen Terrassen eine nach der anderen hinter sich. Die Umgebung wird immer fremdartiger, bedrückender. Die nur noch schwach schimmernde Oberfläche scheint unerreichbar fern. In dem schwarzen

Auch im Wasser können See-Elefanten oft recht übellaunig sein.

Wasser hier ist alles beklemmend anders, die Bewegungen werden schleppend, das Leben scheint dem Tod spürbar nähergerückt.
Auf dem letzten, am Felshang vorstehenden Vorsprung enthüllt sich unseren Leuten, als ein Taucher eine Lampe anknipst, ein gespenstisches Spektakel: See-Elefantenskelette in alptraumhaften Posen in Reih und Glied, mit matt schimmernden, dann im Licht der allenthalben aufflammenden Lampen unheimlich weiß aufleuchtenden Knochen.
Als Louis Prézelin nahe der Oberfläche eine Unterwasserfackel entzündet und mit ihr abtaucht, ist es, als bräche im Wasser ein Vulkan aus. Feuer- und rauchspeiend, eine phantastische, schreckerregende Spur hinter sich herziehend, fährt die Fackel nach unten – geradezu wie eine Vision aus einer anderen Welt.
In diesem höllischen Licht scheinen die Skelette zu erbeben und zu neuem Leben zu erwachen – unzweifelhaft die beste, eindrucksvollste Szene in unserem ganzen Film über die See-Elefanten.

Nun gibt es aber noch ein anderes Rätsel, das wir gern lösen möchten. Seit der Mensch die See-Elefanten kennt, hat er zu seinem Erstaunen immer wieder beobachtet, wie sie an Land mit ihren Flossen herumscharren und sich dabei mit Sand, Algen, ja sogar Steinen bewerfen.
Man hat mehrere Erklärungen dafür gegeben und behauptet, die Tiere wollten sich auf diese Art und Weise Kühlung verschaffen oder von ihren Schmarotzern befreien oder einfach eine Schlafmulde aushöhlen, nur daß keine dieser Deutungen der Weisheit letzter Schluß sein kann, da diese Angewohnheit bereits an den Neugeborenen zu beobachten ist. Sollte es sich also eher um eine Erinnerung an das frühere Landleben ihrer Urahnen handeln?
Zum Scharren und Kratzen dienen ihnen ihre in spitzen Knorpeln auslaufenden Vorderflossen, mit denen sie überraschend geschickt, ja sogar elegant umgehen können. Offensichtlich befällt sie, kaum sind sie an Land, ein unwiderstehlicher Juckreiz, dem sie durch lebhafte Bewegungen der Vorderpfoten zu begegnen suchen: Sie kratzen sich an der Schnauze, am Hals und übrigen Körper aufs hecktischste – was um so unerklärlicher ist, als sich in ihrer dicken Haut anscheinend keinerlei Schmarotzer festsetzen.
Diese Kratzerei, mit der sie gleich nach der Geburt beginnen, legen sie bis zu ihrem Tod nicht mehr ab. Schon die Kleinen machen, wenn sie neben der Mutter ausgestreckt vor sich hindösen, saugen oder schreien, die sonderbarsten Verrenkungen, um sich am Kopf oder Rücken kratzen zu können.

4. April. Die Paarungszeit geht eindeutig ihrem Ende zu. Die Kolonie lichtet sich merklich. Die zehn-, zwölfwöchigen Jungtiere zehren, am Ufersaum hingestreckt, bis zu dem Tag, an dem sie mit den Alten zum großen Exodus ins offene Meer aufbrechen, von ihren Reserven.

Diese gesunden, schnellwüchsigen kleinen Fettsäcke müssen, sollen sie eine Chance haben, die erschöpfende Reise zu überleben, mindestens 150 Kilo wiegen, wozu ihnen die Mütter durch nahezu anderthalb Tonnen Milch, das heißt das Äquivalent ihres eigenen Körpergewichtes, in der entsprechenden Zeit verhelfen.

Man fragt sich nur, woher sie, wenn sie doch nicht fressen, aber offensichtlich trotz dieser erschöpfenden Prozedur auch nicht abmagern, die für die Bildung dieser Milchmengen erforderlichen Kalorien nehmen. Damit wären wir wieder am selben Punkt angelangt: Es fällt einfach schwer zu glauben, daß die Weibchen während der ganzen 5 Monate, die sie auf Guadalupe zubringen, keinerlei Nahrung zu sich nehmen. Andererseits haben Zoologen auf den Kerguelen-Inseln beobachtet, daß antarktische See-Elefanten während ihres Landaufenthaltes völlige Abstinenz übten.

Auf Guadalupe dagegen deuten die gelblichen Exkremente, die das Ufer übersäen, durchaus auf eine gewisse Nahrungszufuhr hin, auch wenn Wissenschaftler bei der Sezierung von See-Elefanten um diese Zeit nur leere Mägen gefunden und unsere Taucher die Tiere nie beim Fressen überrascht haben.

10. April. Der größte Teil der Kolonie hat sich ins Wasser abgesetzt. Man gewinnt den Eindruck, die Tiere wollen sich, ehe sie sich auf den weiten Weg machen, noch etwas im Schwimmen üben. Auf dem Strand ist kaum noch eins zu sehen, nur noch direkt am Ufersaum.

Bei Ebbe werden die Kadaver freigelegt, die sich hier im Laufe der letzten Monate angesammelt haben: lauter Jungtiere, die entweder von den Alten totgewalzt wurden oder aber verhungert oder an einer Krankheit eingegangen sind. Die Alten sterben offensichtlich nicht an Land, sondern ziehen es vor, dem Tod in der Unermeßlichkeit des Meeres zu begegnen.

20. April. Der Spähtrupp auf der *Calypso* hat mehrere Männchen beobachtet, die draußen im blauen Wasser zum Luftholen auftauchten. Das ist das erste Mal, daß die See-Elefanten die Brandungszone hinter sich gelassen haben. Es gibt keinen Zweifel mehr: Ihr Exodus, ihre Unterwasserodyssee, steht unmittelbar bevor.

Als erste brechen die alten, erfahrenen Bullen auf. Unsere Barkassen versuchen, ihnen auf der Spur zu bleiben, um sie zu filmen, aber

Hier sucht einer unserer Taucher im Verein mit der tauchenden Untertasse zu ergründen, ob sich die See-Elefanten von Mollusken ernähren.

sie sind sehr gute Schwimmer. Außerdem begreifen sie sehr wohl, daß sie uns durch plötzliches Untertauchen abschütteln können, und so haben wir sie denn bald aus dem Blick verloren. So apathisch sie auf dem Strand von Guadalupe wirken, so behende und schnell bewegen sie sich in ihrem eigentlichen Element. Bald wird diesem Vortrupp die ganze Inselpopulation folgen.

Blicke ich auf die Zeit zurück, die wir unter den See-Elefanten verbracht haben, so kommt mir das Ganze wie eine lange, in mehrere Episoden zerfallende rührende Geschichte vor, die uns schließlich eines Besseren belehrt hat.
Anfangs nämlich war auch uns das Tier reichlich häßlich erschienen: Der monströse Rüssel, die traurigen Augen, der massige Leib, der ihm bei jeder Bewegung im Weg zu sein scheint, wecken beim Betrachter nicht gerade Sympathie. Außerdem erinnern sie in ihrer Fortbewegung an Riesenschnecken, brüllen bei jeder passenden oder unpassenden Gelegenheit und stinken zu allem Überfluß auch

noch, genauer, verpesten die ganze Umgebung – lauter Züge, die sie nicht gerade sympathisch machen.
Diesen ersten Eindruck muß man erst einmal überwinden, ehe man Augen für die wirklichen Qualitäten dieser Riesen bekommt, die ja selber Opfer ihres Riesenwuchses sind.
Dann erst bekommt man ihren Mut und ihre Freiheitsliebe wirklich in den Blick, ihr oft tragisches Schicksal, ihre Liebesschwierigkeiten, kurz all das, was einen rührt und oft Mitleid empfinden läßt.
Ihr ausgefallener Körperbau, ihre Übergröße (die Walfänger haben früher bis zu 8 Meter lange Tiere erlegt) lassen sie als eine Laune der Natur erscheinen, als Lebewesen, die demonstrieren, wie schwer sich tut, wer nicht wie die anderen ist.
Hinter der ausdruckslosen, fast stumpfsinnigen Miene enthüllt sich bei längerer Beobachtung eine ganze Gefühlsskala: Zärtlichkeit für die Weibchen, zufriedenes Dahindösen in der Sonne, Wut beim Kampf, Mißtrauen und Haß gegenüber den Rivalen, kurzum ein Gefühlsreichtum, den man bei diesen großen Ledersäcken gar nicht vermuten würde. Nach und nach stellt sich sogar heraus, daß sie in ihrer psychischen Struktur und in ihrem ganzen Verhalten komplizierter sind als viele andere Säugetiere.
Nachdem sie ein paar Millionen Jahre auf dem Land gelebt hatten, beschlossen sie, weiß Gott, warum, ins Meer zu übersiedeln, in dem wir, die Taucher, im Vergleich zu ihnen unerfahrene Neulinge, richtige Greenhorns sind, die nur voll Erstaunen die Anpassung dieser Tiere an das Leben unter Wasser konstatieren können.
Aber trotz des Schutzes durch die mexikanischen Behörden verläuft das Leben der See-Elefanten auch weiterhin dramatisch: Auf Grund ihrer schnellen Vermehrung reichen die Strände von Guadalupe, die ihnen früher zur Paarungszeit als Zufluchtsort dienten, nicht mehr aus, wenn sie im Winter an Land gehen.
So sehen sie sich gezwungen, wieder wie ehedem ihre Vorfahren andere Strände und andere Inseln aufzusuchen, ja, manche Gruppen wagen sich sogar bis nach Alaska vor. Überall aber steht ihnen die Zivilisation des 20. Jahrhunderts im Weg. An der kalifornischen Küste zum Beispiel haben sie unter der Ölverschmutzung des Wassers zu leiden, und allenthalben bedrängt sie der allgegenwärtige Mensch mit seiner taktlosen Neugier, seiner brutalen Zudringlichkeit. Überall gibt es Touristen, Gaffer, Fischer, die die Tiere aus der zum Aufbau einer neuen Kolonie erforderlichen Ruhe aufstören. So sind die See-Elefanten heute zwar wohl vor der Grausamkeit der Walfänger sicher, aber dem Menschen doch nach wie vor auf Gnade oder Ungnade ausgeliefert.

III.Teil:
Walrosse

7 Die Calypso im Beringmeer

Lachse, Bären, Fischotter – Riesenkrabben – Zwischen den Inseln – Eine reiche Fauna – Seeotter – Kelpwälder – Im Beringmeer – Ein Altersheim – Sonnenhungrige Veteranen – Ein hartes Urteil

Nach Zwischenlandungen in San Francisco und Seattle nimmt die *Calypso*, wieder einmal bei schlechtem Wetter, Kurs auf Anchorage. Wir stehen am Beginn einer neuen Expedition: An den Aleuten vorbei durch die Beringstraße soll es ins Nördliche Polarmeer gehen.
Unsere Besatzung ist stark zusammengeschrumpft; nach einer halbjährigen Kreuzfahrt mit zahllosen Tauchausflügen haben uns viele verlassen. Dafür schließen sich uns nun ausgeruhte Männer wie Albert Falco, Raymond Coll, Carcopino und ein paar andere mehr an. Juni 1969 – das heißt Frühling in Alaska.
Wir haben ein gewaltiges Programm vor uns. Ich möchte nämlich unseren Aufenthalt in dieser Region dazu nutzen, gleich mehrere Filme zu drehen: einen über Lachse, einen über Seeotter und schließlich noch einen über Walrosse.
Außerdem ist der hohe Norden um diese Jahreszeit sehr schön: grüne, von Gletschern bis an den Wasserspiegel hinunter durchzogene Steilhänge, flechtenbedeckte Inseln, ein heller grauer Dunst, in dem Meer und Himmel ineinander übergehen und eine nahezu melancholische Einsamkeit und Reglosigkeit. Das Wasser ist noch ausgesprochen kalt. Alles in allem zählt diese Reise nach Alaska zu den im Augenblick schwierigen, fast unangenehmen Aufträgen, an die man jedoch später sehr gern und mit leiser Trauer zurückdenkt.
Vor allem für unsere Kameraleute bedeutet diese Fahrt eine Strapaze, da es praktisch nie richtig dunkel wird. Tag und Nacht kann man drehen, was den ganzen Lebensrhythmus durcheinanderbringt. Um 6 Uhr abends noch vollauf mit Filmen beschäftigt, heißt es um 11 Uhr nachts, die Vorbereitungen für die Aufnahme des Sonnenuntergangs um 2 Uhr morgens treffen, während schon eine Stunde später, um 3 Uhr, der Sonnenaufgang aktuell wird.
Zunächst laufen wir den Hafen der Kodiak-Insel an, eine mit ihren vergoldeten Zwiebelkirchtürmen und ihrer vom Jahrhundertbeginn stammenden zaristischen Architektur sonderbar russisch anmutende

Stadt, in deren Straßen man tatsächlich noch Popen begegnen kann. Immerhin war die Insel bis 1867 russisch, also bis zu dem Jahr, in dem Rußland das gold- und ölreiche Alaska an die Vereinigten Staaten verkaufte.

Für uns ist Kodiak die Insel der Lachse, denn zur Paarungszeit steigen die Fische selbst auf die Gefahr hin, zerschmettert zu werden, die Wildbachläufe zu den Seen hinauf, in denen sie geboren wurden. Von Mitleid mit den erschöpften, halbtoten Tieren überwältigt, kam ihnen Bernard Delemotte, ungeachtet der eiskalten Duschen, die er dafür in Kauf nehmen mußte, zu Hilfe, packte die halb erschlagenen Fische und schaffte sie über die Wasserfälle hinauf. Doch damit befanden sie sich keineswegs schon in Sicherheit, denn an den fast ausgetrockneten Wasserläufen lauern ihnen die größten Bären der Welt auf: 4 Meter lange Riesenexemplare, die sie mit einem Tatzenhieb fangen und mit einem einzigen Biß mittendurch beißen, um daraufhin im trauten Familienkreis, Papa, Mama und Kind, in den wilden Lupinenfeldern zu verschwinden, aus denen gerade noch ihr großer brauner Buckel aufragt.

Für die Besatzung der *Calypso* waren die Bären auf Kodiak nicht die schlimmsten Feinde. Als weitaus aggressiver, wilder und blutrünstiger erwiesen sich die Schnaken, die sich gelegentlich in regelrechten Wolken auf unsere Kameraden stürzten. Im übrigen sagt man ihnen nach, daß sie bis zu 50 Kilometer zurücklegen, um sich auf der Haut eines Reisenden gütlich zu tun.

Unter den obwaltenden Umständen hieß es Maßnahmen gegen diese Blutsauger ergreifen: Kameraleute und Taucher wurden mit einem hutähnlichen Gebilde ausstaffiert, an dem eine Art Miniaturmoskitonetz befestigt war, das bis auf die Schultern herunterfiel, wodurch man eine Gruppe wackerer Imker vor sich zu haben glaubte. Doch nicht genug mit dem komischen Aussehen, erwies sich der Schleier beim Durchtauchen der Wasserfälle und beim Essen als reichlich lästig.

Am schlimmsten hatten die Stechmücken Bernard Delemotte erwischt, dessen Gesicht und Hände mit Stichen übersät waren. Er, der furchtlos auf Haie zugeschwommen und auf Walfischen geritten war, er, der Muränen gezähmt hatte, wurde ein Opfer der Schnaken.

Auf Kodiak stießen wir übrigens auch auf den Seeadler, das Wappentier der Vereinigten Staaten. Auch er fängt wie der Bär gern Lachse, ist aber heute vom Aussterben bedroht.

Die Taucher hatten auf der Insel mit ganz besonderen Schwierigkeiten zu kämpfen. So mußten sie das Schlauchboot zu Fuß kleine reißende Wildbäche hinaufziehen, wobei zum Teil bis zu 20 Meter hohe Wasserfälle, das heißt Tonnen eisigen Wassers, denn es stammte von der Schneeschmelze, mit beachtlicher Wucht auf sie niederprasselten.

Doch die Kodiak-Insel hatte noch eine andere Sensation für uns bereit: die Königskrabbe, ein Krustentier von über 1 Meter Durchmesser (bei ausgestreckten Beinen), dessen Fang von den Amerikanern gewaltig angekurbelt worden ist und das in vorbildlich eingerichteten Fabriken eingedost wird.

Sie wird rings um die Insel in riesigen, ins Wasser gelassenen Weidenkörben gefangen, und wenn dann die Fischdampfer am Kai anlegen, bietet sich ein unglaublicher Anblick, ein verrücktes Gewimmel und Gekrabbel von Beinen und drohend gereckten Scheren, ein Gewühl aus krachenden Panzern, rötlichen Leibern, aus denen da und dort ein schwarzes Auge aufblitzt, ein phantastischer, lebendiger Berg, der dem Betrachter eine recht eindrucksvolle Vorstellung vom Reichtum des Lebens im Meer vermittelt.

Die Konservenfabriken wirken noch alptraumhafter: Absolut keimfrei, Weiß in Weiß, ein untadeliger Operationssaal, in dem die größten Krabben der Welt auf einem Fließband zwischen einem Schneidwerk und einem Mann mit Bleischürze durchrollen, der immer mit dem gleichen Handgriff hundert Tiere pro Stunde mit dem Bauch in die Schneide schiebt. In ein und demselben Arbeitsgang werden die Krabben getötet, aufgeschnitten und ihr Fleisch aus dem Panzer gelöst. Die teils von Eskimos und teils von Japanern betriebenen Konservenfabriken können sich durchaus mit den Schlachthöfen von Chicago messen.

Diese industrielle Ausbeutung bedeutet allem Anschein nach keine Bedrohung für die Art. Offensichtlich sind die Gewässer um Kodiak besonders reich an Königskrabben und bieten so den Eskimos die Möglichkeit, als Fischer oder Fischkutterkapitäne zu einem gehobeneren Lebensstandard zu gelangen. Tatsächlich kann man nicht selten ein freudig gerötetes Mongolengesicht hinter dem Steuer eines Luxuswagens sehen: einen Eskimo, der sein Glück gemacht hat.

Unser Arzt, Dr. Millet, entpuppte sich als besonderer Freund der Königskrabben. Das heißt, er hätte zu gern einmal einer Paarung beigewohnt. Doch sooft wir auch tauchten, um die Tiere in ihrer natürlichen Umwelt zu beobachten, bei einer Liebesszene konnten wir sie leider nie überraschen. Dabei hatte uns Dr. Millet durch seine in anatomischen Details schwelgende Beschreibung regelrecht scharf darauf gemacht.

Offenbar ist die Annäherung zwischen den beiden Geschlechtern trotz des hinderlichen Panzers relativ einfach, da Männchen wie

Mit den Vorderpfoten klopfen die Seeotter Muscheln auf, um den Inhalt zu verspeisen.

Weibchen über recht perfektionierte Organe zu verfügen scheinen. Trotzdem dürfte es eine reichlich pittoreske Szene sein; man stelle sich nur einmal die Akteure vor: über 1 Meter große Tiere mit zehn Beinen, auf denen sie wie auf Stelzen einhermarschieren. Beim Männchen dient eins dieser Beine als Kopulationsorgan, das heißt, es hat einen Ejakulationskanal, durch den das Sperma austritt. Mit diesem in einen kleinen Höcker auslaufenden Arm fährt es dem Weibchen hinten unter die Panzerschale und dringt in den von einer regelrechten Haarkrone umgebenen Eileiter ein. Dabei kehrt der Kopulationsarm des Männchens die Öffnung des Eileiters buchstäblich und stößt gleichzeitig die Spermatozoen aus – ein, wie Millet meinte, »allein schon in der Vorstellung recht lustiger Akt«.

Nach einem mehrwöchigen Aufenthalt geht die *Calypso* am 4. Juli schließlich wieder in See und setzt ihren Kurs entlang den Inseln Simeonow und Cherni fort, während unter der Führung von Cheftaucher Falco eine Forschungsmannschaft auf Kodiak zurückbleibt. Als wir unterwegs auf eine nur gut 20 Meter tiefe Stelle stoßen, schlägt Jean-Paul Bassaget, der Kapitän der *Calypso*, vor, den An-

ker auszuwerfen, da solche »Drogbänke« nicht selten eine besonders abwechslungsreiche und interessante Fauna aufweisen und insofern durchaus einen Tauchgang lohnen. Außerdem ist es kein Schaden, die neue Tauchmannschaft einmal einer Feuerprobe zu unterziehen, um zu sehen, wie sie zusammenarbeitet. Also ist es beschlossene Sache: Die *Calypso* geht vor Anker.
Kaum sind die Maschinen zum Stillstand gekommen, lassen sich Michel Deloire mit seiner Kamera, Jean Jérôme Carcopino, Louis Prézelin, Delcoutère und Dr. Millet in das aufgewühlte, nicht sehr klare Wasser gleiten. Da am Himmel dicke Wolken schnell dahintreiben, halten wir zum Schutz der Taucher vorsichtshalber das Schlauchboot in Bereitschaft. Nach einer Viertelstunde taucht der erste wieder auf, einen riesigen Seestern im Arm, einen rotleibigen, blaustrahligen Sonnenstern, gut und gern seine 20 Pfund schwer.
Bald danach kommen der Reihe nach auch die anderen wieder nach oben, jeder mit einer ähnlichen Trophäe, die samt und sonders in die Bottiche an Bord der *Calypso* wandern, während sich Michel Deloire nicht genug damit tun kann, die Schlangenarme mit den aufgerichteten Saugnäpfen und den Pedizellarien oder Greifzängelchen aus nächster Nähe aufzunehmen.
In der Messe wollen dann vor Begeisterung alle gleichzeitig von der Drogbank und ihren Seesternen erzählen, die dort anscheinend zu Hunderten, ja womöglich zu Tausenden auftreten, einer größer als der andere.
»Macht sich einer auf den Weg«, berichtet Michel Deloire, »so führt er sich mehr oder weniger wie ein Rasenmäher auf, das heißt er frißt alles auf, was ihm in die Quere kommt.«
Aber die Strömung ist zu stark, das Wasser zu trüb gewesen, Michel Deloire ist mit seiner filmischen Ausbeute nicht recht zufrieden, und so beschließen wir, vor Anker zu bleiben, um unser Glück am nächsten Morgen noch einmal zu versuchen.
Doch in der Nacht kommt ein Sturm auf, der uns so heftig schüttelt, daß sich der Anker losreißt und die *Calypso* abtreibt. Es hilft alles nichts, wir müssen die Maschinen anwerfen und uns einen anderen Ankerplatz suchen. Zudem ist das Wetter, wie sich bei Tagesanbruch zeigt, zum Tauchen viel zu schlecht. Erst am übernächsten Tag wagen sich zwei unserer Leute – die See geht noch immer hoch – zu einem Erkundungstauchgang ins Wasser. Nur – hier gibt es keinen einzigen Seestern mehr.
Dieses kleine Mißgeschick erwähne ich lediglich zur Demonstration unserer Abhängigkeit von den Elementen: Etwas Pech, und schon fällt ein Unterwasserfilm ins Wasser.

Trotzdem gebe ich natürlich die Hoffnung, eines Tages schließlich doch noch einen Film über die Seesterne, jene höchst sonderbaren Tiere, drehen zu können, deshalb noch lange nicht auf.

So naheliegend es ist, sich die Arktis auf Grund der strengen Klimaverhältnisse fast ausgestorben vorzustellen, so falsch ist andererseits eine solche Annahme. Man findet hier trotz der erheblich erschwerten Lebensbedingungen eine enorm große Zahl an Lebewesen vor. Kein anderes Meer der Welt ist so reich an Meeressäugetieren wie die eisigen Gewässer der Polarzone.
Noch erstaunlicher aber ist der Vogelreichtum auf den Inseln im Beringmeer, der wohl auf der ganzen Welt nicht seinesgleichen hat. Jeder Quadratzentimeter der Aleuten ist von Vögeln bedeckt, die dort zu Millionen hausen und die Felsen in einer Dichte besiedeln, wie ich sie in keiner anderen Klimazone angetroffen habe. Manchmal belegt eine einzige Art einen Felsen mit Beschlag, wild entschlossen, ihn gegen alle Eindringlinge zu verteidigen, ein andermal teilen sich zwei Arten darein, auch wenn sie strikt auf getrennte Reviere achten. Besonders häufig trifft man Sturmschwalben, die sich ausschließlich aus dem Meer ernähren, Tölpel, Kormorane, Seemöwen, Sturmmöwen, Seeschwalben, Papageientaucher, die den Norden mit ihrem geräuschvollen Treiben beleben und vielfach nicht einmal vor einem anlegenden Schiff die Flucht ergreifen.
Sie nicht zu erwähnen hieße einen sehr eindrucksvollen Teil unserer Fahrt unterschlagen, erlebt man doch nur selten eine solche Zusammenballung von Tieren wie auf den Aleuten und hier wiederum vor allem auf den kleinen unbewohnten Inseln, die wir eigentlich den Seeottern zuliebe aufsuchten.

Diese Tiere, die zu ihrem eigenen Unglück den teuersten Pelz der Welt auf dem Leib tragen, sind, obwohl die Jagd auf sie strikt untersagt ist, vom Aussterben bedroht. Denn trotz aller Verbote, deren Einhaltung sich tatsächlich nur schwer überwachen läßt, blüht die Wilddieberei.
Auf den öden, verlassenen Aleuten mit ihrer vielfältigen freilebenden Tierwelt und dem algenreichen Meer mit seinen Kelpwäldern haben sie eine ideale Umwelt gefunden.
Für uns allerdings erweist sich die wuchernde Meeresvegetation eher als hinderlich: Die gewaltigen Kelppflanzen mit ihren armdicken, teilweise bis zu 50 Meter langen Stengeln verfangen sich in den Schiffsschrauben, die unsere Taucher nur mit der Hand wieder frei machen können.

Für die Seeotter dagegen bilden die Kelpwälder ein herrliches Versteck. Von diesen drolligen Tieren hatten wir zuzeiten schon bis zu zwölf an Bord. Halb gezähmt, bewohnten sie die mit Wasser gefüllten Metallkähne am Achterdeck und wurden von den Tauchern mit großen, fleischigen, roten Muscheln versorgt. Im übrigen ist nichts amüsanter, als ihnen beim Fressen zuzuschauen. Auf dem Rücken treibend, legen sie die Muscheln auf die Brust und versuchen, sie mit ihren kleinen Vorderpfoten aufzumachen. In der Freiheit, im Meer, holen sie sich vom Grund einen Kieselstein herauf, um mit ihm die Schale aufzuschlagen. Auf der *Calypso* mußten wir ihnen die Steine natürlich mitliefern.

Wie die Katzen unermüdlich mit ihrer Toilette beschäftigt, streichen sie sich, kaum strecken sie den Kopf aus dem Wasser, wobei sich übrigens automatisch die silbrigen Barthaare sträuben, mit den Pfoten über Backen und Schädel und streicheln unablässig ihr Fell, das aus Gründen der Warmhaltung ständig mit Luft aufgefüllt werden muß. Ihre Körpertemperatur darf nämlich, da diese wie die Flossenfüßer oder Wale ursprünglich an Land lebenden, erst später ins Wasser zurückgekehrten Säugetiere Warmblüter sind wie wir, nicht unter 38 Grad sinken.

Sie reiben sich die Augen, reiben sich den Bauch, dann schauen sie einen fragend an – zweifelsohne die unwiderstehlichsten Wesen von ganz Alaska. In den Kelpwäldern versteckt, schieben sie die Algen wie Vorhänge auseinander, um die auf sie zukommenden Taucher besser sehen zu können. Das Kleine, wie um es einzuwiegen, auf dem Arm, säugen sie es mit ausgesprochen weiblichen Gebärden und wickeln sich, um nicht von der Strömung fortgespült zu werden, einen Algenwedel um den Körper.

Auf den Spuren der Seeotter erwarten uns bei den kleinen Aleuteninseln aber auch noch andere Überraschungen. So stoßen wir vor allem oft auf Seelöwen, unter anderem einmal, als wir im Schlauchboot in einer kleinen Höhle nach Seeottern Ausschau halten. Plötzlich entdeckt Dr. Millet auf der Wasseroberfläche eine schwarze Masse, die sich beim Näherkommen als junger, vielleicht 6 oder 7 Monate alter Seelöwe entpuppt. Dr. Millet streichelt das schlafende Tier sanft, das darüber jedoch erwacht, ein Auge aufmacht, ihn aufs Korn nimmt und, von Panik erfaßt, die Flucht ergreift.

»Ein andermal«, berichtet Millet, »als ich wieder einmal eins von den Inselchen erkunde, stoße ich hinter einem Felsen unerwartet Nase gegen Nase mit einem jungen Seelöwen zusammen. Nicht weniger erstaunt als ich, läßt er mich näherkommen, woraus ich fast schließen möchte, daß die Tiere in der Überraschung, das heißt, wenn sie den Eindringling nicht schon von weitem kommen sehen, weniger geschreckt sind und insofern weniger Angst vor einer Begegnung mit dem Menschen haben.«

Unsere Vorliebe für die Seeotter hat uns auch des öfteren in die von ihnen bevorzugte Umwelt geführt: die Kelpwälder, jene unvergleichliche Meeresvegetation, deren Wuchs man nur voll Erstaunen betrachten kann. Der zentrale Stamm, in der Dicke einem Riesenbambus vergleichbar, reicht, durch Luftblasen an den Wedeln getragen, bis in eine unermeßliche, gründunkle Tiefe hinab. Jedenfalls glaubt man, wenn man im Taucheranzug daran entlanggleitet, das Ende nie zu erreichen. Es sind die längsten, wenn schon nicht die höchsten Pflanzen der Welt. Unten sind sie durch Haftorgane im Boden oder am Fels verankert, die jedoch im Gegensatz zu den Wurzeln eines Baumes nicht in den Boden eindringen und ihm auch keine Nährstoffe entziehen. Die Pflanze nimmt sie vielmehr über den Stamm direkt aus dem Meerwasser auf.

Diese dichtbelaubten Kelpwälder sind eine Welt für sich, in der alles Bewegung ist, gummiartig weich, schattig, in der sich die Seeotter vor ihren Feinden und vor allem vor den Menschen verstecken. Manchmal allerdings flüchten sich die Tiere auch an Land, an einen der Inselstrände, um sich vor den schrecklichen Stürmen des Beringmeeres, die mit einer Geschwindigkeit bis zu 200 Stundenkilometern daherrasen können, in Sicherheit zu bringen.

Ein paar Tage lang kampieren wir auf einer dieser kleinen Inseln, auf denen es von Seelöwen und Vögeln nur so wimmelt.

In der Hoffnung, hier Seeotter ein paar Tage lang in einer Art Halbfreiheit halten zu können, haben wir eine kleine Bucht mit einem großen Netz abgesperrt. Da die Tiere außerordentlich mißtrauisch sind, legen wir uns nachts auf die Lauer. Ein paar von uns halten in einem Zelt Wache, um beim leisesten Geräusch große Tauchscheinwerfer einzuschalten. Zu unserer Überraschung kreuzt ein Seeotter in nächster Nähe unseres Zeltes auf, ja schaut sogar einmal zu uns herein und läßt sich von uns streicheln, ohne die Flucht zu ergreifen – eine geradezu unglaubliche Zutraulichkeit, für die unsere Mannschaft nur eine Erklärung weiß: Das Tier muß krank sein und Hilfe suchen. Und tatsächlich entdeckt Doktor Millet, der sich die Gelegenheit, den Seeotter zu untersuchen, natürlich nicht entgehen läßt, einen Unterleibsabszeß, der sich leider als inoperabel erweist. 8 Tage später ist das Tier tot, und die Autopsie bestätigt die Diagnose unseres Arztes.

»Das Leben in all seinen Formen, selbst den wenigst anziehenden, lieben.«

Am 22. Juli setzen wir unsere Fahrt nach Norden fort und laufen ins Beringmeer ein, wo wir wieder vor Anker gehen wollen. Eine mittelhohe, aus dem Meer aufragende Kuppe aus erstarrten Lavaströmen fällt uns auf, stellenweise mit kurzem Gras bewachsen, von Seehundrudeln besiedelt, die sich bei unserem Näherkommen ins Meer stürzen. Das also ist das Robbenparadies, von dem man uns schon so viel erzählt hatte und wo die Tiere vollen Schutz genießen. Da ich gern wissen möchte, wovon sich die Robben hier ernähren, lassen wir zur Erkundung des Meeresgrundes den Seefloh zu Wasser und entdecken trotz der kalten Temperatur ein ziemlich reiches marines Leben, unter anderem in 100 Meter Tiefe an die Königskrabben erinnernde Krabben.

Round Island, ein am Ende der Bristol Bay nahe der Küste von Alaska im Beringmeer gelegenes Inselchen, ist im Grunde kaum mehr als ein Felsbrocken, beherbergt aber, wie Michel Deloire bei einem Erkundungsflug vom Hubschrauber aus gesehen hatte, beträchtliche Walroßkolonien. Jedenfalls hatte er auf den beiden großen Steinstränden Hunderte von gewaltigen braunen Flecken ausgemacht.
Um so mehr erstaunt waren wir, als die *Calypso* einen Monat später vor Round Island den Anker auswarf und wir nur ein paar Dutzend Walrosse sahen. Die Riesenherden waren spurlos verschwunden – zu meiner maßlosen Enttäuschung, denn nach dem Film über die See-Elefanten hätte ich nun gerne einen über die Walrosse gedreht. Michel Deloire schwor bei allem, was ihm heilig war, sich nicht getäuscht und die Riesenherden mit eigenen Augen gesehen zu haben.
Womöglich hatten sich die Tiere auf die benachbarten Inselchen verkrümelt? Doch die ausgesandten Schlauchboote und Barkassen hatten ebenfalls keinen Erfolg zu verzeichnen. Die Walrosse schienen sich in Luft aufgelöst zu haben. Um so weniger trauten wir am nächsten Morgen unseren Augen, als sie in kleinen Gruppen auftauchten und bald den ganzen Strand von Round Island als braune Flecken überzogen – vorsichtig geschätzt, gut tausend an der Zahl, die, was erneutes Erstaunen bei uns auslöste, nicht mehr von der Tatze wichen, jedenfalls nicht, solange die *Calypso* vor Anker lag.
Tagtäglich schickte ich mit Schlauchbooten und Barkassen mehrere Mannschaften zur Insel hinüber, um die Walrosse an Land und im Wasser zu filmen. Die Landung erwies sich auf Grund der Brecher und der Steilklippen als Problem, doch gab es immerhin auch zugängliche Strände.

Sooft wir auf der von Riesenschwärmen ziemlich zutraulicher Vögel, hauptsächlich Papageientaucher, besiedelten Insel erschienen, flüchteten die Walrosse in wilder Panik ins Wasser. Offensichtlich hatten die einst viel gejagten und auch heute noch wegen des Elfenbeins ihrer Stoßzähne sehr begehrten Tiere einen gewaltigen Respekt vor uns. (Übrigens stießen wir gleich bei der ersten Landung auf zwei vermutlich erst eine Woche alte Walroßkadaver, denen der Kopf fehlte.)
Das Schlauchboot oder die Barkasse hatte noch nicht rechtschaffen angelegt, da hatten sich schon 200, 300 Walrosse ins Wasser gestürzt. Eindeutig waren diese Tiere noch weitaus furchtsamer als die See-Elefanten. Im Wasser blieben sie in Gruppen beisammen, tauchten unter, kamen wieder hoch, beobachteten uns.
In zwei Punkten jedoch unterschieden sie sich deutlich von ihren Verwandten. Ihr Strand war sauber und ordentlich und nicht wie bei Seehunden und See-Elefanten mit Exkrementen und Kadavern übersät oder in eine Wolke von Gestank gehüllt.
Und außerdem herrschte auf Round Island auch nicht dieses infernalische Getöse und Gebrüll wie auf Guadalupe.
Bedauerlich nur, daß sich zu der Zeit, als wir dort waren, auf der Walroßinsel nichts tat, jedenfalls keine Paarungsszenen, lediglich einige ohne rechte Überzeugung ausgetragene Kämpfe, bei denen es nur um einen guten Platz an der Sonne ging, denn die Tiere lassen sich gern wie alte Rentner die Sonne auf den Pelz scheinen. Dabei grunzen sie ein bißchen und knuffen sich und führen auch manchmal ein paar Stöße mit den Hauern ins Leere. Das Ganze sind lediglich Droh- und Einschüchterungsgebärden.
Einen Haarwechsel kennen sie anscheinend nicht. Sie haben eine dicke, rosarot schimmernde Haut, von der sich das Weiß ihrer Stoßzähne scharf abhebt. Sieht man sie aus etwa 20 Meter Entfernung, so bilden sie, neben- und übereinander liegend, mit parallel laufenden, etwa gleich langen Stoßzähnen einen eindrucksvollen, von vertikalen weißen Linien durchschnittenen, dem Meer zugekehrten Berg rosigen Fleisches.
Erst im Wasser oder richtiger auf dem Wasser lernt man sie besser kennen, wenn sie einen mit ihrem seltsamen, aber nicht unsympathischen Gesicht, dem zwischen den Hauern vorspringenden runzligen Kinn, ihrem runden, glatten, halslos auf dem faltigen Leib aufsitzenden Kopf und ihrem großen Auge von der Seite betrachten.
Im übrigen sehen sie nur mittelmäßig, während sie ausgezeichnet riechen. So kann man sich ihnen unter Ausnutzung der Windrichtung relativ leicht nähern. Anfassen oder gar zähmen allerdings las-

sen sie sich nicht. Im Gegensatz zu den See-Elefanten ergreifen sie sofort die Flucht, wobei sie sich mit Hilfe der beiden Vorderflossen voranziehen beziehungsweise dahinschlängeln.

Im Meer konnten wir zu unserem Erstaunen mit dem Schlauchboot unmittelbar an ihnen vorbeifahren, ohne daß sie es angegriffen hätten. Das widersprach allem, was wir vom hohen Norden gehört hatten, wo sich die Walrosse inmitten des Treibeises nicht selten auf die Boote der Eskimos stürzen sollen.

Michel Deloire ist es bei einem Tauchgang sogar gelungen, sich bis auf knapp 2 Meter an ein großes Tier heranzupirschen, das nach einer ersten Abwehrpose dann allerdings schleunigst in der Tiefe verschwand – nur war das Wasser leider zu trüb, um auch nur die kleinste Szene zu drehen.

Ganz besonders gern aber hätten wir die Walrosse am Meeresgrund beim Fressen gefilmt, zumal das ein immer noch etwas umstrittener Punkt ist. Bis vor kurzem glaubten die Zoologen felsenfest, die Tiere pflügten mit ihren Hauern den Sand oder Schlamm auf, um Mollusken, hauptsächlich Muscheln, auszugraben und sie dann zwischen ihren gewaltigen Backenzähnen zu zermalmen.

Dr. Carlton Ray, ein amerikanischer Spezialist für Meeressäugetiere der Arktis und Antarktis, hat jedoch diese These widerlegt, da er bei der Untersuchung des Mageninhalts von Walrossen nie irgendwelche Schalen gefunden hat. Seiner Meinung nach ernähren sich diese Robben von Tieren, die weniger hart sind als Mollusken, nämlich von Seesternen und vor allem von Seescheiden. Um diese aufzuspüren, brauchen sie auch nicht den Schlamm mit ihren Stoßzähnen aufzuharken, was die Vermutung nahelegt, daß die beiden Elfenbeinhauer genau wie der Stoßzahn des Narwals eine Spielerei der Natur sind, zumal sie sich, da die Weibchen gleichfalls damit ausgestattet sind, auch nicht ausschließlich mit ihrer Funktion bei den Paarungskämpfen der Bullen erklären lassen.

Christian Bonnici, unser Cheftaucher, der mehrere Wochen unter den Eskimos gelebt und an mancher Walroßjagd teilgenommen hat, bestätigte Carlton Rays Theorie. Auch er hat im Magen und in den Eingeweiden dieser Tiere, die von den Eskimos zu Kleidern, Säkken, Trommelfellen, Fischerei- und Jagdzubehör verarbeitet werden, nie Mollusken, sondern stets nur Seescheiden gefunden – was ich hier kommentarlos zu den Akten nehmen möchte.

Daß die Walrosse kleine Steinchen verschlingen, ist sattsam bekannt, nur der Grund nicht. Niemand weiß, ob sie dadurch die Zerkleinerung der Nahrung erleichtern oder auf den Wanderzügen ihren Hunger stillen wollen.

Die Walrosse wirken, da der Hals bei ihnen nicht deutlich abgesetzt ist, ziemlich unförmig.

Da wir während unseres ganzen Aufenthalts auf Round Island weder Walroßkälber noch, soweit wir es beurteilen konnten, Walroßkühe zu Gesicht bekamen, sondern nur alte Bullen, die den traditionellen Wanderzug nach Norden offenbar nicht mehr mitmachen, taufte ich die Insel »das Altersheim« – nicht ganz zu Recht, wie sich herausstellen sollte. Denn laut Dr. Carlton Ray trifft man zu anderen Jahreszeiten auf dem Eiland durchaus auch Weibchen und Jungtiere an, die sich hier im Gegensatz zu den alten Männchen allerdings nicht dauerhaft ansiedeln. Sie machen auf der Insel lediglich während der Wanderzüge Station, die, nebenbei bemerkt, nicht annähernd so lang dauern wie die der See-Elefanten: Denn im Gegensatz zu den *Mirounga*, die monatelang das Meer durchstreifen, sind die Walrosse als typische Vertreter der arktischen Tierwelt nur mäßig gute Schwimmer und halten sich lieber an Land oder auf dem Eis auf.

Was übrigens die Färbung der Walrosse von Round Island angeht, dieses Bonbon- oder Schweinerosa, durch das sie sich so deutlich von ihren weiter nördlich lebenden kastanienbraunen Artgenossen unterscheiden, so scheint sie nicht nur eine Alterserscheinung, sondern auch eine Folge der Sonneneinwirkung. Denn da die Tiere auf Sonnenbäder geradezu versessen sind, holen sie sich im Sommer in den Regionen südlich der Beringstraße einen regelrechten Sonnenbrand, der der Haut infolge übermäßigen Blutandrangs ihren rötlichen Ton verleiht.

Wir alle waren von den Walrossen anfangs nicht sonderlich erbaut, aber niemand empfand eine solche Aversion wie Dr. Millet, der sich nicht die leiseste Sympathie abringen konnte. Allerdings muß man dem Doktor als mildernden Umstand anrechnen, daß er sich beim Sezieren wohl etwas übernahm.
Wir hatten nämlich bei einem Erkundungsstreifzug auf der Insel zwei Walroßkadaver mit prachtvollen Stoßzähnen entdeckt, zweifellos Tiere, die sich bei der Jagd durch Gewehrschüsse verletzt, ins Meer geflüchtet hatten, wo sie verendet waren. Mittlerweile hatte die See sie wieder an Land gespült, und da lagen sie nun, des Doktors Forscherdrang mächtig anstachelnd. Das Weitere schildert er selber so:
»Mit einem sehr scharfen Messer bewaffnet, versuchte ich, den Penisknochen herauszulösen, kam aber durch die dicke Haut einfach nicht durch. So schlitzte ich den Bauch von der Geschlechtsöffnung aus auf, stieß dabei zunächst auf eine dicke Fettschicht und dann auf eine schleimige Hülle, die den Penis mit seinem Knochen umkleidet.
Dieser Knochen läuft in eine Knorpelzone aus, die mittels eines dreiteiligen Muskelbandes am Hüftknochen ansitzt. Der Muskel selbst, der die vier- bis fünffache Stärke eines menschlichen Bizeps aufweist und sich dank des Bandes frei bewegen kann, bewirkt die Erektion, bei der der Penis aus seiner Hülle hervortritt. Ich sezierte geraume Zeit, obwohl mich der scheußliche Gestank fast umwarf.
Anschließend wollte ich mit dem Fuchsschwanz noch den Kopf abtrennen, eine Arbeit, die mich volle drei Tage kostete. Dabei stellte ich fest, daß Walrosse gar kein richtiges Gehirn haben, jedenfalls keine ausgebildeten Gehirnhalbkugeln. Ich öffnete den Schädel in Stirnhöhe und staunte über die dicke Schädelwand, die kaum Platz für die Hirnmasse läßt.
Aber nicht nur das Gehirn, der ganze Sinnesapparat des Walrosses ist lächerlich unterentwickelt, das heißt mit Ausnahme der Barthaare, die auf Grund ihres Gefäß- und Nervenreichtums überaus tastempfindlich sind und dem Tier eine genaue Umweltorientierung ermöglichen.«

Als der Doktor mit seinem Walroßkopf an Bord erschien, empfing ihn Protestgeheul – der Geruch war wirklich fürchterlich. Millet jedoch befestigte das Forschungsobjekt ungerührt an einer Schnur und ließ es ins Wasser hinunter in der Hoffnung, Krabben und Krustentiere würden die Haut vollends abzehren. Es dauerte indessen 10 Tage, bis das Haupt halbwegs abgenagt war, und jedesmal wenn die *Calypso* den Anker lichtete, fischte der Doktor das Ding heraus und verstaute es in Plastikbeuteln, eine Aktion, bei der sich regelmäßig auf dem ganzen Schiff ein unerträglicher Gestank ausbreitete, was unserem wackeren Wissenschaftler manch kernigen Fluch eintrug.

Diese erste Begegnung mit den Walrossen nahm uns, wie gesagt, nicht sonderlich für diese Tiere ein, die mit ihren blutunterlaufenen Augen, der mürrischen, manchmal ausgesprochen trübsinnigen Miene, den schweren Kiefern und dem Dickwanst ein bißchen an Alfred Jarrys »König Ubu« erinnern. Aber man darf nicht übersehen, daß diese Spezies auf eine sonnige, grünende Insel wie Round Island wie die Faust aufs Auge paßt – es war wirklich Pech, daß wir ihnen ausgerechnet beim ersten Mal in einer so ungemäßen Umwelt begegnen mußten.

In Wirklichkeit gehören die Walrosse, die bis zu 60 Meter tief tauchen und 5 bis 10 Minuten, ohne Luft zu schöpfen, unter Wasser ausharren können, in die Polarmeere, wo sie sich auf Eisschollen und Packeis recht imposant ausnehmen.

Wie bereits angedeutet, leistet der mächtige Schnurrbart, der den komisch gravitätischen Gesichtsausdruck noch unterstreicht, dem Walroß beim Aufspüren der Nahrung hervorragende Dienste. Mit seinen fleischigen, beweglichen Lippen kann es seine verschiedenartigen Beutetiere so geschickt fassen und zerlegen, daß etwa von einem Fisch nur noch die Gräten übrigbleiben.

Und mag der massive Kopf mit der von Millet beanstandeten dicken Schädeldecke vielleicht auch ein etwas unterentwickeltes Gehirn bergen, zum Durchstoßen des Eises jedenfalls ist er selbst im tiefen Winter bestens geeignet, wie auch die beiden Stoßzähne, die wirksamste Waffe des Walrosses, von einer erstaunlichen Widerstandskraft sind.

Diese Robben nun wollen wir gern in ihrer eigentlichen Heimat, der Arktis, filmen, wobei wir gleichzeitig jenes Volk kennenzulernen hoffen, dessen Leben noch heute von diesen großen Meeressäugern abhängt, die Eskimos, und so verlasser wir denn schließlich Round Island und nehmen Kurs auf die Zone des Eises.

8 Eisbedeckte Insel im Beringmeer

Wind und Schnee – Erste Ausfahrt – Erster Erfolg – Tauchexperimente mit dem Sauerstoffkreislaufgerät – Mensch und Walroß

Ron Church, Louis Prézelin und François Dorado fällt die ehrenvolle Aufgabe zu, den Film über die Walrosse in ihrer natürlichen arktischen Umwelt, das heißt in unserem Fall auf der an der Einmündung der Beringstraße gelegenen Saint-Lawrence-Insel, zu vervollständigen und zu ergänzen.
Hatte in Los Angeles beim Abflug am 1. Mai 1970 Sonnenschein und glühende Hitze geherrscht, so empfing die Männer bei der Landung in Nome in Alaska, wo sie Proviant einkaufen und sich die nötige Ausrüstung für ihre Nordlandexpedition beschaffen wollten, noch tiefer Winter mit Schneegestöber und einer von Treibeis verstopften See.
Auch in Gambell auf der Saint-Lawrence-Insel, ihrem Zielort, schneite es, als die Maschine aufsetzte – selbst für dortige Verhältnisse ein ungewöhnliches Ereignis, denn wenn die etwa 90 Kilometer lange, rund 200 Meilen von Nome entfernt ziemlich genau in der Mitte zwischen Alaska und Sibirien liegende Insel auch ganz im Bann der Kälte steht und von November an völlig unter Schnee und Eis verschwindet, setzt normalerweise doch im April Tauwetter ein. In jenem Jahr hingegen hatte die Schneeschmelze noch nicht einmal im Mai begonnen, lagen die Temperaturen selbst um diese Zeit noch immer zwischen 13 und 18 Grad Fahrenheit.
Unangefochtener Herr des hohen Nordens ist das mittlerweile nur noch im Nördlichen Eismeer, in den Gewässern der Beringstraße sowie an der Küste Nordgrönlands vorkommende Walroß, jene amphibische, wandernde Riesenrobbe, deren dumpfes Gebrüll die Polareinsamkeit erfüllt.
Alljährlich im Mai, wenn eine starke Strömung gewaltige Treibeisblöcke von der Küste Sibiriens und der Bristol Bay an der Saint-Lawrence-Insel vorbei durch die Beringstraße bis nach Point Barrow, der nördlichen Treibeisgrenze, treibt, läßt es sich wie die meisten Polartiere, die auf den Eisfeldern der Bristol Bay überwintert haben, von diesen driftenden Schollen nach Norden tragen, um im

Herbst mit der entgegengesetzten Strömung auf den schwimmenden Plattformen wiederum nach Süden zurückzukehren, wo es auch während des Winters genügend Nahrung gibt.

An Schiffsverkehr ist vor Juli nicht zu denken, und auch der Flugverkehr ist durch Nebel, Schnee und vielfach recht stürmische Winde stark behindert. Trotzdem ist die Versorgung der von uns auserwählten Saint-Lawrence-Insel durch die Luft gewährleistet, und seither verläuft das Leben der dort ansässigen Eskimos nicht mehr so isoliert wie ehedem.

Dabei ist die einzige Siedlung, Gambell, nicht einmal ein richtiges Dorf, sondern eigentlich nur eine einzige, von schätzungsweise 50 Häusern gesäumte Straße.

Unseren Kameraden blühte gleich bei der Landung eine unangenehme Überraschung: Der Eskimoführer, den wir brieflich engagiert hatten, ließ sie sitzen – offenbar hatte er eine einträglichere Beschäftigung gefunden.

Doch Ron Church und seine beiden Gefährten hatten Glück: Sie konnten Vernon Slwooko verpflichten, einen Eskimo, der sich nicht nur als verläßlicher Führer, sondern auch als erfahrener Ratgeber und überdies als fotogener Statist in unserem Film bewähren sollte.

Während der ersten Tage in Gambell friert es Stein und Bein, und so ist an Arbeit zunächst nicht zu denken. Ein eisiger Nordwest treibt ein so dichtes Schneegestöber vor sich her, daß man nicht einmal ein paar Meter weit sehen kann. Die Sonne kommt überhaupt nicht zum Vorschein, und ständig ist der Himmel – sofern man ihn überhaupt zu Gesicht bekommt – von schweren grauen Wolken verhangen.

Führer Vernon hat das Team zu einem zivilen Preis bei sich einquartiert, und so hausen die drei zwischen Bergen von Gerätschaften – Aqualungen, Unterwasserkameras, Taucheranzüge, Anoraks – im Fremdenzimmer im Oberstock über dem großen Raum, der der Eskimofamilie, nämlich Vernon, seiner Frau, zwei Jungen und einem Adoptivkind (die übrigen Kinder studieren auf dem Festland), als Eß-, Schlaf- und Badezimmer dient. Frau Slwooko kocht für unsere Kameraden mit, die ihre Küche zwar gut, aber etwas eintönig finden. Sie hatten sich einheimische Spezialitäten erhofft, müssen nun aber feststellen, daß die Eskimos neuerdings statt von Walroßfilet und Eisbärkoteletts lieber von der aus Amerika eingeflogenen Verpflegung, vornehmlich Gefrierfleisch und weißen Bohnen, leben – wenig folkloristisch, aber praktisch.

Bis zum 10. Mai hält das Hundewetter mit Wolken, Wind und

Schnee an, und unsere drei erfahren, was es heißt, in einer Region zu kampieren, in der sich jegliche Aktivität notgedrungen nach dem Wetter richtet und in der Kälte, Wind und Sturm solche Formen annehmen können, daß ihnen der Mensch nicht mehr gewachsen ist, sondern sich nur noch von der Außenwelt abkapseln und gegen die tobenden Elemente abschirmen kann. So verstreicht ein Tag nach dem anderen, ohne daß unsere Leute hinauskämen, geschweige denn einen Tauchgang wagen könnten. Schließlich jedoch steigt die Temperatur dann doch etwas an, der Himmel heitert sich auf, und wie mit Zauberschlag tut sich ringsum eine weißglitzernde Märchenlandschaft auf: eine weite weiße Unendlichkeit mit eisstarrenden, verschneiten Bergen, die in den schrägen Strahlen der Mitternachtssonne rosig golden auffunkelt, während vom Meer herüber das Klirren der gegeneinanderprallenden, zum Teil turmhohen Eisblöcke zu hören ist.

Am 11. Mai um 5 Uhr morgens – der Wind hat sich gelegt, das Thermometer zeigt 26 Grad Fahrenheit – weckt Vernon Slwooko seine Gäste und erklärt in seinem gebrochenen, fast unverständlichen Englisch, er habe alles für die erste Ausfahrt parat. Unverzüglich machen sich die Taucher fertig, nach Kräften bestrebt, nichts zu vergessen, wissen sie doch nur zu gut, daß sie sich als Neulinge vor dem Eintritt in dieses eisbedeckte Universum, in dem dem Menschen auf Schritt und Tritt unvorhergesehene Gefahren drohen, besonders sorgfältig gegen die arktische Kälte wappnen müssen.
Mit Kameras, Lampen und Preßluftflaschen bepackt, streben sie dem Ufer zu, wo die Dorfbewohner, schon vollzählig versammelt, auf die übereinandergeschichteten Eisblöcke starren, die Gambell noch immer wie eine mittlerweile zwar schwankende, nach wie vor aber unüberwindliche Mauer abriegeln, eine Barriere, gegen die die Wellen vergeblich anbranden. Ist es, fragen sich unsere Leute, nicht kollektiver Selbstmord, sich unter diesen Umständen aufs Meer hinauszuwagen?
Doch die Eskimos scheinen da anderer Ansicht. Entschlossen stoßen sie ihre mit Walroßhaut bespannten Boote, die Umiaks, über Eis und alle Hindernisse hinweg ins Wasser. Slwooko fordert seine drei Begleiter durch Zeichen auf, einzusteigen, und so verstauen sie ihre Gerätschaften in dem nur 6 Meter langen Gefährt, das – Beweis, daß Zivilisation und Fortschritt mittlerweile selbst den hohen Norden erreicht haben – statt von einem Segel von einem ratternden Außenbordmotor angetrieben wird.
So geht im Morgengrauen eine ganze Flottille in See, um die ersten

Mit leisem Spott verfolgt Slwooko, wie François Dorado Eisblöcke zum Iglubau anschleppt.

Walrosse zu jagen, deren Durchzug zur Freude des Dorfes angekündigt worden ist, ja manche Boote veranstalten ein regelrechtes Wettrennen, als starteten sie zu einer Lustpartie.
Für unsere drei Kameraden allerdings sind die Annehmlichkeiten nicht eben überwältigend. Hatten sie über den Vorbereitungen und dem allgemeinen Aufbruchsrummel die Kälte nicht so recht wahrgenommen, so fühlen sie sich jetzt, wie sie im schneidenden Wind und der alles durchdringenden Feuchtigkeit reglos im Umiak sitzen, kühl bis ans Herz hinan. Nicht so Vernon, der, den Hemdkragen weit aufgeknöpft, durch die großen Nüstern seiner plattgedrückten Nase den Geruch von Schnee und Salzwasser einzieht, in Gedanken wohl schon ganz bei den Walrossen.
Für ihn hat dieses feindselige, von dichtem Nebel wie von einem weißen Leichentuch verhangene Meer mit seinen dahindriftenden Eisschollen offenbar nichts Beklemmendes an sich.
Während jeder dieser unvermittelt vor dem Vordersteven des Umiaks auftauchenden Eisberge die drei Neulinge hochschrecken

läßt, manövriert Vernon, ohne das Tempo im geringsten zu verlangsamen (und dazu gewöhnlich erst im letzten Moment und den Block bereits streifend), an den 20 bis 25 Meter hohen Brocken vorbei – was unsere Leute jedesmal erneut zu der bangen Frage veranlaßt, wann endlich wohl einer dieser durch das Tauwetter angefressenen Blöcke das schwankende Boot zum Kentern bringen und in den Grund bohren wird, eine beängstigende Frage, die Ron Church die Kamera gegen die Brust pressen und Prézelin und Dorado die Hände schützend vor die Fotoapparate reißen läßt.

Nur dem versunken lächelnden Vernon Slwooko scheint es wohl in seiner Haut zu sein. Stillzufrieden und allem Anschein nach mit seinem Kurs wohlvertraut, steuert er den Umiak zwischen all den Hindernissen durch, immer weiter auf die bleigraue See hinaus. Offensichtlich fühlt er sich hier auf dem dräuenden, nebelverhangenen Meer mit den treibenden Eisbergen trotz der Kälte ganz in seinem Element. Jedenfalls lächelt er, unerschütterlich in seiner heiteren Ruhe, unaufhörlich vor sich hin, während die drei Franzosen, allmählich bis auf die Knochen durchgefroren, immer verzweifelter nach den lang ersehnten schwarzen Flecken, die das Vorhandensein

Die Wände des Iglus wachsen in die Höhe.

von Walrossen andeuten, Ausschau halten, nach 4 Stunden Fahrt schon fast sicher, all diese Unbilden umsonst erduldet zu haben. Da tauchen, 30 Meilen von Gambell entfernt, endlich schwarze Punkte im Meer auf. Slwooko schaltet herunter, und sachte gleitet der Umiak auf eine merkwürdig bucklige Form zu: eine Walroßkuh, die ihr Junges auf dem Rücken trägt. Als die Taucher – sie trauen ihren Augen kaum – tatsächlich noch weitere träg herumschwimmende Walrosse entdecken, greifen sie nach ihren Apparaten und machen sich eilig fertig. Doch Vernons spöttische Miene und ein Blick auf die schwarze See und den lichtlosen Himmel belehren sie, daß an Unterwasseraufnahmen nicht zu denken ist. Im übrigen ist die Alte mit ihrem Jungen inzwischen längst über alle Berge, und auch die restliche Herde zerstreut sich zusehends. Da es also offensichtlich gar nicht so einfach ist, die Walrosse im Wasser zu filmen, beschließen sie, sich lieber an Exemplare heranzupirschen, die auf den Eisschollen liegend vor sich hin dösen.
Als der Umiak in eine von Eisbergspitzen überragte, grauweiße Nebelbank hineingerät, deren schwarzer Bauch auf dem Meer aufzuschleifen scheint, und der Wind auch noch an Stärke zulegt, wird es selbst dem unerschütterlichen Vernon zuviel. Er wendet und nimmt Kurs auf Gambell, das er nach viereinhalbstündiger schwerer Fahrt auch glücklich erreicht. Rätselhaft nur, wie er sich in diesem Irrgarten zurechtfindet, diesem weißen Dunst, aus dem gespenstisch und plötzlich die Route versperrend Eisberge auftauchen, in dieser phantastisch anmutenden Eishölle, die den ersten Polarmeerfahrern ein nur allzu verständliches Entsetzen einjagte und sie zu immer neuen Schauergeschichten anregte.
Der Wind peitscht das eisige Wasser auf, das Anoraks, Handschuhe, Taucheranzüge durchnäßt, den Männern ins Gesicht sprüht und auf jeder bloßen Stelle einen brennenden Schmerz hervorruft – nur bei Vernon anscheinend nicht, der, den zusammengekauerten Tauchern gegenübersitzend, in flottem Tempo dahinsteuert, die eingekniffenen Augen von einem Kranz von Fältchen umgeben, das Hemd noch immer offen, so daß man das braune, feste Fleisch sieht.
Schließlich ist die Eisbarriere vor Gambell erreicht, und nun heißt es noch zwischen den aufgetürmten Treibeisblöcken durchmanövrieren, die schwereren Gerätschaften ausladen, über die schwankenden, jäh auf und ab wippenden Eisblöcke turnen, und das trotz klammer Hände, steifer Muskeln, eiskalter Füße.
Bis zum 16. Mai hängt das schlechte Wetter wie ein Fluch über der Insel. Die Kälte lähmt jegliche Aktivität, der Wind bläst aus allen Richtungen, der schwarze Himmel scheint einstürzen zu wollen, das

Meer brandet ohne Unterlaß gegen die Eisberge an. Unsere Leute, die nicht einmal aus dem Haus können, kommen sich wie Gefangene vor.

Doch am 16. Mai erfolgt dann plötzlich ein Umschwung, die dichten Wolken reißen auf und lassen ein Stück blauen Himmel sehen. Sogleich beschließt das Team, das mildere Wetter zu nutzen und am Rand des Eises einmal »probehalber« zu tauchen – wie sich herausstellt, ein etwas penibles Experiment, schaut doch das ganze Dorf neugierig und belustigt zu und verfolgt die Manöver mehr spöttisch als bewundernd.

Die Wassertemperatur beträgt 28 Grad Fahrenheit, die Sicht reicht, da durch das Tauwetter eine richtige Brühe entstanden ist, nicht weiter als 2 bis 3 Meter.

Trotzdem macht Prézelin Nahaufnahmen von Medusen und filmt am etwa 20 Meter tiefen Grund Krabben. Von Walrossen ist natürlich weit und breit keine Spur zu sehen, aber so nahe bei Gambell bestand von vornherein keine Hoffnung, und so führt dieser ungewöhnlich strapaziöse Tauchgang nur zu einem recht mageren Ergebnis.

Plötzlich haben die Taucher den Eindruck, als spannte sich ein schwarzes Tuch über ihren Köpfen. Grüne Finsternis umgibt sie, und als sie gemeinsam aufsteigen, finden sie sich unter einer dicken, harten Eisdecke wieder, die wie eine Steinplatte über ihnen liegt. Ohne es zu bemerken, waren sie von einer ziemlich starken Strömung unter diese undurchsichtige Decke gezogen worden. Dem Licht nachschwimmend, suchen sie das offene Meer, gelangen schließlich wieder zum Eisgürtel mit seinem chaotischen Gewirr von Blöcken und klettern über die Eisschollen weg an Land.

Am 19. Mai hat sich die See so weit beruhigt, daß Vernon dem Team eine größere Ausfahrt vorschlagen kann. Da aber immer noch dichter Nebel herrscht, der die Navigation zu einem gefährlichen Unterfangen macht, fragt Dorado Slwooko, mit dem sich unsere Leute inzwischen mittels englischer Brocken und Taubstummenzeichen soweit ganz gut verständigen können, wie er sich bei diesen Sichtverhältnissen überhaupt zurechtfindet. Grinsend deutet der Eskimo auf sein Riechorgan – anscheinend hat er in diesen Dingen »Nase«.

Auch diesmal kommen unseren Kameraden Zweifel, ob sie nicht umsonst hinausgefahren sind. Werden sie Walrosse sichten, werden die Kameras funktionieren, wird das Licht ausreichen? Den dreien wird bewußt, wie sehr der Erfolg ihrer Unternehmung, ja sogar ihr

Mit seinem Kiel aus Walroß-Elfenbein gleitet der Umiak mühelos über den Schnee.

Leben von ihrem Führer abhängt. Noch nie haben sie sich auf See so machtlos, so ganz in der Hand eines anderen gefühlt.
Plötzlich – Gambell ist schon vor Stunden in den Wolken verschwunden – legt Slwooko an Tempo zu. Er hat etwas gesichtet, was die anderen noch nicht ausmachen können, einen weißen Schimmer am Horizont, eine langgestreckte Eisbank. Er brüllt etwas, doch seine Worte werden vom Wind fortgerissen. Der Umiak befindet sich jetzt in nächster Nähe des sowjetischen Hoheitsgebietes, wahrscheinlich keine 15 Kilometer mehr von Sibirien entfernt.
Aufregung bemächtigt sich der Taucher, als sie auf jedem einzelnen Block dieser langen Eisbarriere ein oder mehrere Walrosse bemerken. Ein paar Weibchen, kenntlich an dem neben ihnen liegenden

Jungen, richten sich beunruhigt halb auf, während Slwooko langsam und vorsichtig an ihnen vorbeisteuert. Bei dieser Gelegenheit macht er seine französischen Freunde auch auf eine Besonderheit aufmerksam: Bei einer der Kühe kreuzen sich die langen Stoßzähne unter dem Kinn, offensichtlich eine Anomalie, obwohl die Hauer der Walroßweibchen in der Regel leicht gegeneinander gekrümmt sind und nur die der Männchen wirklich gerade stehen.

Das Boot stoppt, und Ron Church filmt unter dem bestmöglichen Winkel den massigen bräunlichen Koloß mit den beiden langen, an Türkensäbel erinnernden Hauern. Doch da beginnt das Weibchen auch schon unruhig zu schnauben, und brummend und sein Junges vor sich herstoßend robbt es zum Rand der Eisscholle, wo sich beide ins Meer plumpsen lassen, daß eine Wassergarbe aufspritzt.

Dichtgedrängt driften die Walrosse auf den Eisschollen dahin.

Zum Glück gibt es auf den anderen Inselchen noch genügend Walrosse, die sich ganz friedlich und brav filmen lassen, jedenfalls fürs erste. Als die Männer auf einer Scholle ganz allein den Pascha der Herde entdecken, steuert Vernon den Umiak so nahe heran, daß Louis Prézelin und Dorado aufs Eis klettern und sich, den Filmapparat in der Hand, bis auf knappe 5 Meter an den Bullen heranpirschen können. Dort kauern sie dann fast eine halbe Stunde lang und lassen dann und wann die Kamera surren. Doch da sich so ein dikkes altes Walroß keinen Deut um das schert, was ringsum vorgeht, und sich kaum je bewegt, fehlt es der Szene entschieden an Leben.
Immerhin haben unsere beiden Kameraden bei dieser Gelegenheit Muße, das Tier eingehender zu studieren. Das kurze Fell ist rotbraun, etwas heller als das des Kodiakbären, hat also nicht den rosigen, an Schweine erinnernden Ton der Walrosse von Round Island, der höchstwahrscheinlich von der Sonne herrühren beziehungsweise auf einen Sonnenbrand zurückgehen soll, den sich die Walrosse der Beringstraße in den Gewässern um die verschneite und vernebelte Saint-Lawrence-Insel allerdings tatsächlich schlecht holen könnten.
Endgültig davon überzeugt, daß ihr Pascha ein zu schlechter Schauspieler ist, um in ihrem Film mitzuwirken, kehren Dorado und Prézelin schließlich zum Umiak zurück. Als sie einsteigen, weist ihnen Vernon in nächster Nähe eine mit ihrem Jungen zwischen den bläulich-weiß schimmernden Inselchen herumschwimmende Walroßkuh. Der Umiak nimmt Kurs auf das Paar, doch die Alte gibt sich recht unverträglich. Nachdem sie sich ein paar Minuten lang hat filmen lassen, wirft sie sich plötzlich mit voller Wucht gegen das Boot. Prézelin kann gerade noch das Ruder herumreißen, doch da taucht schon der dicke schnauzbärtige Kopf, die dolchartigen Stoßzähne drohend aus dem Wasser gereckt, unmittelbar neben dem Umiak auf. Das Tier fixiert den fellbespannten Kahn mit dem zarten hölzernen Spantenwerk, nimmt einen Anlauf und greift erneut an, mit den beiden furchterregenden Hauern gegen den Dollbord boxend. Aber Vernon, hocherfreut über das Geschenk, das ihm der Zufall da beschert, hat schon das Gewehr gepackt und erledigt die Alte im nämlichen Moment, in dem der Umiak zu kentern droht, durch einen Brustschuß. Der große massige Körper gleitet unters Boot, rammt den vorderen Teil des Kiels, reißt aber kein Loch in die Fellbespannung – zum Glück, denn über 40 Meilen von Gambell entfernt wären die Überlebenschancen im eisigen Wasser nicht sonderlich groß.

Allerdings haben die Eskimos, denen dieses Ungemach immer wieder einmal zustößt, ihre eigene Taktik entwickelt, um dem Tod zu entgehen: Sie klettern auf eine Treibeisscholle und ziehen ihren ramponierten Kahn aufs Trockene, um ihn dort auszubessern. Ist der Umiak gesunken, bleibt ihnen nur noch die Chance, einen Eisberg zu erklimmen und dort so lange auszuharren, bis sie an Land gespült werden oder ein anderes Eskimoboot sichten.
In Gambell erzählt man sich die Geschichte mehrerer Walroßjäger, deren Umiak bei einem solchen »Unfall« zu Bruch ging und die erst zwei Jahre später wieder in ihr Dorf zurückkehrten. Sie hatten aus den Häuten und Eingeweiden der erlegten Walrosse Kleidungsstücke gefertigt und sich so vor dem Erfrieren geschützt und sich vom Fett und Fleisch der Tiere ernährt. Als ihre treibende Insel von der Strömung endlich in die Bristol Bay getragen wurde, kehrten sie zu Fuß nach Gambell zurück. Wie man sieht, ist der Mensch also nicht einmal in diesen unwirtlichen Regionen notwendig zum Untergang verurteilt: Er kann dem Tod entrinnen, vorausgesetzt, er beherrscht die Künste, auf die sich die Eskimos verstehen, denn Überleben ist nicht nur eine Frage der Widerstandskraft, sondern auch der Erfahrung, des Wissens und nicht zuletzt einer unerschütterlichen Zuversicht.
Um sich ein Bild von diesen Fähigkeiten zu machen, braucht man nur den mit bloßen rotgefrorenen Händen unermüdlich werkenden Vernon zu beobachten, der mittlerweile den schweren Körper des erlegten Tiers aufs Eis gezogen, ihn mit seinem scharfen Messer aufgebrochen, abgebalgt und die Stoßzähne entfernt, das Fleisch in große Streifen geschnitten und den Magen und Darm, die die Eskimos zu allen möglichen verwenden, herausgelöst hat. Und die ganze Aktion hat nur etwas über zwei Stunden gedauert – eine Rekordleistung, die nur ein Eskimo vollbringen konnte. Nun legt er die insgesamt wohl gut und gern 150 Kilo schwere Ausbeute für eine Verladung in der Umiak auf dem Eis zurecht.
Erst jetzt merken Ron Church, Prézelin und Dorado, die ihm wie gebannt zugeschaut haben, daß der Nebel über der See immer dichter wird.
Als sie nach schwieriger Fahrt im fahlen Licht der Polarnacht, ganz klamm von der feuchten Kälte, in Gambell anlangen, ist es schon nach Mitternacht.
Während Ron Churchs Team anfangs ausschließlich mit der Aqualunge arbeitete, das heißt das übliche Preßluftgemisch verwendete, unternahm man in der Folge auch Experimente mit dem bei niedrigen Wassertemperaturen günstigeren Sauerstoffkreislaufgerät.

Schon der erste Versuch, den die drei gleich nach Eintreffen der Sauerstoffflaschen starteten, war ein Erfolg: Es gelang ihnen, ziemlich nah an die mittlerweile direkt vor Gambell im offenen Meer vorbeiziehenden Walrosse heranzutauchen und sie zu filmen. Das Sauerstoffkreislaufgerät bietet nämlich unter anderem den Vorteil, im Wasser keinerlei Geräusch zu erzeugen und die Tiere nicht durch die vom Taucher aufperlenden Luftblasen zu erschrecken. Außerdem ist die Ausrüstung auf Grund ihres geringeren Gewichts im Umiak leichter zu befördern als die Preßluftflaschen, und schließlich hat das Gerät in kalten Gewässern noch den Vorteil, daß der Taucher infolge des geschlossenen Kreislaufs immer die von seinen Lungen erwärmte Luft atmet, was wesentlich angenehmer ist als die kalte Preßluft aus den Flaschen.

Unsere Mannschaft in Slwookos Umiak.

Im Umgang mit Walrossen ist entschieden Vorsicht geboten, muß man doch jederzeit damit rechnen, daß sie sich auf den Umiak stürzen und ihre Stoßzähne in die Fellbespannung rammen.

Allerdings kann man – und hier liegt der Nachteil dieses Geräts – mit Sauerstoff höchstens 8 bis 10 Meter tief tauchen. Unterschreitet man diese Grenze, stellen sich alarmierende Symptome wie Schwindel und Übelkeit ein, die zu Bewußtlosigkeit und damit zu schweren Unfällen führen können.
Ron Church, Prézelin und Dorado tauchten zweimal mit diesem Sauerstoffkreislaufgerät und sammelten dabei eine ganze Reihe nützlicher Erkenntnisse. Nicht daß uns die Vor- und Nachteile dieser Apparate unbekannt gewesen wären – schließlich hatten wir sie bereits bei der Beobachtung von Seeottern, Seelöwen und Kraken verwendet; aber in polaren Meeren hatten wir sie bislang noch nicht erprobt.
Große Scherereien hatte unser Erkundungsteam übrigens mit den Kameras, die bei den niedrigen arktischen Temperaturen nicht mehr so recht funktionieren wollten.
Eins der Hauptprobleme bildete dabei die Kondensation, besonders zwischen Objektiv und Filter, wodurch die inneren Kamerateile zu verrosten drohten.

Das allerschwierigste aber war, den Film der Unterwasserkamera auszuwechseln. Der Apparat mußte dazu täglich nach den Dreharbeiten 3 bis 4 Stunden ins Warme gestellt werden, bevor man ihn ohne Kondensationsgefahr öffnen konnte. Ging man lediglich ins Haus, um einen neuen Film einzulegen, beschlugen sich sofort sämtliche Teile, und draußen erstarrte die Feuchtigkeit dann zu Eis.
Doch unsere Kameraden fanden auch hier eine Lösung: Sie ließen die Kameras überhaupt draußen und nahmen nur das Magazin in einem Plastikbeutel mit ins Haus.

Noch immer hat der Frühjahrszug der Walrosse für die Eskimos der Saint-Lawrence-Insel seine jahrtausendealte Bedeutung nicht verloren, obwohl die Bewohner von Gambell dank der Versorgung aus der Luft mittlerweile den bis vor wenigen Jahren auf ihrem eisbedeckten Felseneiland herrschenden Hunger nicht mehr kennen – im Gegensatz zu vielen anderen Angehörigen dieses über die Polargebiete verstreuten, rund 70000 Köpfe starken Volkes, das sein Heil nach wie vor den von der Vorsehung gesandten Tieren – Robbe und Bär – verdankt.
Noch heute ist ja der Hunger das Hauptproblem des Polarbewohners, der an der Grenze des Existenzminimums ein kärgliches Dasein fristet, unter Bedingungen, denen er andererseits allerdings seinen zähen Lebenswillen, seine Geschicklichkeit als Jäger und seinen unerschütterlichen Mut verdankt.
Kein Wunder, daß der Wanderzug der Walrosse für die Menschen der Arktis seit alters her das große Ereignis und wichtigste Abenteuer des Jahres darstellt und dazu ein Fest, das mit jenem anderen, dem Frühlingsanfang, zusammenfällt.
Mit dem Beginn der Wanderzüge, die sich nach der Witterung richten, im allgemeinen aber zwischen den 10. und 30. Mai fallen und mit Vorliebe nachts stattfinden (unsere Kameraden erlebten selbst mit, wie über Nacht eine ansehnliche Walroßflotte in der Beringstraße auftauchte), setzt auch die Jagd ein. Sie dauert manchmal bis in die erste Juliwoche, obwohl zu diesem späten Zeitpunkt nur noch wenig Walrosse, dafür aber hin und wieder große Seehundrudel durchziehen, die gleichfalls begehrte Beute abgeben.
Insgesamt sind die Walroßbestände der Arktis nach 200 Jahren Jagd nicht mehr allzugroß – von ursprünglich 500000 Tieren sind sie heute auf etwa 70000 Exemplare zusammengeschrumpft –, doch ist das Überleben der Gattung mittlerweile durch internationale Schutzbestimmungen gewährleistet, ja, zwischen Eskimos und Walrossen hat sich sogar ein gewisses biologisches Gleichgewicht einge-

stellt: Zwar gibt es für die Eskimos im Prinzip keine Jagdbeschränkungen, und so könnten sie eigentlich so viele dieser unentbehrlichen Fett-, Fleisch- und Hautlieferanten abschießen, wie ihnen beliebt, doch haben die Bewohner der Saint-Lawrence-Insel ihrerseits die Zahl der zulässigen Abschüsse auf maximal vier pro Boot und Saison festgelegt.

Zu den 10 000 bis 12 000 Tieren, die auf diese Weise Jahr für Jahr von den Bewohnern Alaskas und Sibiriens zur Deckung ihrer Bedürfnisse erlegt werden, kommen jedoch neuerdings noch die Tiere, die den Touristen zum Opfer fallen, jährlich etwa 3500 Walrosse – obwohl diese auf Nordland-Safaris versessenen Trophäenjäger nur Männchen schießen dürfen, für jedes erlegte Tier 100 Dollar berappen und sich einen Führer nehmen müssen, was den Eskimos zu einem einträglichen Nebenverdienst verhilft. Sollte diese Zahl noch zunehmen, wäre das Schicksal dieser Robbenart erneut in Frage gestellt.

Walrosse können übrigens sehr gefährlich werden. Während die großen Bullen im allgemeinen harmlos sind, gebärden sich junge Männchen äußerst aggressiv, greifen ohne besonderen Anlaß Boote und Menschen an.

Gleichfalls nicht zu spaßen ist mit Kühen, die ein Junges bei sich haben: Während des relativ kurzen Aufenthaltes unserer Taucher in Gambell wurden allein aus diesem Dorf 6 bis 8 Boote von erbosten Walroßkühen angegriffen.

Führte die Angriffslust der Walrosse früher nicht selten zu Katastrophen und tödlichen Unfällen, so sind die Eskimos heute dank ihrer Gewehre, mit denen sie sehr geschickt umzugehen wissen – wovon unsere Kameraden sich selbst überzeugen konnten, als sie ihr Führer Vernon vor einem womöglich folgenschweren Bad bewahrte –, durchaus imstande, ein angreifendes Tier durch einen wohlgezielten Schuß zu erledigen.

Was schließlich die Stoßzähne der Walrosse betrifft, so steht dahin, ob die Tiere mit ihnen tatsächlich den Meeresgrund nach Nahrung durchharken. Sicher dagegen ist, daß sie ihnen als recht brauchbare Waffe dienen und überdies als Eispickel, mit deren Hilfe sich die Kolosse auf die manchmal ziemlich weit aus dem Wasser ragenden Eisschollen liften.

Wir haben selbst beobachtet, wie sie mit einem heftigen Ruck des Kopfes die Hauer ins Eis schlugen und sich unter kräftigen Schlägen der Hinterflossen hochhievten, ihren massigen Körper, der auf dem Trockenen noch schwerfälliger und wabbeliger anmutet als der der See-Elefanten, aufs Eis ziehend.

9 Glückliche Eskimos

Fern von Monaco – Zivilisationsstufe der Eskimos – Schicksal der Schlittenhunde – Kauflustige Eskimos – Tradition und Fortschritt – Bei einem Elfenbeinschnitzer zu Besuch – Willkommene Beute – Tauchen im Beringmeer – Iglu-Bau – Herkunft der Eskimos

Als ich zwei Jahre nach der ersten Erkundungsfahrt unseres Teams mit Philippe und der restlichen Mannschaft übers Beringmeer zur Saint-Lawrence-Insel fliege, hat, wie uns ein Blick aufs Wasser zeigt, die Frühjahrswanderung der Walrosse bereits wieder begonnen, jener alljährlich stattfindende Zug, bei dem sich Tausende junger Bullen und Kühe vom Treibeis ins Nördliche Polarmeer tragen lassen. Vom Flugzeug aus können wir deutlich verfolgen, wie die Tiere, einzeln oder in Gruppen aneinandergedrängt, auf ihren Eisschollen in der schnellen Strömung dahindriften, den reichen Futterplätzen entgegen, die ihnen während des Sommers genügend Nahrung zur Erhaltung ihrer Riesenleiber bieten.
Walrosse sind nur mittelmäßige Schwimmer, dafür aber dank ihrer bis zu 15 Zentimeter dicken Speckschicht unempfindlich gegen Kälte, Sturm und Schnee, und so lassen sie sich, statt sich die Mühe der Fortbewegung selbst zu machen, lieber vom Eis transportieren, einzeln oder zu zweit, denn im Gegensatz zu den in Harems zusammenlebenden See-Elefanten und Seehunden ist diese Robbenart monogam. Zwar leben die Walrosse in der Jugend gesellig in Rudeln zusammen, später aber sondern sie sich immer mehr ab und bilden schließlich nur noch kleine Familienverbände.
Jahr für Jahr ziehen sie so an der Saint-Lawrence-Insel vorbei, von den Eskimos wie schon seit Jahrtausenden sehnlich erwartet. Jahrhundertelang wurden sie von Robbenschlägern und Walfängern schonungslos dezimiert, doch noch immer sind die brummigen, mürrischen Kolosse die ungekrönten Könige im Land des Eises und der Stürme.
Die Leiden bedenkend, die diese Tierart erdulden mußte, fällt mir ein alter Vers der Nordländer ein:

»Hast du ein Walroß je lächeln sehen
In all den lieben langen Jahren?
O ja, ich habe eins lächeln sehen,
Doch es lächelte unter Tränen.«

Der beste Schutz der Walrosse ist natürlich das rauhe Klima und die Abgeschiedenheit der unwirtlichen Polarweiten, in denen sich der Mensch nur mühsam behauptet und ein ständig von Kälte und Hunger bedrohtes Dasein führt.

Wie wir so vom Flugzeug aus auf die weiße Eiswüste hinunterschauen, sehen wir auch immer wieder Walroßkühe mit ihrem einzigen Jungen, das sie nach einjähriger Tragzeit inmitten der endlosen, eisbedeckten Weite werfen. Niemand hat diesen Vorgang bislang beobachten können. Bekannt ist nur, daß sich die Population, in dieser rauhen Umwelt vor ihren Feinden – Schwertwal, Eisbär und neuerdings auch dem Menschen – sicher, in etwa konstant hält.

Überhaupt wissen wir über die in Freiheit lebenden Walrosse nur sehr wenig. Denn Seestürme und die unberechenbaren Verschiebungen des Eises erschweren die Beobachtung ungemein, und so kann es vorkommen, daß ganze Rudel gewissermaßen ungesehen nach Norden ziehen, wo sie trotz Nebel, verheerender Polarstürme, tobender Brandung, Riffen und gefährlichen Eiszacken dank ihrer vollendeten Anpassung an das Leben im Eismeer auch wohlbehalten ankommen.

Im Eskimodorf Gambell, dieser armseligen, sturmgepeitschten Zufluchtsstätte des Menschen inmitten von Fels und Eis, fern von ihrem sonnigen Heimathafen Monaco, in eine Welt verschlagen, die ganz im Bann der Kälte steht und über die die Polarsonne ihr gedämpftes Licht wirft, fühlt sich die Crew der *Calypso* zunächst doch etwas benommen und kopfscheu.

Nur Prézelin und Dorado äußern unverhohlenes Entzücken über den Neuschnee und das bläulich schimmernde Eis und machen sich, nachdem sie ihren alten Freunden guten Tag gesagt haben, sogleich voll Tatendrang daran, die neuen, doppelt so dicken und eigens für dieses Unternehmen entwickelten Taucheranzüge zu erproben.

Wie nicht anders zu erwarten, sind wir für das Dorf die große Sensation, und so geben die Eskimos schon gleich nach unserer Ankunft uns zu Ehren ein Fest, eine Tanzveranstaltung zum Klang des einzigen hierzulande bekannten Musikinstruments, einer Trommel aus einem Walroßmagen (man hat wirklich den Eindruck, daß es an diesem Tier kein Schnipselchen gibt, das sie nicht irgendwie verwerten).

Gottlob sind die Eskimofeste in Gambell noch nicht zur Folkloredarbietung für Touristen abgesunken. Die Tänze werden weder von geschulten Ballettmitgliedern ausgeführt noch von einem Fremdenverkehrsverein organisiert, Männlein und Weiblein hopsen ziemlich

unbekümmert im Festtagsstaat herum, stolz, die schönen, buntbestickten Jacken, die weiten Fellhosen und die Pelzstiefel einmal vorführen zu können. Junge hübsche Mädchen, in ihrem auswattierten Gewand rund und pummelig, lächeln uns mit ihrem freundlichen Mondgesicht gewinnend an, und alles quirlt aufs lustigste durcheinander, bis plötzlich zwei oder drei Tänzer vortreten. Man macht ihnen Platz, bildet einen Kreis, und nun hebt ein Tanz an, der sicher schon Jahrtausende alt ist und bei dem die Darsteller mit einfachen, knappen Bewegungen Haltung und Gebaren all der im Wasser, an Land und in der Luft lebenden Tiere nachahmen, die ihnen in ihrem rauhen Land das Überleben ermöglichen. Mit schlichten Gebärden wird versinnbildlicht, wie sehr der Mensch auf die Tiere angewiesen ist – eine Darbietung, die in ihrem Ernst weniger wie eine Unterhaltung als vielmehr eine Huldigung, ja wie eine Danksagung anmutet.
Aber da Ernstsein den Eskimos nicht sonderlich liegt, macht plötzlich einer einen Scherz, die anderen lachen auf, Tabak wird herumgereicht, und eifrig wenden sich alle wieder der Unterhaltung zu.

Abgesehen von der Luftverbindung und der Einführung von Feuerwaffen, hat sich das Leben auf der Saint-Lawrence-Insel seit 2000 bis 3000 Jahren kaum verändert. Noch immer jagen die Eskimos Walrosse, Seehunde, Wale und Vögel, die ihnen außer Fleisch auch alle anderen lebensnotwendigen Dinge liefern, und das in bestmöglicher Form: Die Kleidungsstücke aus Seehundsfell, Parkas, Pelzhosen und Stiefel, schützen unvergleichlich besser gegen die Kälte und sind noch wesentlich leichter als die raffinierteste europäische Ausrüstung. Das Fleisch der erlegten Tiere wird übrigens nicht gleich in Gänze verzehrt, sondern zum Teil als Wintervorrat in Mulden eingelagert, die in den Boden gegraben und mit Eis bedeckt werden.
Friert das Meer zu, machen die Eskimos Jagd auf Füchse, Wölfe und sogar Fische, die sie fangen, indem sie Löcher ins Eis schlagen.
Diese Menschen, die unter härtesten Bedingungen leben, haben ein ausgesprochen sympathisches Wesen, sind heiter und guter Dinge und nehmen alle Schwierigkeiten mit unerschütterlicher Gelassenheit und bewundernswertem Mut hin. Vielleicht spielt es in diesem Zusammenhang eine Rolle, daß sie den Tod nicht fürchten, den ihre Religion nicht als etwas Beängstigendes, sondern als Übergang in einen anderen, besseren Zustand schildert.
Daß zwei kleine Volksstämme wie die Eskimos und die Lappen selbst heute noch an ihrem alten Leben festhalten und im feindli-

chen arktischen Klima ausharren, ist übrigens nicht so erstaunlich, wie es scheint, da beide Gruppen, die einen als Jäger, die anderen als Rentierzüchter, seit Jahrtausenden die aus ihrer Umwelt erwachsenden Probleme auf nahezu vollendete Weise gelöst haben, und im hohen Norden noch jenes, unserer Zivilisation längst abhanden gekommene natürliche Gleichgewicht zwischen Mensch, Tier und Klima herrscht, das eine der entscheidenden Voraussetzungen des Glücks darstellt.

So viele Tierarten der Mensch auch im Lauf der Zeit ausgerottet hat, andere waren doch widerstandsfähig genug, um die Aufrechterhaltung des biologischen Gleichgewichtes zwischen dem Tier als Nahrungsspender, Erhalter, und den Jägervölkern zu ermöglichen.

Eben dieses Verhältnis besteht auch zwischen den Eskimos und den Walrossen, nicht zuletzt allerdings, weil die Bewohner des hohen Nordens trotz moderner Waffen Zurückhaltung üben und nur so viele Tiere erlegen, wie sie zum Leben brauchen.

Übrigens stimmte die Bewohner von Gambell unser Auftauchen zunächst etwas mißtrauisch. Der US-Regierung lag zu diesem Zeitpunkt nämlich ein Gesetzesentwurf über den strikten Schutz sämtlicher Meeressäuger vor, und so fürchteten sie, unser Film könnte die amerikanische Öffentlichkeit ungünstig beeinflussen und ein endgültiges Jagdverbot für Walrosse zur Folge haben.

Doch in diesem Punkt konnten wir sie beruhigen. Denn so notwendig und wünschenswert es einerseits ist, bestimmte Meeressäuger mit allen Mitteln zu schützen, so strikt muß man andererseits das angestammte Anrecht der Eskimos auf die Walrosse respektieren, zumal ihre ganze Kultur vom Walroß abhängt und ein totales Jagdverbot auf die Zerstörung des bestehenden menschlichen, ökonomischen und ökologischen Gleichgewichts hinausliefe – ein Tatbestand, den wir in unserem auf der Saint-Lawrence-Insel gedrehten Film aufzuzeigen versuchten.

Paradoxerweise sind es heute auch weniger die Eskimos, die den Fortbestand dieser Robbenart bedrohen, als vielmehr die Jäger aus der westlichen Welt, die dank Flugzeug und geeigneter Ausrüstung die Tiere bequem bis in ihre ehemals unzugänglichen Schlupfwinkel in den Polarmeeren verfolgen können, um sich mit einer lächerlichen Trophäe mehr zu brüsten.

Dabei ist die derzeit für so schick erachtete Polar-Safari unter allen Vergnüglichkeiten dieser Art am wenigsten vertretbar, bedeutet sie doch für die Walrosse eine unvergleichlich größere Gefahr als die Jagdgewohnheiten der Eskimos.

Prézelin und Dorado weihen ihr neues Haus – den ersten Iglu in Gambell – ein.

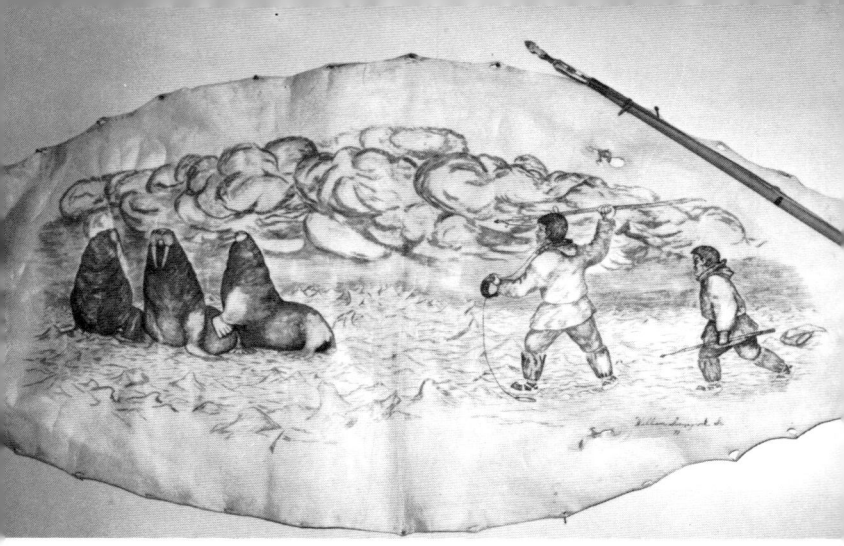

Von einem Eskimokünstler auf Walroßhaut dargestellte Seehundjagd.

Was die körperliche Erscheinung der letztgenannten, insbesondere die Gesichtsbildung, betrifft, so weist das flache, bei alten Frauen noch tätowierte Antlitz unverkennbar asiatische Züge auf. Sehr viele Eskimos sind kurzsichtig und müssen eine Brille tragen, vielleicht infolge von Unterernährung, vielleicht auch hat das gleißende Licht über Generationen hin diesen Schaden bewirkt.

Außer der Jagd üben die Bewohner von Gambell allerlei andere Beschäftigungen aus, zum Beispiel bei der Post oder im Staatsdienst als Lehrer. Viele leben auch vom Tourismus, das heißt, sie verdienen sich ihren Unterhalt als Fremdenführer oder Elfenbeinschnitzer.

Charakteristisch für das Ortsbild sind die Holzhäuser, darunter recht komfortable wie das, in dem wir einquartiert waren. Daneben gibt es aber auch ein paar von den Amerikanern erstellte Steinbauten wie die Schule und das Krankenhaus sowie eine Anzahl ziemlich schäbiger Hütten.

Wie Dorado und Prézelin feststellten, hatte sich seit ihrem ersten Aufenthalt vor zwei Jahren mancherlei getan. Eine Art Supermarkt war eröffnet worden, der sich regen Zulaufs erfreute, denn die Eskimos sind ausgesprochen verschwenderisch, in ein paar Häusern war fließendes Wasser eingerichtet worden, obwohl es daneben auch noch immer den Dorfbrunnen in der Ortsmitte gab, und dank einer unmittelbar unter der Oberfläche eingebauten Heizvorrichtung nicht zufror, und die wichtigste Neuerung: Das Dorf hatte Elektrizität bekommen, die die Häuser und die einzige Straße während der kurzen Polarnacht beleuchtete.

Heute herrscht im hohen Norden nicht mehr wie einst Stille, sondern das Geratter aller möglichen Schneefahrzeuge, die das Leben der Eskimos grundlegend verändert haben. Zu den gebräuchlichsten Modellen zählen die sogenannten Snowmobiles, knatternde, stinkende, scooterähnliche Vehikel mit zwei Schneekufen vorn und einer großen Raupenkette mit starkem Profil hinten, Fahrzeuge, die sich bei Männlein und Weiblein gleicher Beliebtheit erfreuen und Gambell von früh bis spät mit Motorenlärm, Auspuffgeknall und wildem Gehupe erfüllen, zur Freude der Einwohner, denen es offenbar gar nicht laut genug zugehen kann.

Gewöhnlich fährt so ein Snowmobile nur eine einzige Saison, denn kaum setzt die Schneeschmelze ein, läßt es sein Besitzer irgendwo stehen, und so ist es denn bei Einbruch des Winters nicht mehr zu gebrauchen und unter dem Schnee meist auch gar nicht mehr auffindbar.

Neuerdings hat sich noch ein anderes Gefährt eingebürgert, das das Verkehrsgetöse in und um Gambell nicht wenig erhöht, der im Vergleich zum Snowmobile größere und leistungsstärkere Snowcart oder Snowtiger, eine Art dreiachsiger kleiner Lieferwagen mit sechs winzigen, mit dickem Gummi bereiften Rädern, zwei Sitzen vorn und einem Kasten hinten, geräumig genug, um einen Seehund oder ein paar Fässer Tran und einen Benzinkanister zu fassen.

Durch die Motorisierung ist der Hundeschlitten, ehedem geradezu das Symbol des Lebens im hohen Norden, fast gänzlich außer Gebrauch gekommen.

In Gambell benutzt nur noch ein einziger Mensch dieses traditionelle Gefährt, paradoxerweise kein Einheimischer, sondern ein Europäer, nämlich der protestantische Missionar. Von Zeit zu Zeit spannt er seine Hunde an und dreht in wehmütiger Erinnerung an die gute alte Zeit eine Runde ums Dorf. Doch die Eskimos beachten diesen Hüter ihrer Tradition nicht weiter – für sie ist der Hundeschlitten ebenso veraltet wie für uns eine ausrangierte Karosse im Museum oder eine Wildwest-Postkutsche aus der Zeit der Goldsucher.

Durch diese Umstellung aber sind die schönen, schneidigen Eskimohunde mit dem dichten Fell und der sprichwörtlichen Ausdauer arbeits- und brotlos geworden; die meisten haben denn auch ein

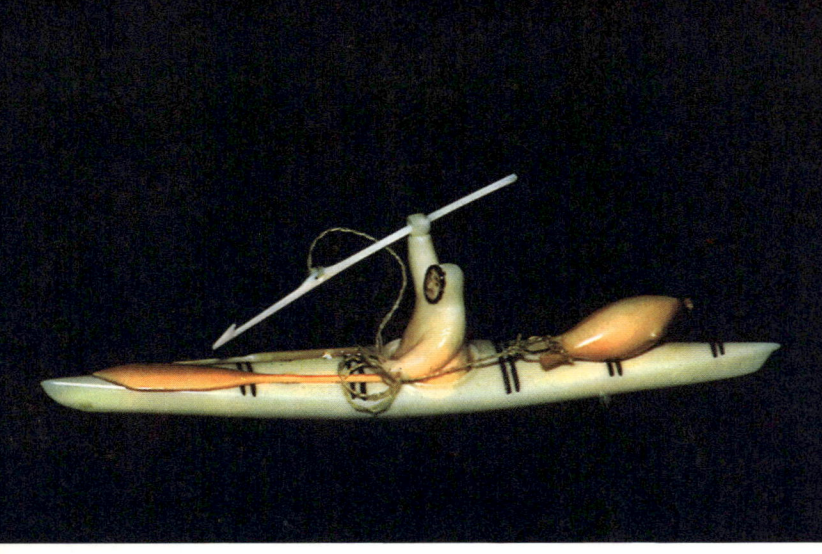

Elfenbeinschnitzen und -gravieren, zwei alte Eskimokünste, haben sich zum florierenden Touristengewerbe entwickelt, dessen Erzeugnisse (wie die hier abgebildeten Figürchen) guten Absatz finden.

recht trauriges Los, streunen hungrig und vernachlässigt im Dorf herum und durchsuchen den Abfall nach Freßbarem. Ganz verhungern lassen die Eskimos ihre Hunde freilich auch nicht, ja, besondere Prachtexemplare hängen sie sogar vor dem Haus an, was den zähen Vierbeinern, die am liebsten stundenlang durch den Schnee traben, allerdings, wie aus ihrem traurigen Geheul zu entnehmen, trotz Futterschüssel nur wenig behagt.

Um zu demonstrieren, daß auch sie nicht hinter dem Mond leben, kleiden sich die Eskimos heute wie alle Welt und kaufen sich statt ihrer bestickten Parka, die sie nur noch bei festlichen Anlässen tragen, lieber eine Pelzjacke. Versandkataloge durchzublättern ist ihre große Wonne und eine noch größere, Bestellungen aufzugeben und sich alles mögliche schicken zu lassen, beispielsweise einen Kühlschrank, den sie, da es in ihrem eisigen Land beim besten Willen nichts zu kühlen gibt, kurzerhand als Schrank verwenden.
Ein Paket ist nicht nur für den Empfänger, der es unverzüglich mitten im Schnee aufmacht, eine freudige Überraschung, sondern auch für das übrige Dorf ein Fest. Alles strömt herbei, voll Spannung, was aus der Schachtel wohl zum Vorschein kommen mag, und ganz

wild darauf, den Neuerwerb, sei's ein Snowmobile oder ein Gewehr, auf der Stelle auszuprobieren.

Für Feuerwaffen hat man in diesem Land entschieden ein Faible, und fahren die Männer zu fünft oder sechst im Umiak zur Jagd hinaus, nimmt jeder drei bis vier Karabiner und soviel Munition mit, daß man über die Magazine stolpert. Einer unserer Führer trug außerdem noch auf jeder Hinterbacke eine Pistole. Im großen und ganzen schießen die Eskimos vortrefflich, knallen aber zu ihrem Vergnügen ab, was ihnen vor den Lauf kommt. Schon 10-, 12jährige Bengel hantieren mit dem Gewehr herum und ballern auf alles, was sich regt – für Ortsfremde nicht ganz ungefährlich.

Die Umiaks sind mittlerweile, wie schon erwähnt, gleichfalls motorisiert, wobei die Außenbordmotoren den Walroßjägern nicht nur körperliche Strapazen ersparen und insofern wirklich gute Dienste leisten, sondern darüber hinaus auch als Zeichen des Wohlstands gelten. Doch da es den Eskimos aus naheliegenden Gründen an technischem Sachverstand fehlt, sind sie außerstande, Maschinen richtig zu warten oder gar zu reparieren, und werfen sie, wenn sie

Verteilung von Walroßfleisch am Strand von Gambell.

nicht mehr gehen, kurzerhand irgendwo weg, denn natürlich liegt der Fehler in ihren Augen immer beim Motor.
Nun mag sich mancher fragen, woher die Bewohner der Saint-Lawrence-Insel eigentlich das Geld für all diese Anschaffungen nehmen: von den Walrossen, deren Felle sich recht gut verkaufen, von den Touristen, die all die kleinen volkstümlichen Elfenbeinschnitzereien teuer bezahlen, und von der amerikanischen Regierung, von der sämtliche Eskimogemeinden Subventionen erhalten.
Am meisten verdienen, da gegenwärtig viele Touristen eine Polar-Safari mitmachen wollen, die Jagdführer, die außer dem Satz für ihre Dienste runde 100 Dollar täglich für Kost und Logis sowie für jede Ausfahrt aufs Meer kassieren. Rechnet man noch die Gebühr für die Jagdgenehmigung und sonstige Extras hinzu, kommt eine solche Safari ziemlich teuer.
Doch von all dem Geld bleibt letztlich nur wenig hängen, denn seit Jahrtausenden an das Leben in der Gemeinschaft gewöhnt, mangelt es den Eskimos an Eigentumssinn, und so rinnt ihnen, die unbekümmert und aufwendig in den Tag hineinleben und jeden Gast großzügig bewirten, der Mammon durch die Finger, so daß sie eigentlich fast immer in Geldnöten schweben.
Die Frauen sind nicht eigentlich schön, aber doch recht hübsch anzusehen, obwohl sie – wohl infolge von Wind, Kälte und dem vom Eis reflektierten Sonnenlicht – sehr früh altern. Im übrigen sind sie äußerst rührig, nehmen zwar nicht an der Jagd teil, halten aber ihren Hausstand in Ordnung und geben sich große Mühe mit der Kindererziehung.
Als wir in Vernons Haus auf dem Dachboden kampierten, bewohnte er mit seiner Frau und vier Kindern das Erdgeschoß, wo es inzwischen sogar ein Badezimmer gab – allerdings ohne Wasser.

Möglich, daß die Eskimos unter den jetzigen, relativ bequemen Lebensbedingungen und durch die Begegnung mit der Zivilisation der westlichen Welt nach und nach ihre traditionellen Fähigkeiten einbüßen, daß sie die alten Techniken, die sie so meisterlich beherrschten und die ihnen das Überleben ermöglichten, nicht mehr anwenden und auf diese Weise allmählich vergessen werden.
Was allerdings das Zerlegen der Walrosse betrifft, so scheint diese Befürchtung vorläufig unbegründet, besorgen sie dieses Geschäft doch nach wie vor mit erstaunlicher Geschicklichkeit. Zwei, drei Männer brauchen zum Abziehen des Fells nicht mehr als eine Viertelstunde, und auch beim Tranchieren sind sie sehr gewandt, wissen genau, wo die Gelenke sitzen und wie man die besten Stücke

auslöst. Ist die Jagd allerdings besonders gut ausgefallen, machen sie sich oft nicht die Mühe, die Beute zu zerlegen, sondern begnügen sich mit den Stoßzähnen.
Obgleich Elektrizität, fließendes Wasser und die geräuschvollen Snowmobiles Gambell einen modernen Anstrich verliehen und seinen Bewohnern einen gewissen modernen Komfort beschert haben, hat das Dorf im Grunde seinen ursprünglichen Charakter bewahrt, und wäre es nur dank der nach einem jahrhundertealten Verfahren auf Rahmen gespannten und zum Trocknen rings um die Häuser aufgestellten Walroßhäute.
Wenn der Blizzard mit 160 Stundenkilometern daherfegt und den Schnee gegen die Häuser wirft, Snowmobiles begräbt und Leitungsdrähte zerreißt, heischt die Arktis ohnehin ihr Recht und beugt, über die Zivilisationstünche triumphierend, Mensch und Vieh unter ihr Joch. Dann igeln sich die Eskimos wie ihre Vorfahren in ihren Häusern ein, gehen so wenig wie möglich aus und schonen ihre Kräfte, unbekümmert, daß ihre draußen angehängten Hunde derweil im Schnee verschwinden. Die moderne Welt hat eben noch kein Mittel entdeckt, dem Sturm Einhalt zu gebieten.

Wenn die endlosen, eisigen Winterstürme die Bewohner von Gambell ans Haus fesseln, beschäftigen sich viele mit Elfenbeinschnitzen, und manche dieser Schitzereien – Figürchen von Walrossen, Bärenjägern, fratzenziehende Masken aus dem alten Sagenschatz – sind regelrechte Meisterwerke, Schöpfungen einer jahrtausendealten Kunst, die viele bedeutende Leistungen aufzuweisen hat.
Da laut Verfügung der amerikanischen Regierung Rohelfenbein nicht ausgeführt werden darf, wird es geschnitzt oder graviert, was zum einen seinen Wert hebt, zum anderen aber, wichtiger noch, den Bewohnern der Arktis Arbeit verschafft. Auf der Saint-Lawrence-Insel beispielsweise liegt die Arbeitslosenziffer im Winter bei 90 Prozent, und so verlegt sich fast alle Welt aufs Schnitzen und Ritzen – natürlich mit unterschiedlichem Erfolg, denn auch bei den Eskimos ist nicht jeder ein großer Künstler. Manche wiederholen unablässig dasselbe Motiv, weil es bei den Touristen gut ankommt – fraglos eine Gefahr für die eigenständige und ausdrucksstarke Kunst des hohen Nordens, die auf so einprägsame Weise die schwierigen Lebensverhältnisse in diesen Regionen spiegelt. Aber hat diese Kunst heute überhaupt noch einen Hintergrund, das heißt, glauben die Eskimos selbst noch an all diese Dämonen, die laut Sage im Sturm auf dem Packeis umgehen sollen und die ihnen seit alters die Hauptthemen für ihre Darstellungen liefern?

Um mir selbst ein Bild zu verschaffen, habe ich einen dieser Schnitzer aufgesucht. In einem ziemlich schmutzigen Raum hockte er, singend über seine Arbeit gebeugt, am Boden, während sich junge Hunde um ihn herum balgten und seine Frau aus glattgespannten Walroßdärmen eine wasserdichte Jacke schneiderte.
Sie hatte ein durchtriebenes Gesicht und war über und über tätowiert – seit ihrer Hochzeit, wie sie mir mit ironischem Lächeln erklärte. Mittlerweile freilich sei diese Sitte außer Mode gekommen, die jungen Mädchen von heute wollen von derlei Verschönerungen nichts mehr wissen.
Auch der Schnitzer mit seinem pfiffigen Gesicht lachte in einem fort, wobei man dieses bei den Eskimos so verbreitete bauernschlaue Aussehen nicht mißdeuten darf – im Gegenteil, sie sind in der Regel ausgesprochen gastfreundlich und großzügig.
Man hatte mir erzählt, die Künstler aus Gambell sängen beim Schnitzen und Gravieren alte Weisen, und sangesfroh war der Hausherr in der Tat, nur daß das, was er da vor sich hin trällerte, eher an einen Werbeslogan als an ein Volkslied erinnerte:

> Schnitzen wir, schnitzen wir
> Für die Kundschaft in San Francisco,
> Für Oklahoma
> Und Mexiko,
> Topeka, Topeka,
> Und für Alaska
> Ah, ah, ah!

Von Zeit zu Zeit ließ seine Frau die Näharbeit sinken und führte ein Tänzchen auf oder, genauer gesagt, hopste, mit den Händen den Takt andeutend, auf der Stelle.
Das Ganze wirkte naiv, hatte aber nichts Lächerliches an sich. Wer wollte es diesem Paar, das sich vor 20 Jahren zweifellos noch unerschrocken mit dem Hundeschlitten in Eis, Schnee und Sturm hinausgewagt hatte, schon verübeln, daß es heute sein Haupteinkommen aus einem zugkräftigen Kunsthandwerk für Touristen bezog?
Auch die Bewohner der Arktis wollen schließlich leben, wenn sie vielleicht auch manchmal noch von der alten Zeit träumen.

Bei unserer Ankunft in Gambell war gerade das ganze Dorf damit beschäftigt, einen Wal zu zerlegen, wobei die ältesten Jäger der Gegend die Gemeinschaftsarbeit überwachten und darauf achteten, daß jede Familie ihren Anteil erhielt.
Offensichtlich betrachteten sie diese willkommene Beute, die genü-

Die Eskimos haben für alle Teile der Beute Verwendung: Hier Walroßdärme beim Trocknen.

gend Fleisch und Tran für alle lieferte, als gemeinsames Eigentum, hatte doch jeder das Seine zur Erlegung des Meeresriesen beigetragen – die Jäger, die ihn mit dem Gewehr getötet hatten, so gut wie die übrigen Dorfbewohner, die ihn anschließend mit ihren Umiaks zum Ufer schleppten. Die Eskimos haben nämlich einen sehr ausgeprägten Gemeinschaftssinn und helfen einander selbst dann aus, wenn sie sich nicht zum besten vertragen. Denn natürlich gibt es in Gambell auch mancherlei Zwistigkeiten – wie sollte in einem Dorf mit drei Clans auch immer Eintracht herrschen?

Eine besonders wichtige Funktion fällt den Alten zu: Sie halten ständig am Ufer Wacht, wissen, welche Umiaks wann ausgefahren, welche heimgekehrt und welche noch draußen sind, schlagen gegebenenfalls Alarm und veranlassen, daß eine Rettungsmannschaft ausgeschickt wird, beobachten Wind und Wetter und passen den Durchzug der Walrosse und Seehunde ab. Diese rüstigen 60- bis 80jährigen, die schon manchem das Leben gerettet haben, erhalten von den heimkehrenden Fischern als Lohn für ihre Dienste einen bestimmten Anteil an der erlegten Beute.

Alles in allem führen die Eskimos trotz der Erleichterungen, die ihnen die Zivilisation neuerdings gebracht hat, ein ziemlich hartes und gefährdetes Dasein, müssen sie sich doch nach wie vor in einer feindlichen Umwelt gegen Eis, Kälte und Sturm behaupten. Doch obwohl Jagd und Fischfang oft nur magere Beute bringen, hängen diese Menschen mit ganzem Herzen an ihrer kargen Heimat – nicht nur die Alten, auch Männer in mittleren Jahren lehnen es ab, Gambell zu verlassen und in eine der Großstädte Alaskas zu ziehen, obwohl sie dort mühelos Arbeit finden und ein weitaus bequemeres Leben führen könnten. Nur die Jugend geht zum Studieren auf den Kontinent, nicht immer zu ihrem Vorteil: Viele büßen dabei ihr inneres Gleichgewicht ein, und manch einer kommt rauschgiftsüchtig zurück.

Während die kleinen Eskimos bis zum Alter von 10, 12 Jahren in ihren schulischen Leistungen in etwa mit europäischen Kindern Schritt halten, haben die jungen Leute auf der Oberschule und Universität dann zusehends Schwierigkeiten, nicht weil es ihnen an Intelligenz fehlte, sondern weil sich ihr Verstand ganz aufs Konkrete richtet und mit Abstraktionen nur wenig anzufangen weiß.

Trotzdem ist zu befürchten, daß die junge Generation die altüberlieferten, für das Überleben in einem so mörderischen Klima unerläßlichen Techniken – als da sind: warme Kleidung schneidern, ohne Rücksicht auf Kälte und Hunger jagen und fischen, auf dem sturmgepeitschten Meer zwischen den Eisblöcken durchmanövrieren – allmählich verlernt.

Schon heute gibt es in ganz Gambell nur noch eine einzige alte Frau, die die Walroßhäute in der richtigen Stärke für die Umiakbespannung zuzuschneiden versteht.

Dabei ist dieses schmale, an Bug und Heck spitz zulaufende Gefährt, dessen äußerst geschmeidiges Spantenwerk wie beim Kajak aus bruchfestem Eschenholz besteht, in den arktischen Gewässern mit ihren driftenden Eisbergen, zwischen denen unsere Zodiaks und Barkassen unfehlbar zu Bruch gehen würden, nicht zu ersetzen, kann es doch selbst noch die engsten Passagen nehmen. Zur Bespannung werden übrigens nur die Felle von Walroßkühen verwendet – die der Bullen sind infolge der Kämpfe durchlöchert und daher für diesen Zweck nicht zu gebrauchen.

Trotz seiner Leichtigkeit – es wäre ohne weiteres möglich, ihn zu tragen – wird der Umiak meist übers Eis gezogen, was dank des mit Elfenbeinplättchen aus Walroßhauern beschlagenen Kiels auch bei ungünstigen Schneeverhältnissen keinerlei Problem ist.

Auf Grund seiner besonderen Bauweise, die fast so etwas wie ein altes Zaubergeheimnis darstellt, ist dieses ziemlich hohe Boot (es ragt 80 Zentimeter über die Wasserlinie) ungewöhnlich wendig und stoßunempfindlich, mit einem Wort, seinem Zweck vollendet angepaßt.

Ein sonniger Tag auf der Saint-Lawrence-Insel ist ein festliches Ereignis, wobei die arktische Sonne immer etwas verschleiert und verschwommen am grauen Himmel steht. Dafür geht sie im Mai schon um 2 Uhr morgens auf und erst gegen 11 Uhr nachts unter, und auch dann breitet sich nur eine Art Dämmerlicht über die See – wirklich dunkel wird es in dieser Jahreszeit überhaupt nicht.
An schönen Tagen kann man überall auf den Eisbänken schwarzäugige Bartrobben beim Sonnenbad beobachten.
Diese in der näheren Umgebung der Insel am häufigsten vertretenen und von den Eskimos eifrig gejagten, bis zu 2,50 Meter langen und 250 Kilogramm schweren Tiere, die ein rotbraunes Fell und einen bürstenartigen Oberlippenbart haben, ernähren sich von Meerestieren, die sie am schlammigen Grund aufstöbern, wobei sie ihre breiten Flossen (denn sie haben keine Stoßzähne) wie einen Spaten gebrauchen.
Während man die Bartrobben fast das ganze Jahr in Ufernähe antreffen kann, muß man bei den Walrossen schon ausgesprochen Glück haben. Wir jedenfalls können ein Liedchen davon singen, sind wir doch einmal volle 22 Stunden lang herumgefahren, ohne auch nur ein einziges Exemplar dieser Spezies zu sichten. Zu allem Überfluß gerieten wir auch noch in einen so dichten Nebel, daß wir kaum noch den Bug unseres eigenen Bootes sahen, und kamen erst um 5 Uhr morgens durchgefroren und erschöpft wieder nach Gambell zurück.
Da wir unter anderem auch unter dem Eis tauchen wollten, pickelten wir uns an einer geeigneten Stelle ein Loch und ließen uns in diese Kühlkammer hinuntergleiten. Bereits das Abtauchen war so beklemmend, daß wir die Angst, nicht mehr herauszukommen, nicht mehr loswurden und uns immer wieder nach dem Ausgang umschauten, den wir im planktonreichen und daher trüben Wasser aber natürlich kaum mehr sehen konnten. Außerdem ist es unter der dicken, lichtundurchlässigen Eisdecke so dunkel, daß man sich wie in einem Tunnel vorkommt. Eine starke Strömung zog uns unter das weißliche Gewölbe, wo wir eine Menge leerer Muschelschalen entdeckten, vielleicht die Überreste der Mahlzeiten von Walrossen und Seehunden. Die Robben selbst bekamen wir natürlich nicht zu Gesicht.

Jeden Augenblick drohte die Kamera im eisigen Wasser zu versagen, und überhaupt war dieser Tauchgang, einer der strapaziösesten, die die Mannschaft der *Calypso* je durchgeführt hat, so unangenehm, daß kein Mensch das Verlangen verspürte, das Experiment zu wiederholen.
Eigentlich ist es doch sonderbar, wie selten der Versuch unternommen wird, Kälteempfindungen zu beschreiben. Der Mensch, der Wärmenuancen mit einer ganzen Skala von Adjektiven zu charakterisieren weiß, scheint nicht recht imstande, die Auswirkungen der Kälte auf seinen Organismus zu schildern. Vielleicht kommt das daher, daß sich seine Vergangenheit in gemäßigten Zonen abspielte, vielleicht auch hat die Kälte einen so lähmenden Einfluß auf den Geist, daß die körperlichen Schmerzempfindungen nicht mehr detailliert analysiert werden können.
Sollte ich beschreiben, wie man sich als Taucher in arktischen Gewässern fühlt, so würde ich zunächst ein Prickeln und Stechen wie von tausend Nadelspitzen benennen. Dann nimmt der ganze Körper eine Steifheit an, eine metallische Härte, als wären mit einemmal alle Glieder aus Stahl (was wohlgemerkt keine Ähnlichkeit mit der bleiernen Schwere hat, die man sonst gelegentlich verspürt). Und dann kriecht die Eiseskälte unaufhaltsam in Rückenmark und Wirbel und verursacht einen bohrenden Schmerz wie ein messerscharfes chirurgisches Instrument, einen Druck, unter dem sich der ganze Rücken zusammenkrampft, ein so unerträgliches Unbehagen, daß man am liebsten laut aufschreien möchte.
Als wir nach dieser Exkursion in 30 Meter Tiefe wieder aufstiegen, sahen wir über uns Blasen an der Eisdecke hängen – unsere Atemluft, die sich dort niedergeschlagen hatte. Mit großer Erleichterung tauchten wir auf, obwohl selbst das nicht ganz ungefährlich ist, da die ständig gegeneinanderprallenden, auf und ab schaukelnden Eisschollen leicht auf einen stürzen oder einem den Weg versperren können. Wie sich hinterher zeigte, hatten unsere Leute das Tauchexperiment unterschiedlich vertragen. Während man Philippe fast gar nichts anmerkte, konnte sich Bonnici, der von der Kälte ganz aufgedunsen und an den Händen wie gelähmt war, kaum mehr rühren. Auch Dorados Gesicht zeigte Schwellungen – und wir begannen allmählich zu begreifen, warum die Eskimos nie baden.

Da sich das Wetter erneut eintrübte und bei dem grauen, tief herunterhängenden Himmel und den schlechten Lichtverhältnissen mit Filmen auf See nicht viel los war, beschlossen wir, einstweilen an Land den Bau eines Iglus aufzunehmen, jenes Unterschlupfs aus

Eisblöcken, der, wie jedes Kind weiß, Eskimojägern, die draußen übernachten müssen, schon oft das Leben gerettet hat, und in dem manche Stämme sogar den lieben langen Winter hausen.
Doch zu unserem Erstaunen mußten wir feststellen, daß die Bewoh-

Die Walroßhäute werden auf Rahmen ausgespannt und geschickt bearbeitet.

ner von Gambell keinen Schimmer hatten, wie man solch ein »Haus« (denn das bedeutet das Wort) konstruiert. Einer behauptete zwar, Bescheid zu wissen, doch als Prézelin und Dorado die Eisblöcke nach seinen Anweisungen mit dem Fuchsschwanz zurechtzuschneiden begannen, zeigte sich bald, daß er die Regeln dieser Baukunst, falls er sie je beherrscht hatte, wohl längst vergessen haben mußte. Das widrigste an der Geschichte war, daß die Leute von Gambell die ganze Zeit im Kreis herumstanden und sich vor Gelächter über das komische Treiben der Franzosen gar nicht mehr fassen konnten.

Die Meinung, Eskimo und Iglu gehörten untrennbar zusammen, ist eben ein westliches Vorurteil. Mögen die auf dem Eis herumziehenden Eskimos der kanadischen Arktis allenfalls noch imstande sein, in einer halben oder auch ganzen Stunde solch ein Schneehaus zu erstellen, die Bewohner des Fischer- und Walroßjägerdorfes Gambell haben dergleichen nie benötigt, da sie zum Hausbau Wal- und Walroßknochen verwendeten.

Wir haben selbst ein altes, verlassenes Dorf kennengelernt, in dem die Grundmauern aus Stein und die Hauswände aus den Wirbelknochen von Walen bestanden. Da es 3 Kilometer vom Meer entfernt liegt, müssen die früheren Einwohner die teilweise bis zu 100 Kilogramm schweren Knochen wohl oder übel die ganze Strecke weit transportiert haben.

Den Pfeilspitzen aus Flintstein nach zu schließen, die Prézelin und Dorado entdeckten, mußte es sich um eine sehr alte Siedlung handeln, und gern hätten wir diesem Relikt aus einer längstvergangenen Epoche der Eskimokultur noch einen zweiten Besuch abgestattet, doch die Alten aus Gambell baten uns, es zu unterlassen, um die Spuren der Vergangenheit nicht zu zerstören. Und da ihnen viel daran zu liegen schien, haben wir ihren Wunsch natürlich respektiert.

Obwohl schon viel darüber diskutiert worden ist, woher die Eskimos eigentlich stammen, sind unsere Kenntnisse nach wie vor ziemlich lückenhaft. Fest steht, daß sie die Nachkommen von Jäger- und Fischerstämmen sind, die vor etwa 10 000 Jahren in die Arktis einwanderten und die, wie Plastiken und religiöses Brauchtum beweisen, mit gewissen sibirischen Stämmen verwandt sein müssen.

Archäologische Funde auf der nordostsibirischen Tschuktschen-Halbinsel scheinen darauf hinzudeuten, daß die von den Südseeinseln stammenden Vorfahren der Eskimos die ostasiatische Küste bis Kamtschatka hinauffuhren und von da ins Beringmeer vorstießen.

So weist zum Beispiel der russische Völkerkundler Rudenko auf die auffallende Ähnlichkeit zwischen den Knochen- und Elfenbeinritzzeichnungen der Eskimos im Beringmeer und den Motiven alter melanesischer Tongefäße hin. Diese Herkunft würde auch die Fähigkeiten der Eskimos als Seefahrer, Schiffsbauer und Harpuniere erklären, dank derer sie zu unvergleichlichen Wal- und Robbenjägern werden und im Eis überhaupt bestehen konnten. Träfe diese Hypothese zu, so hätte dieses Volk einen der unwahrscheinlichsten Wanderzüge unternommen. Aber wie wird seine Zukunft aussehen? Sie ist bei diesem Volk, das bis vor kurzem noch eine der letzten vom Hunger bedrohten Jägergesellschaften und gleichzeitig eine der letzten gemeinschaftlich organisierten Gesellschaften darstellte, besonders ungesichert. Bis in unsere Zeit hinein kannte der Eskimo kein Privateigentum außer seinen Waffen, seinem Werkzeug, seinem Umiak und Kajak. Der Besitz von Grund und Boden wäre in diesem Landstrich ohnehin sinnlos, der Besitz von Herden desgleichen, da der Eskimo im Gegensatz zum Lappen kein Viehzüchter ist. Er faßt die Schätze der Natur als Eigentum aller auf und teilt sie mit Fremden ebenso bereitwillig wie mit seinesgleichen, wie er umgekehrt bei Krankheiten oder Unfällen stets auf die Hilfe der ganzen Gemeinschaft zählen kann.

Niemals hat ein Eskimo bislang sein Sinnen und Trachten auf Reichtum gerichtet, stets ging es ihm nur um die Vervollkommnung seiner eigenen Person, darum, ein immer besserer Schütze und Jäger, ein immer geschickterer Fischer, Schneider, Fallensteller und Schiffsbauer zu werden, gemäß dem Gesetz, das der hohe Norden dem Menschen vorschrieb.

Diese Lebensauffassung hat die moderne Zivilisation inzwischen unterhöhlt und weitere, noch größere Umwälzungen stehen bevor, ja, man muß befürchten, daß das Leben der Nordlandbewohner in seinen moralischen Grundlagen erschüttert wird. Im Kontakt mit der Konsumgesellschaft des Westens lernen die Eskimos allmählich den Wert des Geldes schätzen und beginnen Geschmack am Eigentum zu finden. Andererseits jedoch besteht durchaus die Möglichkeit, daß es ihnen dank dem ihrer Rasse innewohnenden Genie gelingen wird, die vornehmsten Fähigkeiten vor dem Verfall zu bewahren. Sie stehen auf der Schwelle zur modernen Zeit, und da ihr Land für den Westen kein ausbeutungswürdiges Eldorado darstellt, liegt es an ihnen, es unter Einsatz ihrer physischen, geistigen und moralischen Kräfte zu erschließen und damit allmählich einen höheren Lebensstandard zu erlangen. Die Neuzeit hat für sie eben erst begonnen.

10 Frühling in der Arktis

Ein Star – Gruppensolidarität – Glockentöne – Chancengleichheit – Reichtum der Arktis

Da unsere Leute fast alle aus dem Süden stammen und ans Tauchen in warmen Meeren – im Mittelmeer, im Roten Meer, in der Karibischen See – gewöhnt sind, fällt ihnen die Arbeit hier im Norden begreiflicherweise schwer. Obwohl sie mit der feindlichen Umwelt allmählich etwas besser vertraut sind und sich wacker halten, ja, die Unbilden der Witterung sogar mit bewundernswerter Gelassenheit hinnehmen, fühlen sie sich in diesen Regionen mit ihrem eisigen Wasser und dem ewig verhangenen, nebligen Himmel doch wie in der Verbannung. Dafür regen sich, kaum bricht der kleinste Sonnenstrahl durch die Wolken, sogleich ihre Lebensgeister: Licht ist für den Südländer eben etwas besonders Köstliches und Belebendes.
Nun herrscht in Gambell zwar fast das ganze Jahr ein Hundewetter, aber gelegentlich gibt es doch eine Aufheiterung. Eine solche Schönwetterperiode, gewissermaßen eine Verschnaufpause zwischen den Frühlingsstürmen, habe ich selbst dort erlebt, fünf wunderbar milde Tage, an denen sich kein Lufthauch regte und von früh bis spät die Sonne schien.
Während Tausende und aber Tausende von Vögeln am klaren Himmel kreisen, während die am Horizont von einer Kette weißer Berge begrenzte Eisebene im matten Schimmer einer Schlittschuhbahn erglänzt und das ölig glatte, grünblaue Meer sanft um die schmelzenden Eisblöcke spült, schauen hier und da schon schwarze Felsspitzen heraus. Man kann sich kaum vorstellen, welch zauberhafte Farben dieses Land, das monatelang grau verhangen in Nebel und Schnee versinkt, im Sonnenlicht annimmt: Die Eisberge leuchten tiefblau und smaragdgrün, der schmelzende Schnee glitzert wie mit Pailletten übersät, die Welt erwacht im Licht der arktischen Sonne, die als roter Ball über den pastellfarbenen Himmel zieht und Tag und Nacht nicht untergeht, diesem Licht, das samtig gedämpft alle Dinge überflutet und nur mittags so hell gleißt, daß das spiegelnde Weiß der Ebene in den Augen schmerzt. Mit einemmal ist

die Luft mild und lind und brennt nicht mehr in den Lungen, und endlich kann man Gegenstände aus Metall mit bloßen Händen anfassen, ohne daß die Haut daran hängenbleibt.
Fünf schöne Tage wie diese sind wahrhaftig ein Glückszufall, den man nutzen muß, und so treiben wir die Dreharbeiten an unserem Film nach Kräften voran.
Während wir gleich am ersten sonnigen Morgen Kameras und Tauchutensilien in Vernons Boot verstauen, geht mir durch den Kopf, wie sonderbar es doch ist, daß all die hervorragenden Hilfsmittel, die wir auf der *Calypso* mitführen, wie Schlauchboote, Metallbarkassen, tauchende Untertassen, hier im Gewirr der Treibeisblöcke zu nichts zu gebrauchen sind, ja, daß sie vermutlich glatt zermalmt würden, während ein so archaisches, zerbrechlich anmutendes, selbstgebautes Fahrzeug wie der Umiak alle Stöße aushält und dank seiner Leichtigkeit überall durchkommt. Aber er ist eben das Ergebnis langer Erfahrung, ein Gerät, das der Mensch ständig weiter verbesserte, bis es schließlich seinem Zweck vollendet entsprach.
Über Nacht hat die Dünung die unförmigen Eisblöcke gehörig durcheinandergerüttelt, und jetzt liegen sie aufeinandergetürmt wie Zuckerstücke in einer riesigen Zuckerdose, ein rollendes, schlingerndes, gegeneinanderprallendes, auseinanderdriftendes Chaos, in dem sich plötzlich irgendwo eine schwarze Wasserrinne auftut, die, will man nicht hineinfallen, einen geistesgegenwärtigen Sprung auf eins dieser trügerischen Zuckerstücke erfordert, falls man es nicht vorzieht, sich aus Leibeskräften an einem Treibeiszacken festzuklammern. Ich habe das Gefühl, aus diesem Irrgarten nicht mehr herauszukommen, und bewundere insgeheim Slwooko, der, von unserer mittlerweile sattsam gestählten Mannschaft unterstützt, den Umiak mit fester Hand über das wüste Gewirr all dieser Packeistrümmer schiebt. Anscheinend hat er durchaus eine Vorstellung, wo sich ein Kanal ins offene Meer auftun könnte, und richtig, da ist auch schon ein glucksender, plätschernder Tümpel, der Umiak gleitet endlich ins Wasser, aber noch ist es nicht ganz geschafft, noch müssen wir nachhelfen und die Eisblöcke wegstoßen, um uns die Durchfahrt zu erzwingen.
Nachdem sich Vernon mit einem prüfenden Blick der Route, die er einschlagen will, vergewissert hat, gibt er Prézelin das Zeichen zum Start, und ratternd springt der Außenbordmotor an, die drückende Stille der Arktis zerreißend. Der Umiak läuft in eine stählern blinkende, von messerscharfen Eisrändern gesäumte Rinne ein und manövriert dann im Zickzackkurs von einem Kanal in den anderen,

Letzte Vorbereitungen für die Ausfahrt im Umiak.

während im Hintergrund die von der Antenne der Funkstation überragten Häuser von Gambell zu einem immer kleineren Fleck zusammenschrumpfen, bis sie schließlich am weißen Horizont verschwimmen.

Während Slwooko, über den Vorsteven gebeugt, Prézelin durch Zeichen bedeutend, wann er den Motor auf Touren bringen und

wann herunterschalten soll, zwischen den »floes«, den Treibeisblöcken, deren feste oder matschige Beschaffenheit er bereits an der Farbe erkennt, durchsteuert, lassen wir anderen, von der Sonne wohlig angewärmt, den Blick über diese sonderbare, halb flüssige, halb feste Welt schweifen, die im grellen Licht des endlich klaren Himmels in kristallischem, blendendem Weiß erstrahlt.
Immer wieder stößt der Umiak gegen schaukelnde Eisberge, streift mit seiner Fellbespannung gefährlich dicht an den unter der Oberfläche dahindriftenden, nadelscharfen Zacken entlang. Wird es gar zu schlimm, schiebt Slwooko mit dem Bootshaken nach oder haut den Tok, den Eispickel, in eins dieser Schnee-Eier und bugsiert das Boot herum oder springt, wenn sich der Umiak zwischen zwei Eisblöcken festzukeilen und zermalmt zu werden droht, auf den einen und stößt den anderen mit dem Fuß weg, und so kommen wir trotz aller Fährnisse voran.
Im strahlenden Licht, das heute über der See liegt, bekommen wir endlich auch einen Begriff von der Zahl und Größe der rings um die Saint-Lawrence-Insel dahintreibenden Eisberge, die wir, so sehr sie die Fahrt auch erschweren, nur bewundern können, zeigen sie doch eine unerschöpfliche Mannigfaltigkeit an Formen und eine oft geradezu märchenhafte Farbenpracht: Während die aus dem Wasser ragenden Zacken in der Sonne funkeln, hat das Eis in seinen tieferen Schichten einen bläulichen Schimmer wie der schönste Diamant. Lawinen rollen vom Gipfel dieser von Mulden ausgehöhlten, schimmernden Berge, weiße Platten bröckeln ab, stürzen in einer aufschäumenden Garbe ins Meer. Ringsum ist nichts mehr als blaugrünes, von weißen Flecken durchsetztes Wasser, eine leere, unberührte Weite, die strenge, unversöhnliche Klarheit der Arktis, und ich muß denken, um wieviel abweisender, menschenfeindlicher dieses Meer mit seinen schmelzenden Eisblöcken doch ist als der unruhige Ozean, den man als Seemann lieben lernt.
Obwohl wir uns fast die Augen ausschauen, können wir auf keinem der vorüberdriftenden Inselchen auch nur ein einziges Walroß entdecken. Nichts regt sich in dieser von blendender Helligkeit erfüllten Welt, in der Himmel und See ineinander verfließen, außer der langen, gekräuselten Kielspur, die der Umiak durch das stille Wasser zieht. Dann plötzlich, 30 Kilometer von der sibirischen Grenze entfernt, weist uns unser Führer, der bei Sonne offenbar ebenso scharf sieht wie im Nebel, schwarze Punkte – zweifellos eine Walroßherde. Beim Näherkommen zeigt sich, daß es fünfzehn Tiere sind, die zu fünft auf einem, zu zehnt auf einem anderen Inselchen behaglich in der Frühjahrswärme vor sich hin dösen.

Bei der Arbeit am Strand von Gambell.

Mit einem geschickten Manöver steuert Slwooko die Schollen gegen den Wind an, denn Walrosse haben, so kurzsichtig sie sind (sie sehen nicht weiter als 30 bis 40 Meter), einen äußerst gut entwickelten Geruchssinn. Bis jetzt rühren sich die Tiere allerdings nicht: Meeressäuger sind auf dem Trockenen ausgesprochen träg, und

diese hier haben möglicherweise noch nie einen Menschen zu Gesicht bekommen.
Als wir dann aber hart an der Eisscholle entlangfahren, richtet sich doch ein rotbrauner Koloß mit zwei langen glänzenden, dolchartigen Stoßzähnen auf, äugt zu uns herüber, beginnt zu brüllen. Seine Kameraden allerdings ficht das nicht weiter an. Sie heben nur kurz den Kopf und dösen gleich darauf wieder ein.

Sachte gleitet der Umiak an das von der Fünfergruppe okkupierte Inselchen heran. Ich klettere aufs Eis, Philippe kommt mit der Kamera nach. Auf dem Bauch kriechend, pirsche ich mich an die Tiere heran, aber der große Bulle ist auf der Hut und fixiert uns, noch immer halb aufgerichtet, unverwandt, während seine vier Artgenossen, gleichfalls recht stattliche Exemplare, mittlerweile nun doch aufgewacht sind und linkisch und mühselig dem Wasser zustreben. Als sie sich mit lautem Klatschen hineinfallen lassen, wackelt die ganze Eisscholle. Nur der Große rührt sich nicht, sondern beobachtet uns nach wie vor. Aus Angst, auch dieser potentielle Akteur unseres Films, auf den wir bereits große Hoffnungen setzen, könnte das Weite suchen, wagen wir uns kaum zu rühren und halten buchstäblich den Atem an.
Wie sich jetzt zeigt, haben sich auch die vier anderen Walrosse nicht allzuweit entfernt. Immer wieder recken sie den Kopf aus dem Wasser, um zu sehen, was auf dem Inselchen passiert. Offenbar warten sie auf ihren Kameraden, unschlüssig, was sie tun sollen.
In solchen Momenten fällt es schwer, tierisches Verhalten nicht vermenschlichend zu deuten. Was geht in den vieren vor? Haben sie Angst vor einem möglichen Kampf? Aber warum hauen sie dann nicht ab? Oder fürchten sie, dem großen Patriarchen, der vielleicht das Leittier des ganzen Rudels ist, könnte etwas zustoßen?
Doch dann spielt sich etwas wirklich Erstaunliches ab. Zunächst ist es ganz still, keines der Tiere gibt einen Laut von sich. Dann mit einemmal hört man leises Geplätscher am Rand des Eises, und als ich den Kopf in die Richtung drehe, aus der das Geräusch kommt, sehe ich eines der vier Walrosse langsam auf unser Inselchen zuschwimmen. Was mag es im Schilde führen? In der Sonne sehe ich deutlich den großen, borstigen Schnurrbart, die kleinen, ausdruckslosen Augen, das fliehende Kinn, die drohend aus dem Wasser gereckten, langen, blitzenden, an Türkensäbel erinnernden Hauer. Was es vorhat? Wenn es auf unsere Insel robbt und uns angreift, werden wir alle ins Wasser plumpsen. Dann wir sich wohl auch der dicke Alte, der uns noch immer reglos anstarrt, in Bewegung setzen.

Aber das Tier hält ja gar nicht auf uns zu, sondern macht langsam eine Wendung nach rechts, bis es unmittelbar unter dem Patriarchen angelangt ist.
Erfreulicherweise kann ich mich ziemlich nah anschleichen, und auch Philippe findet einen passenden Standort, von dem aus er die ganze Szene unter einem günstigen Winkel filmen kann. Im Umiak ist es mucksmäuschenstill, keiner regt sich, alle schauen gespannt herüber.
Wir werden Zeugen eines außergewöhnlichen Vorgangs, einer Episode zwischen freilebenden Tieren, die uns in ihrer Unmittelbarkeit wie ein Wunder erscheint.
Der große Bulle erwacht endlich aus seiner Reglosigkeit und beugt sich zu seinem nun unmittelbar vor ihm herumschwimmenden Artgenossen hinunter. Die beiden rotbraunen Köpfe mit den geblähten Nüstern streifen aneinander, die Tiere betasten sich mit ihren gewaltigen Schnauzbärten, recken die dicken, faltigen Hälse, deren Haut rissig ist wie die Rinde eines uralten Baumes ... Was geht zwischen ihnen vor? Was bedeutet dieses Zwiegespräch? Wieder einmal wird mir das Unvermögen zu verstehen, das sich wie eine Mauer zwischen Mensch und Tier schiebt, bewußt, wieder bin ich in Versuchung, tierischem Verhalten menschliche Begriffe überzustülpen. Falls sich die beiden Walrosse durch Aneinanderreiben der Köpfe und gegenseitige Berührung mit den Schnurrhaaren »unterhalten«, was »erzählen« sie sich dann wohl? Will das im Wasser schwimmende Tier das ältere auf der Eisscholle zum Rückzug animieren, es auffordern, den Menschen zu weichen und sich lieber im Meer in Sicherheit zu bringen, wo es unverletzlich ist? Oder machen sie eine Kampftaktik ab?
Wie gebannt schauen wir zu. Dann hebt das große Walroß den Kopf und beäugt uns aufs neue, während das andere zu seinen Kameraden zurückschwimmt, die sich im Augenblick etwa 10 Meter vom Umiak entfernt herumtreiben. Vielleicht hatte es eine diplomatische Mission zu erfüllen, konnte aber gegen die feste Entschlossenheit des alten Bullen nicht aufkommen?
Wie dem auch sei, jedenfalls hat sich zwischen den fünf Tieren etwas abgespielt, was wir nicht durchschauen, hat eine Verständigung stattgefunden, zu der uns der Schlüssel fehlt. Wie ungeschickt und hilflos wir doch sind, wenn es darum geht, das Verhalten der Tiere zu deuten!

Eins indessen steht fest: Walrosse halten untereinander zusammen und kommen sich, wie die Eskimos zu erzählen wissen, gegenseitig

zu Hilfe: Ist ein Tier verletzt, umringen es die anderen und greifen häufig ihrerseits den Jäger an.
Bedauerlicherweise führt gerade dieses selbstlose Verhalten meist zu einem Blutbad. Denn da die Eskimos mittlerweile bis an die Zähne bewaffnet sind und der einzelne Umiak nicht selten fünf bis sechs Gewehre mitführt, werden Walrosse, die einem Artgenossen beistehen wollen, fast immer abgeschossen.
Mit einemmal halten die vier noch immer in der Nähe schwimmenden Tiere in geschlossener Formation, hocherhobenen Kopfes, die Stoßzähne drohend vorgereckt, schnurstracks auf Slwookos Kahn zu. Da uns schwant, was sie vorhaben – die Hauer in den Bootsrand zu haken und dann zu zerren, bis das fellbespannte Gefährt in Fetzen geht –, lassen wir schleunig den Außenbordmotor an und ergreifen unrühmlich die Flucht vor der Übermacht, verspüren wir doch wenig Lust auf ein Bad im eiskalten Wasser.
Als die vier sehen, daß wir uns aus dem Staub machen, tauchen sie unter und lassen den dickköpfigen Alten auf seiner Scholle sitzen.
Nichts hindert uns somit daran, diese Scholle erneut anzusteuern. Und wieder klettern Philippe und ich aufs Eis, ich diesmal mit einem Mikrophon bewaffnet, damit unser im Boot zurückgebliebener Toningenieur die Geräusche aufnehmen kann. Während Philippe die Kamera einstellt, robbe ich auf dem Bauch auf das Riesenvieh zu – vielleicht ein bißchen übervorsichtig, aber schließlich ist der zwei oder zweieinhalb Tonnen schwere Koloß, an den wir uns da auf der schwankenden Eisscholle heranmachen, unvergleichlich angriffslustiger als ein See-Elefant.
Als ich mich bis auf 3 Meter an ihn herangepirscht habe, was er ohne zu reagieren geschehen läßt, richte ich mich kniend auf – eine Pose, die ihm eindeutig mißfällt. Denn nun reckt er sich seinerseits noch ein Stück weiter auf, wobei er mich natürlich um ein Erkleckliches überragt, und macht eine schlenkernde Bewegung mit den Hauern in meine Richtung, unverkennbar eine Drohgebärde. Ich sehe den dicken, griesgrämigen Kopf dicht vor mir, den gesträubten Schnurrbart, die halbgeöffneten, wulstigen Lippen, den schwarzen Schlund, aus dem ein langgezogenes, ungehaltenes Gebrüll ertönt. Kein Zweifel, er versucht mich einzuschüchtern, er will mich von seiner Eisscholle und aus seiner Sonne verjagen.
Ich will doch sehen, ob mir nicht auch ein Einschüchterungsmanöver gelingt, und so richte ich mich in voller Größe auf. Diesmal überrage ich ihn, und tatsächlich gibt er sein Drohgebaren auf ...
Flugs werfe ich mich wieder auf den Bauch, und nun reckt er sich auf, ein Spielchen, das wir drei- oder viermal wiederholen: auf, nie-

der, auf, nieder ..., und jedesmal, wenn ich unten bin, macht er Miene, anzugreifen.

Philippe, der sich vor Lachen kaum halten kann, filmt die Szene von Anfang bis Ende. Schließlich springe ich auf, fuchtle wie wild mit den Armen herum, schreie aus vollem Hals und kann mit diesem Knalleffekt tatsächlich Eindruck schinden: Sichtlich vergrämt, läßt sich unser dickes Walroß ins Wasser plumpsen. Im selben Moment höre ich ganz deutlich den Klang einer Glocke, ein volltönendes »Dingdong«. Da muß doch einer im Umiak ein Kofferradio angestellt haben!

Wütend fahre ich herum:

»Welcher Hornochse ...«

Aber der Hornochse ist mein Walroßbulle: Die Tiere können nämlich, was ich damals noch nicht wußte, mit Hilfe von zwei Luftsäkken links und rechts am Hals einen Doppelton zustande bringen. Was er wohl bedeutet? Und wozu er dient? Das einzige, was wir darüber wissen, ist, daß ihn die Walrosse zur Paarungszeit offenbar häufiger von sich geben als sonst.

Bevor der Umiak flottgemacht werden kann, muß er noch über die Eisbarriere bugsiert werden.

Übrigens läßt sich das Gebaren meines großen Widersachers aus dem Ablauf der Revierkämpfe erklären. Die Gegner versuchen sich vornehmlich durch Einschüchterung gegenseitig von der Treibeisscholle, auf der sie sich niedergelassen haben, zu verjagen. Gradmesser für die Stärke sind dabei die mehr oder minder langen Hauer und der mehr oder weniger hoch erhobene Kopf. Da der Schwächere nachzugeben und sich rechtzeitig zu trollen pflegt, finden ernstliche Kämpfe nur zwischen gleich starken Rivalen statt. Mein Gegner hatte mich also eindeutig überschätzt.
Zwar bekommt man den Glockenton nur verhältnismäßig selten zu hören, aber insgesamt sind die Walrosse im Wasser ausgesprochen geschwätzig: Sie stoßen, wie wir mit Hilfe abgesenkter Hydrophone feststellen konnten, beim Tauchen eigenartig knarrende, schnalzende Laute aus, die über große Entfernungen weg zu hören sind – in der Beringstraße, wo die Geräusche zwischen der an der Oberfläche driftenden Eisschicht und dem ebenen Meeresgrund noch verstärkt werden, sogar mehrere Kilometer weit.
Während wir dieses sonderbare Konzert mit den Hydrophonen einfingen und aufnahmen, konnte Prézelin unter Wasser in seiner unmittelbaren Nähe zwei und in der Umgebung des Umiaks etwa zwanzig weitere Walrosse beobachten, die sich am Grund tummelten und offenbar miteinander »unterhielten«.
Im Gegensatz zum Gesang der Buckelwale stoßen die Walrosse meist einen sehr hoch einsetzenden, allmählich tiefer werdenden Schrei aus, der ihnen möglicherweise erlaubt, per Echopeilung (im Augenblick der letzte Schrei der Technik) Hindernisse zu orten.
»Sie machen das sonderbarste Konzert, das mir im Wasser je zu Ohren gekommen ist«, meinte Bonnici, und er muß es wissen, hat er doch schließlich mit dem Gesang der Wale besondere Erfahrung.
Noch eindrucksvoller allerdings ist das Gejaule der Weddell-Robben, das Carlton Ray in der Antarktis aufgenommen hat, ein langgezogenes, klagendes Gekläff, das an das Geheul der Wölfe erinnert.

Heute stellt die Arktis die letzte Region unserer Erde dar, in der das Verhältnis zwischen Mensch und Tier noch stimmt, das heißt, wo die großen Säugetiere trotz der Einführung technischer Hilfsmittel wie Feuerwaffen und Außenbordmotoren vom Menschen noch nicht überrollt und vernichtet worden sind, wo zwischen Jäger und gejagtem Wild noch nicht jenes tragische Mißverhältnis besteht, das die Tierwelt Afrikas und Asiens so schwer belastet. Der Haupt-

grund dafür liegt darin, daß in den Polarregionen die Natur der Macht des Menschen Grenzen zieht, daß sie zugunsten des Tieres wirkt und damit sein Schicksal günstig beeinflußt.
Wie oft verbergen Schnee, Sturm oder Nebel dem Jäger die Beute, der ohnehin unter den Unbilden der Witterung, dem bedrohlichen Meer, der lähmenden Kälte viel zu leiden hat, Unbilden, denen sich die von ihm verfolgte Tierwelt länger und besser angepaßt hat als er, wodurch die Chancengleichheit in etwa gewahrt bleibt.
So manches Mal habe ich während unserer strapaziösen Expedition über diese Zusammenhänge nachgedacht, wenn wir, im Umiak zusammengekauert und bis auf die Knochen durchgefroren, mit knatterndem Außenbordmotor durch den heulenden Wind über die grobe See im Morgengrauen in Richtung Gambell steuerten, wohl wissend, welch heikle Kletterpartie uns am Ende der beschwerlichen Fahrt trotz eiskalter Füße und Hände noch bevorstand, und so gut wie sicher, daß wieder einer beim Anlandziehen des Umiaks mit dem Bein oder dem halben Leib in dieses bleifarbene Wasser rutschen würde – eine Vorstellung, bei der uns grauste. Dabei war die ganze Unternehmung für uns ja nur ein Zwischenspiel von begrenzter Dauer, nach dem wir in unsere Städte der gemäßigten Zone und vor allem ans Mittelmeer zurückkehren konnten, in dessen lauem Wasser es sich so mühelos taucht.
Die Eskimos dagegen haben ständig gegen diese Stürme, diese Kälte anzukämpfen, und sie tun es nun schon seit 10 000 Jahren. Dennoch sind sie stets guter Dinge. Einer der Gründe ist sicher, daß sie im Gegensatz zu uns Europäern die großen Säugetiere, ihre Gefährten in Schnee und Eis, nicht einfach abgeschlachtet haben, daß es ihnen gelungen ist, ihre Lebensgrundlagen intakt zu halten und das ökologische Gleichgewicht zu wahren.

Wie oft haben wir dieses Klima verflucht, wir, die wir weder die Lebensklugheit noch die Geduld der Eskimos besitzen, die bloß lachen, wenn sie sich beim Gehen zusammengekrümmt gegen den Wind anstemmen müssen oder wenn Sturm und Schneegestöber in die auf den Rahmen zum Trocknen ausgespannten Walroßhäute fahren. Es muß schon dick kommen, ehe ein Eskimo die Nerven verliert, denn schließlich ist er an die Unbilden der Natur von klein auf gewöhnt und weiß, welch reiche Schätze diese Natur andererseits für ihn und eine Handvoll seinesgleichen bereithält – unermeßliche Schätze, beherbergt doch paradoxerweise gerade der unwirtliche hohe Norden eine vielfältige, noch fast unberührte Tierwelt. Nicht wenige Warmblüter haben sich den harten Lebensbedingun-

Die Eisbarriere sieht weit harmloser aus, als sie tatsächlich ist. Man muß sie schon genau in Augenschein nehmen, wenn man ein Boot hindurchziehen will.

gen der arktischen und subarktischen Region vollendet angepaßt und diese Zone zu ihrem bevorzugten Aufenthalts- und Zufluchtsort erwählt, ja, vielen Meeressäugern wie Walen, Walrossen und Seehunden bieten die eisigen Polargewässer als Vorratskammer des Meeres besonders reichliche Nahrung.
Doch auch eine ganze Reihe von Landtieren, die sich den klimatischen Verhältnissen angepaßt haben und sich mit Hilfe eines wesentlich dichteren Pelzes und entsprechender Fettreserven über die schlechten Monate bringen, finden in den kalten Regionen des Nordens bemerkenswert günstige Lebensbedingungen vor. So der Eisbär, im Gegensatz zu allen übrigen Bären ein ausgesprochenes Meerestier, der keinen Fuß aufs Festland setzt und im Sommer in Verfolgung seiner Beute, vornehmlich Seehunde und gelegentlich auch Fische, teils laufend, teils schwimmend unermüdlich übers Packeis zieht. Nur die Walrosse läßt er in Ruhe, zumindest im Wasser, wiewohl auch sie ihm nicht an Stärke gleichkommen; so als wüßte er, wie fest diese Tiere zusammenhalten, und fürchtete, sich durch den Angriff auf eines das ganze Rudel auf den Hals zu ziehen.
Während des Winters suchen ein Teil der Bären und sämtliche Bärinnen an geschützten Stellen und in Eishöhlen Unterschlupf. Durch ihren dichten Pelz vortrefflich gegen die Kälte geschützt, lassen sie

sich einschneien, halten aber, wie die kaum absinkende Körpertemperatur beweist, keinen richtigen Winterschlaf.
In der Arktis gleichfalls häufig vertreten sind die Polarfüchse mit ihrem graubraunen Sommer- und weißen Winterpelz sowie die Eishasen, deren ganzjährig weißes Fell bei den Eskimos hoch im Kurs steht. Und „schließlich und endlich wird die Arktis, wie schon erwähnt, von zahllosen Vögeln bevölkert: In den Zirkumpolarregionen gibt es über fünfzig verschiedene Seevogelarten, von denen sich manche ausschließlich aus dem Meer ernähren.
Dank dieses erstaunlichen Reichtums an Tieren, die der Mensch noch nicht ausgerottet hat, bietet die Arktis dem Forscher unerschöpfliche Möglichkeiten. Sie ist heute das letzte Refugium der Tierwelt, die überall sonst dem Druck der Zivilisation und der tiefgreifenden Umgestaltung unseres Planeten zum Opfer fällt.
Neuerdings freilich fühlt sich der Mensch herausgefordert, auch die Polarregionen zu erschließen. In neugegründeten Städten lassen sich Pioniere nieder, um Erdöl, Kupfer und Eisen auszubeuten, eine Entwicklung, die Bären, Seehunde und Walrosse ernstlich bedroht. Schon hat sich der zivilisierte Mensch mit seiner Raffgier, seinem Unverstand und seinen Maschinen an beiden Polen eingenistet, und es besteht leider große Wahrscheinlichkeit, daß er der dortigen Tierwelt dasselbe antut wie allen anderen Tieren unseres Planeten, sie entweder ihrer natürlichen Instinkte beraubt oder abschlachtet.
Aber vielleicht sollte man die Dinge nicht zu pessimistisch sehen. Immerhin scheinen die Eskimos trotz der einschneidenden Veränderungen, die der »Fortschritt« mit sich gebracht hat, noch immer zu den glücklichsten Menschen dieser Erde zu zählen – jedenfalls sind sie unvergleichlich heiterer, tapferer und zuversichtlicher als die meisten Zivilisierten und fast alle Entwicklungsvölker, und das, obwohl sie unter wesentlich ungünstigeren klimatischen Bedingungen leben. Diese anhaltende gute Laune, die man auch als Glücklichsein definieren könnte, erwächst zweifellos aus einer Geisteshaltung und einer Lebensart, die wir schon lange verlernt haben.
Und noch etwas dürfte sich positiv auf die künftige Entwicklung auswirken, nämlich die Liebe der Eskimos zu ihren Kindern. Sie sehen in ihnen ihr kostbarstes Gut und lieben, verwöhnen und verhätscheln sie mehr, als es irgendein anderes Volk auf der Welt tut, vermutlich weil die Kindersterblichkeit im hohen Norden lange Zeit sehr hoch war. Vielleicht wird es dieser neuen Generation gelingen, die herkömmliche Erziehung und die moderne technische Ausbildung miteinander zu verbinden und so die Voraussetzung für den Eintritt dieses uralten Volkes ins heutige Leben zu schaffen.

11 Burke adoptiert uns

Kopfjäger – Schwertwale und Bären – Das verwaiste Walroßbaby – Angriff der Walrosse – Bad und Fläschchen – Zuneigung – Schwimmunterricht – Langwierige Schulung – Frühlingserwachen – Ende der Jagd

Noch immer ist die See glatt und der Himmel wolkenlos. Ein Möwenschwarm zieht kreischend über einer dahindriftenden Eisscholle seine Kreise. Die Jäger aus Gambell haben mehrere Walrosse erlegt, und wir, die wir in Vernons Umiak hinausgefahren sind, um bei der Jagd zuzuschauen, haben die Szene gefilmt.
Falls man den historischen Zeugnissen glauben darf, findet diese Jagd nun schon seit über 1000 Jahren, nämlich seit dem 9. Jahrhundert, statt. Seit jeher waren die Walrosse eine viel zu begehrte Beute, als daß sie der Mensch ungeschoren gelassen hätte: Schätzungen zufolge wurden im Laufe des letzten Jahrhunderts allein in der Beringstraße 2 bis 3 Millionen Tiere erlegt, was die Bestände zwar spürbar gelichtet, die Art aber trotz allem nicht ausgerottet hat – vermutlich weil die Walrosse selbst für ihren Schutz sorgen, indem sie sich zur Fortpflanzung in die unzugänglichen Polarregionen zurückziehen.
Obwohl der Mensch immer töten mußte und töten wird, um zu leben, kann man sich angesichts der blutigen Bilder des Todes der Tiere doch eines Gefühls der Ablehnung nicht erwehren, zumal die Chancen der Tiere, seit die Menschen mit Gewehren bewaffnet sind, über Außenbordmotoren, Walkie-Talkies und scharfe Ferngläser verfügen, immer kleiner werden. Mußte sich der Jäger früher ganz auf seine Schläue und Geschicklichkeit verlassen, so gibt ihm die heutige Technik eine Überlegenheit, der kein Tier gewachsen ist – ein wahres Glück, daß ihm wenigstens noch das Wetter dann und wann einen Strich durch die Rechnung macht.
So können die Eskimos von Gambell zum Beispiel während des nur sechs Wochen dauernden Wanderzugs der Walrosse wegen der heftigen Stürme nur etwa jeden dritten Tag auf die Jagd gehen, was allerdings nicht weiter tragisch ist, da sie im Gegensatz zu früher nicht mehr auf Gedeih und Verderb auf die Walrosse angewiesen sind. Mußten die unter dem Eis vergrabenen Fleischvorräte ehedem den ganzen Winter reichen, so werden die Polarbewohner heute re-

gelmäßig auf dem Luftweg mit amerikanischen Lebensmitteln versorgt.
Das heißt jedoch nicht, daß die Walroßjagd für die Eskimos nicht auch heute noch wichtig wäre, liefert sie ihnen doch unter anderem die zur Bespannung der Umiaks benötigten Felle. »Heuer«, erklärte Vernon, »brauche ich mindestens sechs Häute« – von Walroßkühen wohlgemerkt.
Aber auch die Haut der Jungtiere ist unentbehrlich: Sie wird zu einer langen Spirale zurechtgeschnitten, die, entsprechend bearbeitet, ausgespannt und zusammengedreht, äußerst feste Taue liefert.
Das aber bedeutet, daß die Bewohner von Gambell gleich zu Beginn der Jagd Walroßkühe abschießen und damit die Jungen dem sicheren Tod ausliefern, während sie die großen Bullen ungeschoren ziehen lassen.

Noch mörderischer als die Jagd nach Fellen mutet die nach Elfenbein an. Zwar ist das Walroß, wie gesagt, für die per Flugzeug mit Lebensmitteln versorgten Eskimos nicht mehr wie einst der von der Vorsehung gesandte Retter aus der Not, dafür aber neuerdings eine einträgliche Geldquelle, liefert es doch den Rohstoff für ein recht gedeihliches Kunsthandwerk. Die Jagd nach Elfenbein unterliegt praktisch keiner Kontrolle, und so werden viele Walrosse allein ihrer Stoßzähne wegen getötet. Aus Jägern, die die Tiere des Fleisches wegen erlegten, sind somit Kopfjäger geworden, wobei man es als besonders abstoßend empfindet, daß auch sie die Kühe nicht verschonen. Aber die Elfenbeinschnitzerei hat sich zu einem florierenden Gewerbe entwickelt, auch wenn die Erzeugnisse ohne Rücksicht auf Qualität einzig und allein im Hinblick auf den Gewinn verfertigt werden: Schon das windigste Gekritzel, ein paar ungelenk angedeutete Linien, figuriert als Ritzzeichnung und darf ausgeführt werden.
Manchmal freilich fällt die Jagd auch ganz ins Wasser, weil während des Durchzugs der Walrosse ununterbrochen ein so wütender Sturm tobt, daß die Boote nicht hinausfahren können. So haben die Jäger aus Gambell in einem Jahr nur ein einziges Walroß erlegt – für das Dorf eine regelrechte Katastrophe.
Heute morgen also sind wir in Vernons Umiak hinter dem Boot der Jäger dreingefahren und haben jene Szene miterlebt, die sich während jeder Jagdsaison ungefähr vierhundertmal wiederholt, jenes Drama, das, verglichen mit manch anderen unnötigen oder unerlaubten Jagdpraktiken, in Anbetracht der besonderen Situation der

Eskimos als halbwegs tragbare Notwendigkeit erscheint, so brutal der Vorgang an sich auch ist: Die Jagd auf die Walroßkuh, die an dem neben ihr herschwimmenden oder auf dem Buckel festgeklammerten Jungen mühelos zu erkennen ist.
Doch mit dem Schießen ist es leider noch lange nicht getan, denn viele der angeschossenen Opfer tauchen oder saufen ab. Von den 11 700 Walrossen, die alljährlich in den sowjetischen und amerikanischen Küstengewässern ihr Leben lassen müssen, kann schätzungsweise nicht einmal die Hälfte geborgen werden, recht alarmierend, wenn man bedenkt, wie langsam sich diese Tiere vermehren: Die Tragzeit dauert 13 Monate, und außerdem werden die Weibchen erst mit 6 oder 7 Jahren geschlechtsreif. Nach neuesten Statistiken kommt bei den derzeitigen Jagdgepflogenheiten nur ein Neugeborenes auf zwei erlegte ausgewachsene Exemplare. Außerdem gehen die verwaisten Jungen, die ohne die Alte keinerlei Überlebenschancen haben, irgendwo im Meer oder auf einer Eisscholle elend zugrunde, und es ist geradezu noch gnädig, wenn sie gleich gefangen werden und damit wenigstens ihr Todeskampf abgekürzt wird.

Allem Anschein nach haben die Walrosse außer dem Menschen keinen wirklich gefährlichen Feind. Sie sind so gewaltig, so stark und im Wasser so wendig, daß sich kaum ein Tier an sie herantraut. Nur die Schwertwale, diese kampfeswütigen Meeresungetüme, nehmen es mit ihnen ebenso auf wie mit den Walen. Sie greifen in Schwärmen an, versuchen sich an der Oberlippe des Walrosses festzubeißen und es auf den Meeresgrund hinabzuziehen. Aber das Walroß kann dem Schwertwal durchaus einen tödlichen Stoß mit den Hauern versetzen, die es sehr wirksam anzusetzen weiß: Wiederholt haben uns die Eskimos versichert, sie hätten beobachtet, wie ein Walroß einen Seehund mit den Vorderflossen umklammerte, hochstemmte und mit den Hauern so lange auf ihn einstieß, bis es ihm den Garaus gemacht hatte.
Auch Eisbären greifen, obwohl sie sich hauptsächlich an Seehunde halten, gelegentlich einmal ein Walroß an, allerdings nur auf dem Eis, wo die Tiere nicht recht vorankommen. An schwimmende Walrosse trauen sie sich nicht heran, sie gehen nicht einmal ins Wasser, wenn ein Rudel in der Nähe herumpaddelt – offenbar fühlen sie sich von vornherein unterlegen.
Die Jagd, an der wir teilnehmen, rollt nach altem Brauch ab: Nachdem die Eskimos die Walroßkuh erlegt haben, stoßen sie ein lautes Freudengeheul aus, schwenken die Arme und gebärden sich wie

toll. Diese Begeisterung ist ein Überbleibsel aus jenen Zeiten, in denen sich die Jäger noch im Kajak an die Walrosse anpirschen und sie mit der Harpune, an der ein Schwimmer, eine mit Luft gefüllte Blase, befestigt war, erlegen mußten – eine ebenso gefährliche wie verdienstvolle Großtat. Trafen sie nämlich das Tier nicht an der richtigen Stelle, am Hinterkopf, mußten sie gewärtigen, daß sich das Walroß auf den Kajak stürzte, ihn demolierte und damit auch den Jäger in ernste Schwulitäten brachte.

Doch auch wenn es mit den modernen Schußwaffen nicht mehr halb so gefährlich ist, ein Walroß zu töten, strahlen unsere Jäger auf der Eisscholle übers ganze Gesicht und schütteln einander die Hand, während der Anführer des Trupps ein langes, in der Sonne blitzendes Messer zieht und auf die erlegte Kuh zutritt. Ihm fällt jetzt die ehrenvolle Aufgabe zu, die Beute mit einem gekonnten Längs- und einem Querschnitt aufzubrechen, damit sie ausblutet und die anderen mit dem Abbalgen beginnen können.

Unterdessen fischen wir das verwaiste kleine Walroß aus dem Meer und ziehen es in Vernons Umiak – zu unserem Glück, möchte ich nachträglich sagen, denn es hat uns vermutlich das Leben gerettet, worauf ich gleich zurückkommen werde.

Das Junge paddelt ohne alle Zicken und ohne eine Spur von Angst auf das schwimmende Ding zu, das es wohl um so mehr an den Körper seiner Mutter erinnert, als Slwooko auch noch das Gebrüll einer Walroßkuh nachahmt.

Kaum im Umiak, schmiegt es sich an einen der Taucher an, deren schwarzer Vinylanzug weich wie die Haut der Walroßweibchen ist. Da es als Ersatz für die Mutter die Wärme eines anderen Säugetiers braucht, sucht es die menschliche Nähe nicht nur ohne jede Scheu, sondern mit einer solchen Hingabe, einem solchen Bedürfnis, geliebt und gestreichelt zu werden, daß wir ganz gerührt sind.

Drüben auf der Eisscholle macht derweil die Zerlegung der erbeuteten Kuh erstaunliche Fortschritte. Von fünf oder sechs rasiermesserscharfen Klingen von allen Seiten gleichzeitig bearbeitet, löst sie sich buchstäblich unter unseren Augen auf, und zwar in einer so geordneten und methodischen Arbeitsabfolge, daß nicht das geringste Durcheinander entsteht noch irgend etwas verlorengeht. Während das Blut gurgelnd in einen Eimer schäumt, aus dem die Männer mit einer von Hand zu Hand gehenden alten Konservendose schöpfen und gierig trinken, liegen die Speckseiten schon sauber aneinandergereiht auf dem Eis. Knochen krachen, die Sehnen, die als Riemen und Faden dienen, werden sorgfältig abgelöst, das kernige

Wir fischen das Walroßbaby, dessen Mutter von einem Jäger abgeschossen worden ist, aus dem Wasser.

schwarze Fleisch, das später in dünnen Scheiben an der Sonne gedörrt wird, in große Stücke zerlegt und das gewaltige Herz, dessen Gewicht Slwooko auf 8 bis 10 Kilogramm schätzt, herausgeschnitten. Selbst die Därme finden Verwendung. Nachdem die gelblichen Exkremente ausgestreift sind, werden sie mit Blut gefüllt, also zu Walroßblutwurst verarbeitet. Im Augenblick allerdings liegen sie noch als schwabbeliger, stinkender, ein grünliches Rinnsal absondernder Haufen am Rand des Eises, das, eben noch makellos weiß, mit Abfällen, Fett und Tran beschmutzt, nur noch ein blutiger Matsch ist, in dem die Männer herumwaten.
Und wie in vergangenen Zeiten, in denen das Leben der Eskimos noch ganz von der Walroßjagd, von diesem schwarzen Fleisch, diesem festen weißen Speck abhing, haben die Jäger ein feierliches Dankopfer dargebracht und vor der Zerlegung der Beute ein Stück

Haut und Speck ins Meer geworfen, allerdings mit einem etwas verlegenen Lächeln, als müßten sie sich dafür entschuldigen, daß sie als moderne Menschen diesen alten Aberglauben noch immer nicht abgelegt haben.

Da wir es vor Gestank kaum aushalten und uns dieses ganze Gemetzel, mag es noch so berechtigt und notwendig sein, schlicht den Magen hebt, beschließen wir, lieber in der näheren Umgebung nach lebenden Tieren Ausschau zu halten, und so läßt Bonnici den Außenbordmotor an.
Während der Umiak langsam zwischen den Eisschollen kreuzt, drückt Prézelin das Walroßbaby fest an sich, das in dieser Umarmung den Verlust der Mutter einigermaßen zu verschmerzen scheint. Von Zeit zu Zeit stößt es glucksende Laute aus – wahrscheinlich hat es Hunger. Aber in so enger Tuchfühlung mit unserem Taucher, der es unermüdlich streichelt, fühlt es sich offenbar geborgen und beruhigt sich bald wieder.
Als wir auf einer Eisscholle eine zahlenstarke Walroßherde ausmachen – die Tiere liegen so dicht aneinandergedrängt, daß es aussieht, als wären sie übereinandergeschichtet –, stellen wir sofort den Motor ab, und während wir sachte näher heransteuern, legen wir uns schon unsere Taktik zurecht: möglichst nahe an der Scholle filmenderweise vorbeizudefilieren, dann umzukehren und auf dem Eis selbst ein paar Großaufnahmen zu schießen und schließlich, das heißt sofern möglich, noch einige Aufnahmen mit der Unterwasserkamera zu machen.
Da wir, durch Erfahrung gewitzigt, wissen, daß die Treibeisinseln häufig unter Wasser einen ringsum laufenden Vorsprung haben, auf dem ein Umiak leicht auflaufen kann, muß sich einer unserer Leute über den Vorsteven beugen und aufpassen, daß wir immer genügend Wasser unterm Kiel haben.
Ganz nach Plan beginnen wir also in einer Entfernung von 1 Meter an der Insel entlangzufahren, von den Walrossen beäugt und sie unsererseits beäugend, während die Kameras surren und alles in bester Ordnung scheint.
Doch auf einmal geht eine Woge der Beunruhigung durch die Herde, ein Tier nach dem anderen hebt den Kopf, reckt die Hauer, richtet sich auf, und mit einem Schlag stürzt sich das halbe Rudel auf unserer Seite ins Wasser.
Die Eisscholle schwappt in die Höhe, der versunkene Vorsprung hebt sich unterm Kiel, der Außenbordmotor am Heck streift an, und schon sitzen wir fest.

Sitzen in einer schönen Patsche: der Umiak schräg auf dem Trockenen, wir außerstande, einen Ruck vorwärts oder rückwärts zu machen, und im Halbkreis um uns herum an die fünfzig Walrosse. Manche scheinen zum Glück friedlich brummend vor sich hin zu dösen, andere dagegen richten sich auf und bewegen sich bei aller Unbeholfenheit ziemlich rasch auf uns zu. Wie gebannt starre ich auf die mächtigen Hauer, die wie eine lange Reihe gleichzeitig blankgezogener weißer Säbel aufblitzen, und die dahinter sichtbaren muskulösen Riesenhälse, die sich rhythmisch verfälteln. Schwerfällig, aber unaufhaltsam kommen sie näher, stoßen ihr Kampfgebrüll aus. Ein paar Sekunden noch, und sie werden ihre Stoßzähne in die Fellbespannung des Umiaks rammen.

Doch just in diesem Augenblick beginnt unser mutterloses Walroßbaby, das wir in der Aufregung ganz vergessen hatten, aus Leibeskräften zu bläken. Zum Brüllen noch zu klein, stößt es einen schrillen Klagelaut, einen kindlichen Notschrei aus, der die Phalanx der drohend anrückenden Kolosse augenblicklich zum Stillstand bringt.

Sanftere Töne werden laut, einen Moment lang wiegen sich die Tiere noch unschlüssig hin und her, doch dann senken sie die Hauer und lassen sich auf den Bauch gleiten. Ich weiß nicht, was wirklich vorgegangen ist, ich kann nur das Zusammentreffen zweier Fakten konstatieren: das Geschrei des kleinen Walrosses und das schlagartige Innehalten der erwachsenen Tiere. Im übrigen haben uns die Eskimos später versichert, Walrosse griffen niemals einen Umiak an, in dem sich ein Jungtier befände.

Plötzlich kommen dicke Nebelschwaden gezogen, eine eisige Dunstwolke schiebt sich wie eine wattige Wand zwischen uns und die Walrosse, hüllt uns ein, versteckt uns voreinander.

Dorado und Bonnici nutzen die Gelegenheit, springen aufs Eis, suchen den Umiak flottzumachen, können ihn schließlich ins Wasser schieben und hechten wieder hinein. Der Motor spingt an, und mit Vollgas brausen wir in die dichte, über dem Wasserspiegel hängende Nebelbank, die uns jegliche Sicht nimmt. Wirklich unheimlich, wie rasch hierzulande das Wetter umschlägt! Nun heißt es also das Inselchen mit den Eskimos suchen. Sicher haben sie ihr Walroß mittlerweile vollends zerlegt. Komisch nur, daß wir sie nicht finden. Haben wir uns tatsächlich so weit von ihnen entfernt? Oder sind wir schon vorbei? Bei dem ständigen Zickzackkurs, zu dem uns die Treibeisblöcke zwingen, wäre es wahrhaftig kein Wunder. Aber was dann? Ohne Vernon nach Gambell zurück? Nur ein bißchen weit bis zur Saint-Lawrence-Insel. Und die Eskimos? Ob die uns suchen

würden? Gewiß doch, auf die ist Verlaß. Prachtskerle. Lassen doch einen Freund nicht im Stich. Trotzdem kann ich mich eines gewissen Unbehagens nicht erwehren und verwünsche unseren Leichtsinn, unsere Unvorsichtigkeit. Wir hätten weiß Gott gescheiter sein können!
Zum Glück reißt der Nebel auf, und siehe, da ist ja das Inselchen mit den schwarzen Silhouetten der herumwerkenden Männer. Offensichtlich sind wir, ohne das geringste von ihnen zu sehen oder zu hören, direkt an ihnen vorbeigefahren. Schleunigst, bevor sich die Dunstmauer wieder schließt, wenden wir und nehmen Kurs auf die Eisscholle, wo uns die Eskimos lächelnd zunicken.

»Burke«, wie wir das kleine Walroß wegen seines sonderbaren Gekläffs getauft haben, robbt über den Schnee.

Der rührend anhängliche Burke ist bei allen Hahn im Korb.

Die letzten Walroßstücke werden in die Boote verladen, und mit ratternden Motoren steuern wir erneut in den Nebel. Es ist wie im Flugzeug, nur daß uns jetzt, da wir unsere Freunde wiedergefunden haben, alles ganz einfach scheint, als könnte nichts mehr passieren. Dabei ist die Fahrt durch die eisverstopfte See alles andere als ein Kinderspiel. Die verfließenden Umrisse dieses grauen Universums trügen, sind doch die gespenstischen Schatten in Wahrheit gar nicht so weich, sondern harte Wirklichkeit, driftende Eisberge, die im Dämmerschein der Nacht immer wieder dicht vor uns aus dem Dunst auftauchen, ebenso schön wie beklemmend. Das kleine Walroß ist jetzt ganz still, es schläft, dicht an uns gekuschelt, aber immer wenn es aufwacht, stößt es uns mit dem Kopf an und will gestreichelt werden.
Während der ganzen Fahrt unterhalten die Eskimos per Walkie-Talkie eine Art Sprechkontakt von Umiak zu Umiak, das heißt, genaugenommen hört man immer nur dasselbe komische »ah, ah, ah«, das zweifellos »alles in Ordnung«, »alle da?«, »weiter!« bedeutet.

Trotzdem haben sie gelinde Schwierigkeiten mit dem Kurs, und selbst unser guter Vernon, der sich auf seine »Nase« so viel zugute tut, wirft immer wieder einmal einen verstohlenen Blick auf seinen prächtigen Kompaß. Obwohl Gambell genau im Süden liegt, hält er strikt nach Südost, um die Insel ja nicht zu verfehlen. Als wir das Küsteneis erreicht haben, kreuzt er 5 Meter vom Ufer entfernt zwischen Treibeisschollen und noch festem Packeis. Selbst bei Nacht kann er beides mühelos auseinanderhalten – nicht umsonst umfaßt die Eskimosprache allein 250 Wörter für die verschiedenen Eisarten.
Als wir um 4 Uhr morgens endlich in Gambell einpassieren, müssen wir erst noch unser kleines Walroß versorgen. Nachdem wir ihm ein 1,50 Meter tiefes Loch ins Eis gepickelt und es mit einem Schutzgitter umzäunt haben, können wir uns endlich schlafen legen.

Ed Asper, Walroßspezialist und Mitarbeiter am südkalifornischen Marineland of the Pacific, hat uns bei der Pflege des kleinen Burke, wie ihn die Taucher wegen seines heiseren Gekläffs tauften, tatkräftig unterstützt. (Wir hatten eine offizielle Fangerlaubnis.) Gewiß ist noch nie ein verwaistes Walroßbaby mit so viel Liebe und Hingabe betreut worden wie das unsere.
Da die jungen Walrosse von ihrer Mutter gebadet und gesäubert werden, machten auch wir es uns zur Gewohnheit, unseren Burke zu waschen und anschließend mit Schnee abzureiben, der besonders gut reinigt und obendrein gleich trocknet.
Burke, der offensichtlich das Zutrauen, das Walroßbabys normalerweise für ihre Mutter empfinden, auf uns übertrug, zeigte sich ausgesprochen anhänglich und erkundete mit seinen gesträubten Barthaaren, in Wirklichkeit hochempfindlichen Tastorganen, äußerst neugierig seine ganze Umwelt.
Nach dem Bad bekam er regelmäßig sein Fläschchen, das ihm vortrefflich schmeckte, denn im Gegensatz zu früher ist es heute kein Problem mehr, selbst allerjüngste Meeressäugetiere mit Hilfe eines der Milch der Muttertiere sehr ähnlichen Gemischs aus Muscheln, Sahne, Maisöl, Salz, Kalzium und Vitaminen durchzubringen.
Von diesem Gebräu nuckelte Burke bei jeder Fütterung 2 Liter in sich hinein, woraufhin er mit zufriedenem Schnarchen in Schlaf sank, ja sogar träumte, wie Ed Asper steif und fest behauptete.

Burke, der sich als unglaublich anhänglich entpuppte, mochte keine Sekunde allein bleiben. Gingen wir weg, winselte und kläffte er wie ein junger Hund, den man allein zu Hause läßt.

Er lief uns nach oder, richtiger, watschelte ungeschickt übers Eis, wobei er sich, um uns nur ja einzuholen, oft so beeilte, daß er in irgendein Loch fiel.

Saß er dann in der Klemme, wimmerte und jammerte er wie ein kleines Kind so lange, bis einer kam und ihn aus seiner unbequemen Lage befreite. Zwar hat es Jahrmillionen gedauert, bis sich die vier Beine dieser ehemaligen Landtiere in Schwimmflossen verwandelten, mittlerweile aber ist die Metamorphose so vollkommen, daß junge wie alte Walrosse große Mühe haben, auf dem Boden voranzukommen. Und so konnte auch Burke mit seinen »Schwimmfüßen« nur tänzelnd und sich auf den Hinterflossen drehend dahinwackeln, was unwiderstehlich komisch aussah.

Machte er, der stets mehr noch auf Liebe als auf Futter erpicht war, solch verzweifelte Anstrengungen, uns einzuholen, ließ sich fast immer einer erweichen, sich mit ihm abzugeben und ihn ausgiebig zu tätscheln.

Dabei hatte Burke aber durchaus seine Vorlieben. Zu Ed Asper beispielsweise, der sich am meisten um ihn kümmerte, fühlte er sich nicht halb so hingezogen wie zu Giacoletto und Bonnici, besonders wenn deren Hände noch nach den Mollusken und Vitaminen dufteten, die sie ihm zweimal täglich verabreichten.

Und hatte einer dieser beiden gar seinen Taucheranzug an, kannte Burkes Wonne keine Grenzen mehr. Dann drückte er sich gestreckterlängs an seinen Freund und schnupperte ihm mit dem Schnurrbart zärtlich im ganzen Gesicht herum.

»So was von Liebe und Zärtlichkeit«, meinte François Dorado, »gibt's sonst auf der Welt nicht mehr. Klammert sich einfach mit den Flossen an dir fest und will dich mit seinem Schnurrbartgesicht abschmusen.«

Während sich Burke an seine nicht allzu drückende Gefangenschaft und das Zusammenleben mit uns gewöhnte, verschlechterte sich das Wetter erneut dergestalt, daß an eine Ausfahrt im Umiak oder einen Tauchgang in der Umgebung Gambells nicht zu denken war. Als endlich die Sonne ein wenig hervorspitzte, beschlossen wir, Burke mit dem Meer bekanntzumachen, was für die Taucher natürlich wieder einmal ein Bad im eisigen Wasser bedeutete.

Nun war Burke zwar dank seiner Speckschicht sattsam gegen die Kälte geschützt, fühlte sich aber wie alle kleinen Walrosse zum feuchten Element durchaus nicht hingezogen. Während die Jungen normalerweise unter mütterlicher Aufsicht schwimmen lernen, wobei sie sich an die Alte anklammern und ihr auf den Rücken klettern, hatte unser kleines Waisenkind sein natürliches Element schon ganz und gar vergessen, zeigte Bange vor dem Wasser und hatte keinen blassen Dunst vom Schwimmen. Dorado mußte ihn auf dem Arm mitnehmen, doch kaum ließ er ihn los, zappelte Burke wie wild herum und versuchte sich an jeden anzuklammern, der in seine Nähe kam.

Schließlich erteilte ihm dann Christian Bonnici regelrechten Schwimm- und Tauchunterricht, der damit begann, daß er Burke im Kreis der anderen Taucher an der Wasseroberfläche sachte von sich wegschubste, um ihn zum Schwimmen zu veranlassen. Aber Burke gebärdete sich wie ein blutiger Anfänger, machte alles verkehrt, schluckte Wasser, wenn er tauchen sollte, und vergaß zu atmen, wenn er an die Oberfläche kam.

Das Experiment schreckte ihn so, daß er sich erst wieder sicher fühlte, als er sich auf Bonnicis Rücken flüchten und als Ersatz für die mütterliche Schwimmflosse seinen Arm umklammern konnte.

Als er sich ein wenig beruhigt hatte, drückte ihm Bonnici mit sanftem Nachdruck den Hals hinunter, um ihn zum Abtauchen zu bewegen, holte ihn aber gleich wieder herauf. Und so gelang es, durch wiederholte behutsame Versuche Burke nach und nach bis zum Grund hinunterzulotsen, kurzum, ihm den Unterricht zu erteilen, den er sonst von seiner Mutter bekommen hätte, und ihn mit dem Leben im Wasser vertraut zu machen.

Entfernten sich die Taucher allerdings ein Stück weit, heischte Burke mit lautem Gebell, daß sie ihn holten. Besonders gern schwamm er mit Prézelin, an dessen Tauchmaske er sich festklammerte, um ihm mit seinem gewaltigen Schnurrbart übers ganze Gesicht zu fahren.

Nachdem er seine Anfangsscheu einmal überwunden hatte, ging er jederzeit gern ins Wasser und entwickelte sich zu einem hervorragenden Filmschauspieler.

Schon bald sah man ihn am Grund nach Freßbarem herumstöbern. Aber er kannte seine Grenzen noch nicht und wollte viel zu lang unter Wasser bleiben, so daß ihn unsere Leute regelrecht zum Wiederauftauchen nötigen mußten.

Wie die meisten kleinen Säugetiere brauchen auch die jungen Walrosse viel mütterliche Fürsorge und Pflege, bis sie sich selbst durchs Leben schlagen können.

Zwar tragen sie bereits bei der Geburt lange Krallen an den Fingern der Vordergliedmaßen und einen stattlichen bürstenartigen Schnurrbart auf der Oberlippe, müssen aber von der Alten, an deren Hals sie sich im Wasser festhalten, bis zum Alter von zwei oder sogar zweieinhalb Jahren (dem Zeitpunkt, zu dem die Stoßzähne zu schieben beginnen) gesäugt werden.

Wohl kaum eine Säugetierart kümmert sich so rührend um ihre Jungen wie diese Robben. Walroßkühe lassen ihr Kleines keinen Moment aus den Augen und werfen sich oft schützend zwischen den Jäger und ihr Kind. Wird das Junge verletzt oder getötet, verläßt die Alte es nicht, sondern schleppt es winselnd mit sich herum, während sie es bei Gefahr vor sich her zum Meeresgrund hinunterstößt oder, falls es sich sträubt, mit den Vorderflossen umklammert und mit in die Tiefe zieht. In ruhigen Augenblicken hingegen kann man Mutter

Zwei Taucher (der linke mit Sauerstoffkreislaufgerät) erteilen Burke hier Schwimmunterricht.

und Kind nasen- oder flossenreibend nebeneinander liegen sehen. Ed Asper, der Burke schließlich ins Marineland of the Pacific mitnahm, hat sich demnach also einiges aufgeladen: Er wird ihn mindestens 2 Jahre lang wie eine Mutter beaugapfeln und ihm sein Fläschchen geben müssen.

Unter den Strahlen der Frühlingssonne schmilzt das Eis nun sichtlich weg, das Land, das so lange im Bann der Kälte stand, erwacht zu neuem Leben, und diese Erneuerung ist spürbarer und strahlender als jeder Frühling bei uns.
Es ist, als befreite sich die geknebelte Natur von ihren Fesseln. Heute morgen entdeckte ich die ersten untrüglichen Anzeichen, einen Riß im Eis, durch den man den Boden sieht, einen Streifen schwarzen Wassers, der die Insel säumt und ihre Umrisse wie auf einer Landkarte nachzeichnet, und ein Inselchen, das, wie sich jetzt zeigt, wohl ein Felsblock sein muß, obwohl es dahinzudriften scheint. Die Kette der Eisberge, die einen Teil des Horizonts absperrte, ist aufgebrochen, und allenthalben knackt und kracht es, als mühe sich das Leben hörbar um seine Wiedergeburt.
Im chaotischen Gewirr der Eisblöcke, das Gambell wie eine Geröllmauer umschloß, klaffen Lücken, die Schollen treiben ins Meer hinaus.
Zwar meint Vernon kopfschüttelnd:
»Kommt mit dem Wind alles wieder!« Aber was tut's schon, wenn sich der Wall noch einmal für einen oder auch für acht Tage schließt – das Eis ist von der Sonne trotzdem gebrochen. Ich schaue den in der Strömung nordwärts driftenden Blöcken nach, die einer nach dem anderen abwandern.
Überall taut es, überall schaut schon der Boden heraus. Und nun zeigt sich, daß der weite weiße Uferstreifen in Wirklichkeit ein schwarzer Kieselstrand ist. Aber es kommt noch allerlei anderes zum Vorschein, alle möglichen und unmöglichen Dinge, undefinierbares Strandgut, verrostetes Eisenzeug, zerbeulte Kanister.
Beidseits von Gambells einziger Straße und rings um die Häuser liegen unansehnliche, zerknitterte und zerfetzte Relikte, Plastik, das nicht verrottete, feuerfeste Verpackungen, all das, was die Eskimos in ihrer Nachlässigkeit und Gleichgültigkeit nach Lust und Laune herumstreuten und was die Sonne nun unbarmherzig an den Tag bringt. Wie wunderbar hatte doch der Schnee all diese Schandflecke verdeckt!
Die Alten aus Gambell haben ihren Beobachtungsposten keinen Moment verlassen, denn wenn sie auch nicht mehr selber jagen,

drehen sich ihre Gedanken doch nach wie vor um die Jagd und die Walrosse, die ihren ganzen Tagesablauf bestimmen. Heuer war die Ausbeute gut, für jeden Eskimohaushalt ist durchschnittlich ein Walroß abgefallen.
Nun aber geht der Wanderzug, der die Walrosse an der Saint-Lawrence-Insel vorbei nach Norden führt, seinem Ende entgegen. Ein vorbeidriftender Eisblock ist zwar noch schwarz von Tieren, aber diese Art Beförderung wird bald nicht mehr möglich sein: Auch die Treibeisinseln schmelzen; den Rest des Wegs lassen sich die Walrosse dann von der Strömung nach Norden bis zur Eiskappe des Pols tragen, bis die brummigen Bullen, die mißtrauischen Kühe und die auf alles neugierigen Jungtiere die Muschelbänke des Nördlichen Polarmeers erreichen, wo sie die von ihnen geschätzten Mollusken in Hülle und Fülle vorfinden.

In Gambell wird das Ende der Jagd mit einem Fest begangen, dessen Hauptattraktion Louis Prézelin darstellt: Er läßt sich von vier stämmigen Burschen auf einer Decke in die Luft schnellen, ein Spiel, das bei den Eskimos zur Tradition gehört und sich großer Beliebtheit erfreut. Alle lachen lauthals, als sie ihren französischen Freund bei dieser typisch arktischen Volksbelustigung mitmachen sehen, die den Hauptakteur nicht nur geschmeidig hält, sondern ihm auch gehörig einheizt.
So sind also in einem Dorf wie Gambell die alten Bräuche selbst in unserem hochtechnisierten Zeitalter noch lebendig. Fragt sich nur, wie lange noch.
Wird es möglich sein, den Eskimos einerseits zu einem höheren Lebensstandard, einem bequemeren Dasein, einer entsprechenden Bildung und Schulung zu verhelfen, ohne andererseits ihre Kultur zu zerstören? Liegen »Zivilisation« und Achtung vor der Vergangenheit nicht notwendig miteinander im Kampf, einem Kampf, bei dem die Vergangenheit nach allen bisherigen Erfahrungen von vornherein den kürzeren ziehen muß?
Als ich diese Fragen Walter Hickel, einem Mitglied des Rates für Alaska und ehemaligem US-Außenminister, vorlegte, meinte er:
»Vor allem kommt es darauf an, daß man diese Leute ein Leben nach eigener Wahl führen läßt, was bei ihnen soviel bedeutet wie: ein Leben in Harmonie mit dem Meer. Sosehr wir einerseits dazu verpflichtet sind, über ihr Wohlergehen zu wachen, so wenig dürfen wir sie andererseits in unserem Beschützerdrang an den Praktiken hindern, die sie im Laufe von Jahrtausenden im Hinblick auf das Klima und die Tierwelt der Arktis entwickelt haben.«

12 Meeressäuger als Kameraden des Menschen

Dieses Buch ist der Bericht unseres Versuches, im Meer, genauer gesagt unter den Meeressäugern, die uns als lungenatmende Warmblüter näherstehen als die Fische, Freunde zu finden und sie zu unseren Tauchgefährten zu machen.
Da wir ihr Zutrauen gewinnen wollten, haben wir jeglichen Zwang, jegliche Dressur, die das Wesen der Tiere zu verfälschen drohen, soweit es sich machen ließ, vermieden und es statt dessen darauf angelegt, Zuneigung zu wecken und durch Liebe Gegenliebe auszulösen.
War dieser Versuch nun ein voller Erfolg? Wir wagen trotz allem nicht, es zu behaupten.
Die Erfahrung, die uns in diesem Zusammenhang am stärksten bewegte, war die gemeinsame Zeit mit Pepito und Christobald. Doch nicht einmal bei diesen beiden Seebären, die uns vertrauten, konnten wir einen endgültigen Erfolg erzielen: Christobald mußte sein Leben lassen, weil er erst nach der Freiheit trachtete und dann zu den Menschen zurückwollte, die ihn jedoch nicht richtig zu behandeln verstanden. Es bedarf großer Hingabe und Erfahrung, um Meeressäuger am Leben zu erhalten, und als Landbewohner sind wir im Hinblick auf ihre Bedürfnisse reichlich phantasielos.
Und Pepito ist uns durchgegangen, um zu seinen Artgenossen zurückzukehren, wobei ich nach wie vor überzeugt bin, daß es richtig war, ihn ziehen zu lassen.
Die See-Elefanten wiederum hatten im Gegensatz zu den Seebären kaum auf unsere Annäherungsversuche reagiert. Sie ergriffen zwar nicht die Flucht und waren, außer wenn man sie reizte, auch nicht aggressiv, erwiesen sich aber auf Grund ihrer Schwerfälligkeit, ihres langsamen Auffassungsvermögens und ihres Mißtrauens im Wasser für unsere Zwecke als ungeeignet. Doch obwohl sie alles andere als ideale Kameraden waren, haben wir viel von ihnen gelernt, ja vielleicht gerade weil sie ihr Liebesleben und ihre Kämpfe abwickelten, ohne von uns Notiz zu nehmen. Sie brachten uns so zu Bewußtsein,

welch tiefe Kluft sich zwischen Mensch und Tier auftut und daß es am Menschen ist, sie durch Verständnis zu überwinden. Doch um zu verstehen, muß man wissen, und um sich Wissen aneignen zu wollen, lieben, das Leben lieben, selbst in seinen abstoßendsten und unansehnlichsten Formen.

So haben die See-Elefanten trotz ihres Äußeren, ihres Gebrülls und ihres Gestanks schließlich doch noch unsere Sympathie gewonnen.

Zu den Walrossen, diesen ebenfalls recht rätselhaften Kolossen, konnten wir auf Grund ihrer Mutterliebe und des Liebesbedürfnisses der Jungen verhältnismäßig leicht Zuneigung fassen, besonders dank Burke, der für uns zum Inbild der Sanftmut und des lebendigen Empfindens inmitten der unmenschlichen, eisbedeckten Welt der Arktis geworden ist.

Eine Lebensgemeinschaft zwischen Mensch und Flossenfüßern oder Walen aufzubauen, ist ein Versuch, der nicht von heute auf morgen gelingen kann, und wir stehen erst am Beginn dieses Experiments. Schließlich hat es Jahrtausende gedauert, bis wir den Landtieren nähergekommen sind, und noch ist nicht alle Welt davon überzeugt, daß es nützlicher ist, sie zu schützen, statt sie auszurotten.

Im Meer aber erwartet uns eine noch weitaus schwierigere Aufgabe. Denn die Tiere, die wir hier zähmen und für uns gewinnen möchten, leben in einer völlig andersartigen, kaum bekannten Umwelt, in die wir erst langsam hineinwachsen müssen, sind wir doch mit Verstand und Sinnen noch immer viel zu sehr dem Land verhaftet. Doch der Tag wird kommen, an dem im Meer ein neuer Abschnitt des menschlichen Abenteuers beginnt, und dann werden wir die Tauchgefährten brauchen, mit denen wir heute den ersten Dialog anzuknüpfen versuchen.

Nun gibt es aber außer Seebären, See-Elefanten und Walrossen noch eine ganze Reihe anderer Meeressäuger, mit denen wir auf Grund gemeinsamer Züge Kontakt aufnehmen können, so zum Beispiel die der Mannschaft der *Calypso* von mehreren Tauchunternehmen her bekannten Grindwale, die erstaunliche Leistungen vollbringen können, etwa Übungstorpedos suchen, wozu sie die Amerikaner abgerichtet haben.

Mit die begabtesten Freunde des Menschen unter den Meerestieren sind vermutlich die Schwertwale, deren Anhänglichkeit und Zuneigung ich bereits in einem anderen Buch geschildert habe.

Und schließlich sind da noch die Delphine, zu denen der Mensch seit Jahrtausenden, seit der ägäischen Kultur, eine auf Verständnis gegründete enge Freundschaft pflegt. Doch obwohl in den vergangenen 20 Jahren viele Untersuchungen über sie veröffentlicht wur-

Auch im Wasser schauen die jungen See-Elefantenkühe ausgesprochen sanft drein.

den, wissen wir bei weitem noch nicht genügend über sie. Zwar ist ihr Verhalten in Tiergärten und Meereszoos sattsam bekannt, aber in diesen Einrichtungen werden die Tiere in Gefangenschaft gehalten und zu einem Leben gezwungen, das ihre eigentliche Wesensart mehr oder minder entstellt. Muß man aber nicht schon allein aus Liebe zum Tier seine Freiheit respektieren?

Unsere Einstellung zum Lebendigen beginnt sich zu ändern – eine Entwicklung, die nichts aufhalten wird, mag sie sich auch noch so langsam vollziehen. Kennzeichnend für die neue Haltung sind Zuneigung und Respekt vor dem Tier, das in der Vergangenheit vom Menschen nichts anderes zu gewärtigen hatte als den Tod, sei es bei der Jagd oder im Schlachthaus. Nur einige wenige Arten wie Hund

und Katze genossen als Gefährten des Menschen und Schoßtiere eine Sonderstellung.

Dabei gibt es kaum ein Tier, das wir nicht als Freund gewinnen könnten, den fälschlicherweise als »wild« verschrienen Schwertwal so gut wie den Löwen.

Allerdings müssen wir achtgeben, daß die Erde nicht entvölkert ist, bevor das Herz der Menschen in Freundschaft für das Tier schlägt, wobei die Jagd, diese blutige Form der Liebe, oftmals weniger Schaden anrichtete als heutzutage Umweltverschmutzung und Übervölkerung.

Aus diesen Gründen hängt unsere Beziehung zu den Meeressäugern auch nicht von ein paar mehr oder weniger geglückten Experimenten ab, sondern von einem ganzen Bündel von Voraussetzungen, zu denen eine immer gründlichere Vertrautheit mit der Welt des Meeres ebenso zählt wie die Achtung vor dieser Welt.

Es hat keinen Sinn, mit Seebären, Delphinen und Schwertwalen Freundschaft zu schließen, wenn wir ihnen nicht gleichzeitig an Küsten und auf Inseln Unterschlupf gewähren und sie in Frieden lassen. Jeder Versuch, sie zu verstehen und sich ihnen verständlich zu machen, bleibt sinnlos und absurd, solange wir sie einfangen, um sie in Meereszoos zu halten oder zu Zirkustieren zu degradieren.

Die Welt der Lebewesen ist ein in sich geschlossenes Gefüge, unabdingbar für das Gleichgewicht unseres Planeten so gut wie für das seelische Gleichgewicht des Menschen. Wir müssen, wo das Lebendige auf dem Spiel steht, redlich zu Werke gehen: Eine Lösung des Umweltproblems läßt sich nur weltweit erzielen, und sie muß gleichzeitig wissenschaftlichen, technischen, gesetzgeberischen, politischen und internationalen Charakter tragen.

Anhang

Aqualunge und Kreuzfahrten der *Calypso* – Flossenfüßer *(Pinnipedia)* – Die Eskimos – Alaska – Die Entdeckung der Arktis – Glossar – Dank – Bibliographie – Bildnachweis – Stichwortregister

Beringmeer und Beringstraße. In der Bristol Bay die Walroßinsel Round Island, weiter nördlich vor der Einmündung der Beringstraße die Saint-Law-

rence-Insel mit dem Dorf Gambell. Die gestrichelte Linie bezeichnet die Grenze zwischen den USA und der UdSSR.

Anhang A

Aqualunge und Kreuzfahrten der Calypso

Kreuzfahrten wie die der *Calypso* wären ohne die Aqualunge nicht denkbar: Nur dank der Erfindung dieses Geräts, das dem Menschen Zugang zum Unterwasserraum verschafft hat, kann unser ozeanographisches Forschungsschiff seinen Beitrag zur Erkundung der Meere leisten, eine Erkundung, die wir mit Hilfe unserer beiden »tauchenden Untertassen« bis in Tiefen voranzutreiben vermögen, in die sich der Taucher nicht mehr vorwagen könnte.

Die Aqualunge

Gegenüber dem alten Helmtauchanzug mit Atemschlauch, einem in seiner Handhabung komplizierten Gerät, an das sich der Taucher erst gewöhnen mußte und das sein Aktionsfeld auf einen sehr begrenzten Raum beschränkte, stellt die Aqualunge einen entscheidenden Fortschritt dar.
In ihrer heutigen, 1943 von Commandant Cousteau und dem Ingenieur Emile Gagnan entwickelten Form ist die Aqualunge ein Atemgerät mit sogenanntem »offenem Kreislauf«: Die verbrauchte Luft wird unmittelbar ins Wasser abgeleitet, die Luftzufuhr erfolgt nicht kontinuierlich, sondern im Atemrhythmus.
Zur Ausrüstung gehören eine oder mehrere Flaschen mit stark komprimierter Druckluft, die der Taucher auf dem Rücken trägt. Bei jedem Atemzug wird Luft durch einen »Regler« freigegeben, wobei der Luftdruck stets dem des umgebenden Wassers angepaßt ist. Die verbrauchte Luft wird unter der Reglerkappe durch den »Entenschnabel« abgeleitet. Der Regler ist durch zwei flexible Schläuche mit dem Mundstück verbunden, der eine zum Ein-, der andere zum Ausatmen.
Unentbehrliches Zubehör der Aqualunge sind die von Commandant de Corlieu entwickelten Schwimmflossen, die Maske und ein mit Blei belasteter Gürtel, durch den der Auftrieb kompensiert wird.

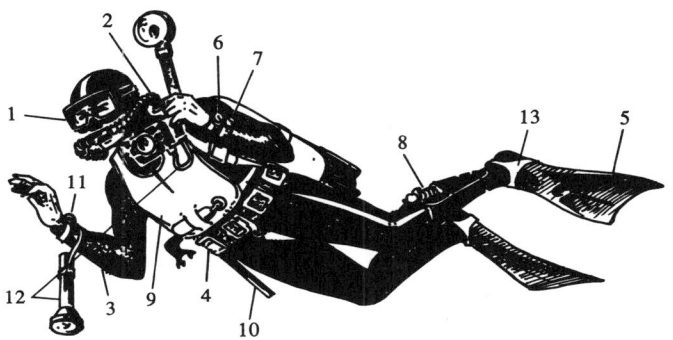

Freitaucher-Atemgerät von Cousteau und Gagnan, Typ »Mistral«, und Tauchzubehör.

Unentbehrlich	*Notwendig*	*Nützlich*
1 Maske	6 Tiefenanzeiger	11 Kompaß
2 Luftzufuhr und	7 Uhr	12 Blitzlichtgerät
3 Tauchanzug	8 Messer	13 Knöchelbindung
4 Ballastgürtel	9 Schwimmweste	
5 Flossen	10 Schnorchel	

Dieses vollautomatische, in der Handhabung ebenso einfache wie sichere Gerät hat den Unterwasserraum zumindest bis in eine gewisse Tiefe zugänglich gemacht. Es ermöglicht dem Menschen seit nunmehr 20 Jahren das gefahrlose Tauchen und hat eine echte Unterwasserforschung in die Wege geleitet.

Mittlerweile wurde für die Taucher der *Calypso* ein neues, stromlinienförmiges Modell entwickelt, dessen hydrodynamisch ausgeklügelte Formgebung die Preßluftflaschen ebenso einbezieht wie den mit Lampe und Telefon ausgerüsteten Helm. Außerdem befindet sich am Gerät eine Haiabwehrvorrichtung.

Doch wenn sich der Taucher heute auch frei im Wasser bewegen kann, muß er immer noch mit zwei Gefahren rechnen, die schon den Helmtaucher bedrohten – mit dem Tiefenrausch und mit Dekompressionsunfällen beim Wiederaufsteigen.

Der Tiefenrausch ist ein mit gefährlicher Bewußtseinstrübung einhergehender Betäubungszustand, in den manche Taucher schon in 40 Meter Tiefe verfallen, während ihn andere erst tiefer, später, unter Umständen zu spät verspüren.

Ausgelöst wird er beim Tauchen mit Preßluft durch den Stickstoffgehalt des Atemgemischs. Ersetzt man den Stickstoff durch ein leichteres Heliumgas, läßt sich die Rauschschwelle senken.

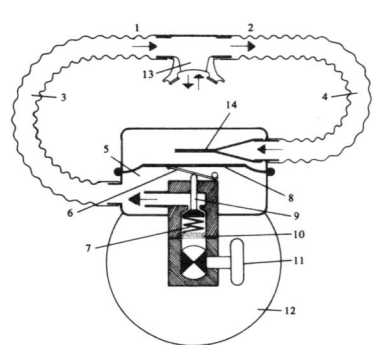

1 Einatmen
2 Ausatmen
3 Einatemschlauch
4 Ausatemschlauch
5 Niederdruckluft
6 Ventilhebel
7 Feder
8 Membran
9 Lungengesteuertes Ventil
10 Filter
11 Ventil
12 Preßluftflasche
13 Mundstück
14 Schnabelventil

Schema der Aqualunge von Cousteau und Gagnan

Zu Dekompressionsunfällen kommt es, wenn die Gase, die sich im Verlauf des Tauchens im Organismus aufgelöst haben, beim Aufsteigen unter Blasenbildung ausgeschieden werden – eine Gefahr, die proportional zum Tempo des Aufstiegs, zur Tauchtiefe und Tauchdauer zunimmt.
Derlei Unfälle haben zu der Erkenntnis geführt, daß beim Aufsteigen Pausen eingelegt werden müssen, damit das im Körpergewebe gelöste Gas nach und nach ausgeschieden werden kann. Aus sogenannten Dekompressionstabellen läßt sich ersehen, wie oft und wie lange bei einer bestimmten Tauchtiefe und Aufenthaltsdauer pausiert werden muß.

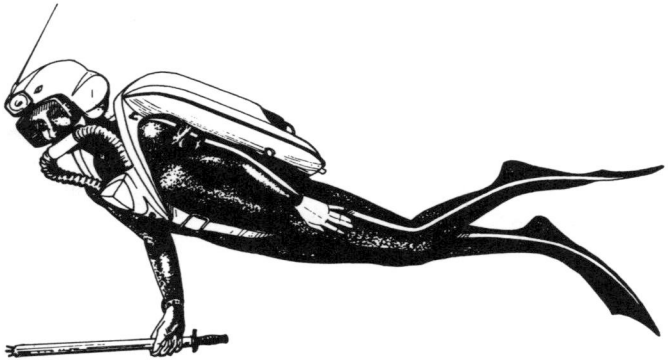

Unser neuer hydrodynamischer Anzug für Freitaucher mit Helm und eingebautem Telefon. In der Hand hält der Taucher eine Haigabel.

Bei kurzen Tauchgängen bedarf es, da der Organismus in diesem Fall keine gefährlichen Gasmengen zu absorbieren vermag, keiner Dekompressionspausen. Dafür verlängern sich die Pausen bei zunehmender Tauchtiefe und -dauer ganz erheblich.
Aus diesem Grunde hat man Experimente mit sogenannten Unterwasserhäusern angestellt, in denen sich die Taucher beliebig lange aufhalten können. Ihr Organismus, der nach einigen Stunden mit Gas gesättigt ist, verbleibt während der ganzen Aufenthaltsdauer in diesem Zustand, das heißt, der Taucher braucht nur einen einzigen Dekompressionsvorgang über sich ergehen zu lassen, gleichgültig, ob er nun einige Tage oder wie bei unserem Experiment mit *Précontinent III* gleich einen Monat am Meeresgrund bleibt. Ein längerer Unterwasseraufenthalt hat also große Vorteile, denn wie Paul Bert sagt, »man zahlt erst beim Gehen«.
Wesentlich erleichtert wird die Dekompression durch die »Druckkammer«, ein Gerät, in dem der Taucher während der Rückkehr zur Oberfläche unter demselben Druck gehalten werden kann, dem er während seines Tauchgangs maximal ausgesetzt war und in dem er anschließend, gegebenenfalls unter ärztlicher Kontrolle, ganz langsam wieder unter geringeren Druck gesetzt wird. Ist ein Druck erreicht, wie er oberhalb der Zwölfmetergrenze herrscht, kann wieder Sauerstoff geatmet werden.

Die Calypso

Um die Meere unseres Erdballs zu erforschen und die neuen, von ihm ersonnenen technischen Hilfsmittel einzusetzen, brauchte Commandant Cousteau auch ein neuartiges Forschungsschiff. Er fand es in der *Calypso*, einem ehemaligen, 1942 im Auftrag der Engländer in den USA gebauten Minensuchboot, das ausrangiert bei Malta lag und das er dank der großzügigen finanziellen Unterstützung des englischen Mäzens Loël Guinness erwerben und zum ozeanographischen Forschungsschiff ausbauen konnte.
Mit ihrer Länge von 43 Metern, ihrer Breite von 7,15 Metern, ihrem Raumgehalt von 329 Tonnen, dem doppelt beplankten Holzrumpf und den ungewöhnlich eng sitzenden Spanten ist sie ein ausgesprochen solide konstruiertes Schiff, das sich mühelos manövrieren und dank seines geringen Tiefgangs selbst durch enge Fahrrinnen steuern läßt. Mit ihren beiden Motoren und ihren beiden Schiffsschrauben läuft sie bis zu 10,5 Knoten.
Um das ehemalige Minensuchboot in ein Forschungsschiff umzu-

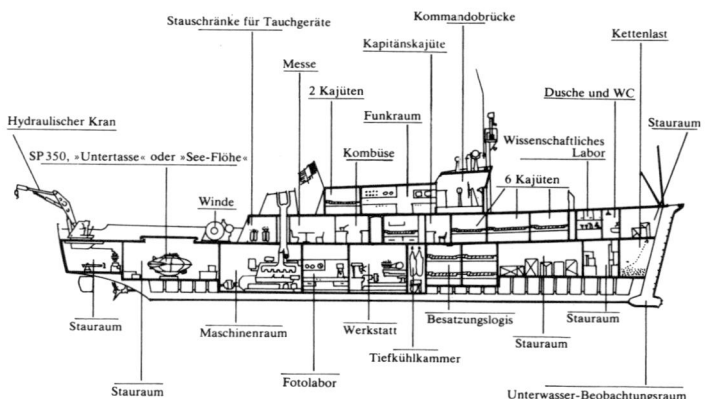

Die *Calypso*, ein in den USA gebautes Minensuchboot, wurde in mehreren Etappen zum ozeanographischen Forschungsschiff ausgebaut. Dabei wurden Kommandobrücke und Navigationsraum völlig umgestaltet, vorne zusätzliche Kajüten eingerichtet und der hintere Stauraum zur »Garage« für die tauchende Untertasse ausgebaut.

wandeln, mußten wesentliche Änderungen vorgenommen werden. So wurde zum Beispiel am Bug eine »falsche Nase« angebracht, ein 2,50 Meter unter die Wasserlinie hinabreichender Metallschacht, der in einen Beobachtungsraum mit fünf Bullaugen mündet. Von hier aus lassen sich die Vorgänge unter Wasser selbst während der Fahrt mühelos beobachten und filmen. Und auf dem Vorderschiff wurde aus zwei Leichtmetallmasten mit Querverbindung eine Brücke gebildet, die das Radargerät trägt und als erhöhter Beobachtungsstand besonders bei Fahrten durch Riffe und schwierige Passagen hervorragende Dienste tut.
Alles in allem ist die *Calypso*, die Platz für etwa 30 Personen bietet (sie müssen sich, da die Arbeit im Meer eine sehr umfangreiche Ausrüstung erfordert, allerdings ziemlich stark einschränken), besser ausgestattet als irgendein anderes ozeanographisches Forschungsschiff: Sie verfügt über rund 20 Aqualungen, mehrere Unterwasser-Scooter, 1 »offenes« Unterseeboot, 2 Miniatur-U-Boote (die sogenannten »tauchenden Untertassen«), 2 Beiboote, die nicht sinken können, mehrere schnelle Zodiak-Schlauchboote sowie über eine komplette Filmausrüstung mit Kameras, Scheinwerfern, Lampen und Kabeln. Außerdem gibt es an Bord mehrere Laboratorien und Aquarien, darunter auch ein schlingerfreies.

Mit Hilfe eines geschlossenen Fernsehsystems lassen sich alle Vorgänge an Bord und unter Wasser vom Navigationsraum aus beobachten. Miniatur-U-Boote, Taucher und Mutterschiff stehen über Ultraschalltelefon miteinander in Verbindung, während die Laute der Meerestiere mittels Tonband und Hydrophon aufgenommen werden können. Und schließlich verfügt die *Calypso* neben allen erdenklichen modernen Navigationsinstrumenten auch über ein Spezial-Echolot für große Tiefen.

Was die Finanzierung der Kreuzfahrten betrifft, so erhält die *Calypso* weder öffentliche noch private Zuschüsse (auch das Ozeanographische Museum von Monaco leistet lediglich wissenschaftlichen Beistand). Die geschäftliche Seite wird vielmehr von den »Campagnes Océanographiques Françaises« abgewickelt, einer von Commandant Cousteau 1950 ins Leben gerufenen Stiftung, die ihre Mittel aus den Autorenrechten des Commandanten, den Fernsehrechten, Lizenzgebühren und Forschungsaufträgen bezieht.

Nach ihrer Jungfernfahrt im Roten Meer (1951) beteiligte sich die *Calypso* bei Grand Congloué, einem Felsen vor Marseille, an der archäologischen Bergung eines gesunkenen römischen Schiffes aus dem 3. vorchristlichen Jahrhundert und befuhr in der Folgezeit den Indischen Ozean und den Atlantik bis zu den Antillen, um Filme (der bekannteste ist »Schweigende Welt«) zu drehen, aber auch um wissenschaftliche Forschungen durchzuführen. So fotografierte die Mannschaft zum Beispiel in Zusammenarbeit mit Professor Harold Edgerton vom Massachusetts Institute of Technology mehrere Tiefseegräben.

Im Verlauf der letzten großen Kreuzfahrt (1967–1971), bei der das Schiff 140 000 Seemeilen im Mittelmeer, Roten Meer, Indischen Ozean, Atlantik und Stillen Ozean zurücklegte und bis zur Beringstraße im hohen Norden vorstieß, entstanden 24 Filme, die von den Fernsehstationen in aller Welt ausgestrahlt wurden.

Nach einem durch Dreharbeiten an verschiedenen Mittelmeer-Filmen mehrfach unterbrochenen Aufenthalt in Marseille startete die *Calypso* dann am 29. September 1972 – mit Zwischenstationen in Argentinien, Patagonien, auf den Falkland-Inseln und auf Feuerland – zu einer sechsmonatigen Expedition in die Antarktis, um die Auswirkungen der Überfischung und der chemischen Verseuchung auf die empfindlichsten Meereswarmblüter – Blauwale, Finnwale, Buckelwale, Furchenwale, Seiwale, Schwertwale, Robben, Pinguine und Albatrosse – zu studieren. Für dieses neue Unternehmen wurde die Schiffsausrüstung um einige ungewöhnliche Stücke erweitert, so vor allem den zerlegbaren, im Stauraum abstellbaren Hubschrauber

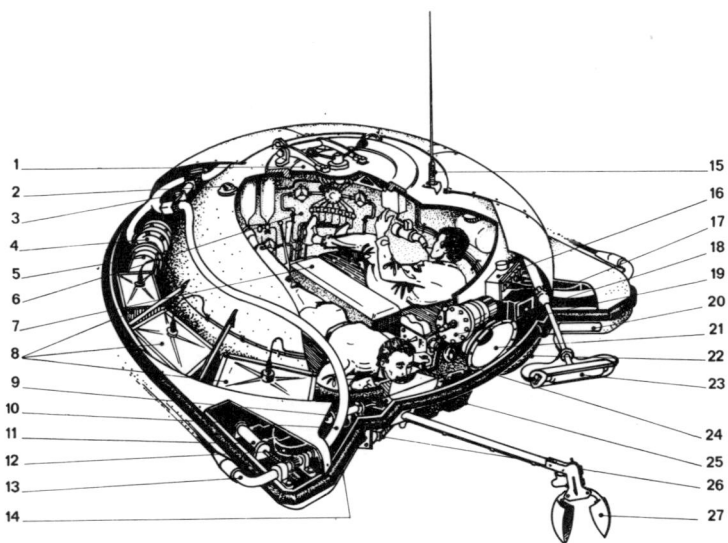

Tauchende Untertasse SP 350: 1. Einstiegsschleuse – 2. Bullaugen mit weitem Gesichtsfeld – 3. Rechter bzw. linker Wasserverteiler für die Düsen – 4. Pumpe – 5. 2-PS-Elektromotor – 6. Innere Apparaturen – 7. Wasserballast – 8. Akkumulatorenbatterien – 9. Schalthebel für den Greifarm – 10. Kammer für die Düsen – 11. Düsenheber vorne und hinten – 12. Umsetzer unten – 13. Düsen – 14. Scheinwerfer – 15. Funkantenne – 16. Schaltkasten – 17. Umsetzer oben – 18. Umsetzer vorne – 19. Quecksilberausgleicher vorne – 20. Blitzlichtlampe – 21. Bullaugen – 22. Sammelkorb – 23. Teleskop-Scheinwerfer – 24. Bullauge für Foto- und Filmkamera – 25. Abwerfbare Eisenbarren – 26. Stereo-Fotoapparat – 27. Greifer.

Hugues 300 C samt zugehöriger Plattform am Vorsteven, einen Heißluftballon, Spezialausrüstungen für das Tauchen im Eiswasser, neue Kameras, Beleuchtungsvorrichtungen und anderes mehr.

Tauchende Untertassen

Mehrere von Commandant Cousteau entwickelte Typen tauchender Untertassen wurden von Centre d'Etudes Marines Avancées in Marseille gebaut:
Die SP 350, die im hinteren Stauraum der *Calypso* untergebracht werden kann, faßt zwei Personen. Ihre Ausrüstung besteht in einer Filmkamera, einem Fotoapparat, einem hydraulisch betriebenen

Greifgerät und einem zugehörigen Sammelkorb. Über 600 Taucheinsätze.

Die SP 1000 (»Seefloh«), ein Einsitzer, der beim Tauchen mit einem gleichartigen Gerät zusammengekoppelt werden kann, trägt zwei ferngesteuerte Außenkameras (16 und 35 Millimeter) sowie Tonbandgeräte zur Aufzeichnung von Unterwassergeräuschen. Der Stauraum bietet Platz für zwei Seeflöhe, die mittlerweile über 100 Einsätze absolviert haben.

Die SP 4000 oder Deepstar, die bis in 1200 Meter Tiefe abtauchen kann, wurde auf Kosten der amerikanischen Firma Westinghouse konstruiert und 1966 herausgebracht. Sie faßt zwei Personen und hat eine Geschwindigkeit von 3 Knoten. Über 500 Taucheinsätze.

Die SP 3000, deren Bau vom CNEXO (Centre National pour l'Exploration des Océans) finanziert wurde, läuft bis zu 3 Knoten und bietet Raum für drei Personen.

Anhang B

Flossenfüßer (Pinnipedia)

Diese Unterordnung der Raubtiere ist im Laufe der Entwicklungsgeschichte wieder ins Meer zurückgekehrt, wobei sich Vorder- und Hintergliedmaßen mittels Schwimmhäuten zwischen Fingern und Zehen in Flossen umwandelten. Die Flossenfüßer, die nur einen kurzen oder verkümmerten Schwanz besitzen, sind in den kalten Zonen unserer Erde wesentlich zahlenstärker vertreten als in den warmen Regionen.

Man unterscheidet drei große Robbenfamilien:
1. die Ohrenrobben oder *Otariidae*;
2. die Walrosse oder *Odobenidae*;
3. die Seehunde oder *Phocidae*.

Der kleinste Flossenfüßer ist die maximal 1,40 Meter lange und 90 Kilogramm schwere Ringelrobbe *(Phoca hispida)*, der größte der südliche See-Elefant *(Mirounga leonina)*, dessen stattlichste Exemplare eine Länge von 7 Metern und ein Gewicht von 3,5 Tonnen erreichen können.

1. Familie der Ohrenrobben (Otariidae)

Die Ohrenrobben, gesellig lebende Raubtiere, deren Männchen sich Harems von 15 bis 40, manchmal aber auch bis zu 80 Weibchen zulegen, besitzen noch kleine äußere Ohren und Scrotum (Hodensack) und leben, in sechs Arten aufgegliedert, im Pazifik, an der südamerikanischen Atlantikküste und in den Uferregionen Australiens. Man unterscheidet:
a) Haarrobben oder Seelöwen, deren Pelz keinen Handelswert besitzt, da ihm die Unterwolle fehlt, mit den hauptsächlich an der Westküste Südamerikas vorkommenden Mähnenrobben *(Otaria)*, der an der Südküste Australiens verbreiteten Art *Neophoca* und dem kalifornischen Seelöwen *(Zalophus californianus)*, der sich von

der pazifischen Küste Mittelmexikos bis etwa nach San Francisco findet und für Zirkusnummern dressiert wird.

b) Pelzrobben oder Seebären, die einen kostbaren Pelz mit weichen, seidenzarten Wollhaaren unter den Grannen haben. Sie gliedern sich in zwei Gattungen, die Gattung *Calorhinus*, die im Beringmeer, auf den Pribiloff-Inseln, in Alaska und auf den Kurilen verbreitet ist und wegen ihres Pelzes gejagt wird, und die in den Gewässern der Antarktis, an der südamerikanischen und australischen Küste, den Kerguelen-Inseln usw. verbreitete Gattung *Arctocephalus*.

2. Familie der Walrosse (Odobenidae)

Bei den Walrossen sind die oberen Eckzähne zu Stoßzähnen umgebildet, die bis zu 60 Zentimeter lang werden können. Die Gattung *Odobenus* umfaßt die beiden Untergattungen *Odobenus rosmarus rosmarus* (Nordatlantik) und *Odobenus rosmarus divergens* (Nordpazifik). Walrosse können bis zu 4 Meter lang und über 1 Tonne schwer werden. Die Weibchen werfen alle 2 Jahre, wobei die Tragzeit jeweils mindestens 1 Jahr dauert.

Walrosse und Ohrenrobben besitzen als einzige Robbenarten entsprechend kräftige Vorder- und Hintergliedmaßen, um sich auf dem Festen schlängelnd fortzubewegen, während sich alle übrigen Flossenfüßer auf die Vorderflossen aufstützen und Bauch und Schwanz nachziehen müssen.

3. Familie der Seehunde (Phocidae)

Im Gegensatz zu den Ohrenrobben können die Seehunde ihre Hinterfüße nicht mehr zur Fortbewegung auf dem Festen benutzen und besitzen weder Scrotum noch äußere Ohren. Manche Seehunde sind

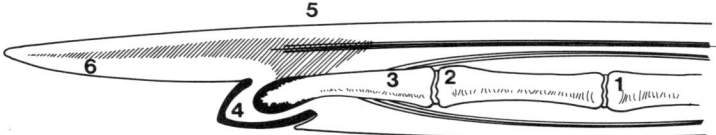

Schematischer Längsschnitt durch den Finger eines Flossenfüßers: 1. Erstes Fingerglied – 2. Zweites Fingerglied – 3. Drittes Fingerglied – 4. Nagel – 5. Die durch Knorpel gestützte, weit über das dritte Glied vorstehende Schwimmhaut – 6. Knorpelverstärkung.

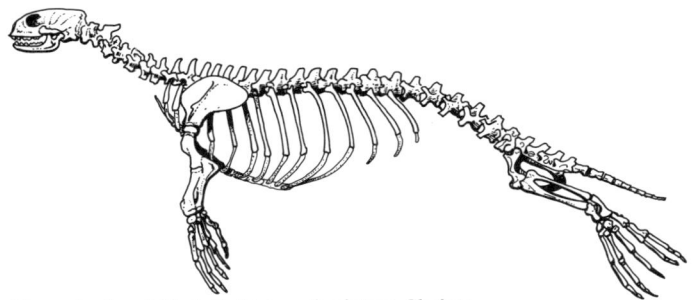

Oben: Seehund-Skelett. Unten: Seebären-Skelett.
Man beachte den unterschiedlichen Beckenbau, auf Grund dessen sich die Seebären (wie auch die Walrosse) beim Dahinrobben auf die Hintergliedmaßen stützen können, während sich die Seehunde mittels der Vorderflossen auf dem Boden entlangziehen. (Seebären können dank ihres Beckenbaus »sitzen«, wie Pepito und Christobald an Bord der *Calypso* demonstrierten.)

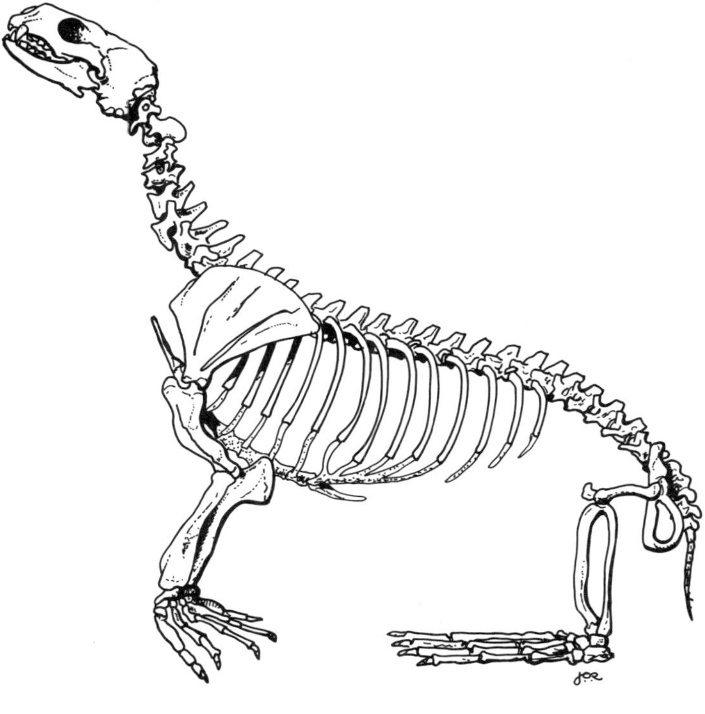

monogam und paaren sich im Wasser, andere bilden zur Paarungszeit große Kolonien an Land oder auf dem Eis.

Man unterscheidet vier Unterfamilien:

1. Unterfamilie der *Phocinae* mit der Art *Phoca*, zu der als bekannteste Robbe der in Nordeuropa, im Pazifik und an der kanadischen Küste heimische Seehund *(Phoca vitulina)* zählt.

2. Unterfamilie der Südrobben *(Lobodontinae)*. Zu ihr gehören die Weddell-Robbe *(Leptonychotes)*, eine an der patagonischen Küste vertretene Robbenart; der in südlichen Meeren vorkommende Krabbenfresser *(Lobodon carcinophagus)* und der Seeleopard *(Hydrurga leptonyx)*, ein gleichfalls in südlichen Meeren vertretenes gefräßiges Raubtier, das sich von Pinguinen und jungen Robben ernährt.

3. Unterfamilie der Mönchsrobben *(Monachinae)*, die nur durch eine einzige Art, die im Mittelmeer und an der afrikanischen Westküste vorkommende, sich hauptsächlich von Kopffüßern ernährende Mönchsrobbe *(Monachus monachus)* repräsentiert wird.

4. Unterfamilie der Rüsselrobben *(Cystophorinae)*. Zu dieser Unterfamilie zählen die beiden Arten des See-Elefanten *(Mirounga)*, der nördliche See-Elefant *(Mirounga mirounga)*, der auf der Insel Guadalupe größere Kolonien unterhält, sowie der auf verschiedenen Inseln südlicher Meere wie Saint Paul, Kerguelen vertretene südliche See-Elefant *(Mirounga leonina)*. Eine dritte, an der kalifornischen und mexikanischen Küste heimische Art, *Mirounga angustirostris*, soll vom Aussterben bedroht sein. Sie ist Berichten zufolge seßhaft, während die beiden anderen Arten nach Paarung und Haarwechsel wieder ins Meer zurückkehren, wo sie ein bisher kaum erforschtes Leben führen.

Anhang C

Die Eskimos

Die Eskimos, ein Volk von rund 70000 Menschen, das vor allem die arktischen Gebiete Amerikas und Grönlands bewohnt und sich gegenwärtig auf die vier Länder Dänemark, Kanada, USA und UdSSR verteilt (Grönland: 23000, Nordkanada: 9500, Alaska: 25000, Kap Tschukotsch: 1300), haben mongolide Züge wie schwarzes Haar und Schlitzaugen, unterscheiden sich aber von den Mongolen durch den langen, sehr hohen Schädel.

Ihr Ursprung ist nach wie vor ein Rätsel, obwohl bereits vor 100 Jahren dänische, amerikanische und russische Archäologen Ausgrabungen von Grönland bis Alaska durchführten – unter denkbar schwierigen Bedingungen, war doch in den betreffenden Gegenden der Boden selbst im Sommer noch halb gefroren.

Dabei entdeckte der dänische Archäologe H. Larsen in Epioutak (Alaska) die wichtigste Eskimo-Fundstätte der Welt mit den Überresten von 6000 bis 7000 Häusern und 550 Gräbern, was ihn zu der Bemerkung veranlaßte, Kanada sei »die Wiege der Eskimo-Archäologie«. (Vgl. Jean Malaurie, *Les derniers rois de Thalé.*)

H. B. Collins hingegen vermutet, daß »sich die noch unerforschten Relikte der unmittelbaren Vorfahren der Eskimos irgendwo nördlich und östlich des Baikalsees finden dürften«.

Und der sowjetische Anthropologe Rudenko schließlich führt, wie bereits erwähnt, die Ursprünge dieses Volkes bis in den Malaiischen Archipel zurück. Fest scheint jedenfalls zu stehen, daß die hochentwickelte Eskimokultur mit ihrer Steinbearbeitungstechnik, ihrem Werkzeug und Gerät nicht an Ort und Stelle entstanden ist, sondern von den Einwanderern mitgebracht wurde.

R. Gessain weist darauf hin, daß »die ältesten Stufen dieser Kultur am differenziertesten sind, daß sie die höchste künstlerische Vollendung und die größte Vielschichtigkeit aufweisen«. (R. Gessain, *Les Esquimaux du Groënland à l'Alaska,* Paris, Bourrelier.)

Warum sich allerdings 6000 bis 8000 Jahre vor unserer Zeitrechnung Menschen ausgerechnet in den unwirtlichsten Regionen der

Welt ansiedelten, hat bis jetzt noch niemand zu erklären vermocht. Wichen sie anderen, auf dem Kontinent nachdrängenden Völkern aus? Zogen sie auf der Suche nach Jagdwild nordwärts?
Nach Ansicht mancher Historiker soll der Wanderzug der Eskimos nach Norden durch die letzte Eiszeit ausgelöst worden sein. Durch das Vorrücken der Gletscher auf der nördlichen Erdhalbkugel wurden Karibu, Moschusochse und Rentier zunächst nach Süden gedrängt, kehrten dann aber am Ende der Eiszeit wieder nach Norden zurück, und hinter ihnen drein wären die prähistorischen Jäger gezogen.
Die letzten Jäger der Prähistorie sind die Eskimos in der Tat: Menschen der Steinzeit, deren knöcherne Harpunenspitzen, Flintsteinpfeile, Elfenbeinschnitzereien und -ritzzeichnungen, wie man sie in großer Zahl in der Arktis entdeckt hat und wie sie zum Teil noch heute in Gebrauch sind, von dieser Verbindung zur Vorgeschichte zeugen.
Die große Mehrheit der in Grönland ansässigen Eskimos allerdings sind Mischlinge, viele haben dänisches Blut in den Adern. Sie selbst nennen sich auch nicht mehr Eskimos, sondern Grönländer beziehungsweise Kaladlit. Dänemark, das Grönland seit 1821 verwaltet, hat hier, wie man an der ständig ansteigenden Bevölkerungskurve ablesen kann, Beachtliches geleistet.
Im übrigen sind die Eskimos im Gegensatz zu den viehzüchtenden Lappen seit jeher Jäger gewesen.

Anhang D

Alaska

49. amerikanischer Bundesstaat mit gebirgigem Landesinneren (hier befinden sich außer dem höchsten Berg Nordamerikas, dem Mount McKinley – 6187 Meter –, auch zahlreiche Vulkane). Im Norden eine niedrige, von Tundren bedeckte Tafel sowie die arktische Küstenebene, im Westen ein fjordreicher, von vielen Inseln gesäumter Küstenstreifen.
Während drei Viertel des Landes noch in die nördliche gemäßigte Zone fallen, liegt das letzte Viertel bereits jenseits des Polarkreises.
Auf Grund seiner Größe, seiner geographischen Lage sowie warmer Meeresströmungen, die das Klima an der Südküste mäßigen, hat Alaska sehr unterschiedliche Temperaturverhältnisse.
So gibt es etwa im Südosten keine großen Temperaturschwankungen zwischen Sommer und Winter, und auch an der Küste ist der Jahresdurchschnitt einheitlich gemäßigt. Das Klima ist hier regenreich, im Landesinneren dagegen eher trocken.
Arktische Temperaturen herrschen nur im Norden und Westen bis zu den Pribiloff-Inseln und der Saint-Lawrence-Insel, das heißt, während des dreimonatigen Sommers gleichen die Temperaturen denen der gemäßigten Zonen, während der lange, von September bis Mai dauernde Winter große Kälte, gefrorenen Boden und Schneefälle mit sich bringt. Die Küstentundra ist hier auf Grund häufigen Nebels feucht, die Pflanzenwelt besteht aus Moosen, Flechten, Gräsern und Zwergbäumen.

Goldrausch

Zunächst wurden Alaska und die Aleuten von russischen Pelzjägern kolonisiert, dann befuhren amerikanische Robbenschläger und Walfänger das Beringmeer, und 1867 wurde das Land schließlich von den USA käuflich erworben, die seine natürlichen Schätze – Pelze, Holz, Fische – ausbeuteten.
1897 tat sich am Yukon ein neues Eldorado auf, und der Gold-

rausch, den Charlie Chaplin und Jack London, der sich selber als Goldsucher aufmachte, geschildert haben, setzte ein.
In einem einzigen Jahr landeten 100 000 Goldsucher in Skagway. Ihr Ziel war das 1000 Kilometer entfernte Dawson City (der Mittelpunkt des Klondike-Minengebiets), wo sie ihr Glück machen wollten. Zuvor aber galt es den gefährlichen Chilkoot-Paß zu überwinden und große Mengen an Verpflegung übers Gebirge zu schleppen.
Doch auch in Juneau, Nome und Fairbanks, »dem goldenen Herzen Alaskas«, setzte ein ähnlicher Goldrausch ein. Heute produziert Alaska, dessen Bevölkerung sich seit 1950 verdoppelt hat (sie zählt mittlerweile 300 000 Köpfe) nur noch 670 Kilogramm Gold jährlich (Kanada: 11 500 Kilogramm).
Jeder dritte Bewohner dieses US-Bundesstaates ist bei den Streitkräften, da das Land erhebliche strategische Bedeutung besitzt: Das russiche und das amerikanische Hoheitsgebiet liegen stellenweise nur ein paar Kilometer voneinander entfernt.
1950 richteten die USA und Kanada quer durch die Arktis eine Radarkette ein, das sogenannte »Ballistic Missile Early Warning System«, um den Abschuß sowjetischer Raketen zu kontrollieren. Amerikanische und sowjetische Maschinen überfliegen täglich den Pol, und außerdem haben Russen wie Amerikaner schwimmende Beobachtungsstationen auf Eisinseln errichtet, die vom Flugzeug aus versorgt werden.

Erdöl und Uran

Alaska ist außerordentlich reich an Bodenschätzen. Südlich von Point Barrow werden Erdöl und Erdgas gewonnen, und außerdem liefert das Land Kohle und Minerale, namentlich Gold, Silber, Quecksilber, Antimon, Zinn, Kupfer, Eisen, Uran, Platin und Blei. Doch an erster Stelle stehen Fischfang und Konservenindustrie. Allein der mit modernsten Geräten betriebene Lachsfang erzielt jährlich einen Umsatz von 40 bis 50 Millionen Dollar.
Außerdem ermöglicht die vielfältige Tierwelt einen florierenden Pelzhandel (Nerz, Fuchs, Wolf, Luchs, Seehund usw.), der in der Produktion nach Fischfang und Bergbau an dritter Stelle steht.
Demnächst wird das Land dank eines in Rampart Canyon am Yukon geplanten Staudamms über große Energiequellen – 5000 Megawatt – verfügen. Weitere 1500 Megawatt werden von einem der beiden Kernreaktoren erzeugt, die die US-Army im hohen Norden errichtet hat (der zweite befindet sich in Grönland).

Anhang E

Die Entdeckung der Arktis

Der erste namentlich bekannte Polarforscher der Geschichte war zweifellos der Geograph, Astronom und Mathematiker Pytheas aus Massilia (Marseille), der über 300 Jahre vor unserer Zeitrechnung in ein Gebiet vorgestoßen sein soll, das er »ultima Thule« (das heißt äußerstes Land am Nordrand der Welt) nannte – nach heutiger Auffassung höchstwahrscheinlich der norwegische Küstenstreifen auf der Höhe von Drontheim.

Dann scheint sich lange nichts mehr getan zu haben. Jedenfalls stammen die nächsten Hinweise erst aus dem 9. Jahrhundert nach Christus, als die Wikinger Island entdeckten und der Normannenherrscher Erich der Rote auf Grönland (dem »grünen Land«, wie er die Insel taufte) Kolonien gründete, die sich über 500 Jahre lang halten konnten.

Mit ihren Drakkars, den selbst noch in den schlimmsten Stürmen seetüchtigen Drachenschiffen, erkundeten die Wikinger außerdem die Küstengebiete Neufundlands und Labradors, doch besitzen wir über diese Entdeckungsfahrten und ihre Auswirkungen keinerlei Berichte, wie auch die Gründe für den Untergang der Wikingerkolonien auf Grönland bisher nicht geklärt werden konnten.

Erste Überwinterung in der Polarregion

Systematische Erkundungsfahrten in die Arktis wurden erst vom 16. Jahrhundert an unternommen:
Damals schickte Königin Elisabeth I. von England einen ihrer tüchtigsten Seeleute, Sir Martin Frobisher, aus, um den Verbindungsweg zwischen der westlichen Welt und Asien zu suchen, jene Nordwestdurchfahrt, die die Phantasie aller Forscher und Entdecker drei Jahrhunderte lang beschäftigen sollte.
Ungefähr zur selben Zeit unternahm ein holländischer Seefahrer, Willem Barents (um 1550–1597), auf der Suche nach einer Nord-

ostdurchfahrt drei Seereisen in den hohen Norden, entdeckte dabei Spitzbergen, mußte aber, da sich sein Schiff, die *Discovery*, im Eis festfuhr, als erster in der Polarregion überwintern. Beim Versuch, die sibirische Küste zu erreichen, kam Barents, der als der erste große Held der Polargeschichte gelten darf, ums Leben.
Als nächster stieß im Auftrag englischer Kaufleute Henry Hudson (um 1550–1611) mit seinem kleinen Schiff, der *Hopewell*, längs der grönländischen Küste bis 80° 23′ n. Br. vor – ein Rekord, den ihm 166 Jahre lang niemand streitig machen sollte. Auf einer weiteren Reise im Jahre 1609 entdeckte er die nach ihm benannte Hudsonbai, womit er die Durchfahrt zwischen Atlantik und Pazifik entdeckt zu haben glaubte.
Ein weiterer bedeutender Polarforscher, der dänische Seefahrer Vitus Bering (1681–1741), erkundete im Dienste Peters des Großen 36 Jahre lang die Arktis, durchfuhr als erster die nach ihm benannte Meerenge, die Beringstraße, und nahm 1741 Alaska für den Zaren in Besitz. Bei dieser Expedition erlitt er Schiffbruch und starb während der Überwinterung an Skorbut.

Der Tod Sir John Franklins

Während des ganzen 18. Jahrhunderts rissen die Versuche, die Arktis nach einer schiffbaren Ost- oder Westdurchfahrt zu durchforschen, nicht mehr ab, ja, die britische Regierung setzte für die Entdeckung der Nordwestdurchfahrt sogar eine Belohnung von 20 000 Pfund aus.
1845 rüstete England schließlich die bis dahin größte Polarexpedition zur Erkundung der Nordwestdurchfahrt aus. Unter dem Kommando des 59jährigen Sir John Franklin liefen zwei Schraubendampfer, die *Erebus* und die *Terror*, mit Proviant für 4 Jahre in Richtung Arktis aus, doch keiner der 168 Expeditionsteilnehmer sollte zurückkehren. Nachdem 3 Jahre lang völlige Ungewißheit über den Ausgang des Unternehmens geherrscht hatte, gelang es Sir John Franklins zweiter Frau, die Öffentlichkeit so weit zu mobilisieren, Rettungsmannschaften auszusenden, um nach den Vermißten zu suchen. Jahrelang setzte Lady Franklin alle Hebel in Bewegung, um die Spuren ihres Gatten aufzufinden, doch bei den insgesamt 40 Suchaktionen wurden lediglich die Leichen von 30 Teilnehmern der Franklin-Expedition entdeckt. Wieso diese bestorganisierte Polarexpedition der Geschichte mit einem solchen Fiasko enden konnte, ist bis heute nicht geklärt.

Start des Ballonfliegers Andrée, der am 11. Juli 1897 mit zwei Kameraden in Richtung Nordpol aufbrach und für immer verschollen blieb.

Die beiden Durchfahrten

In der zweiten Hälfte des 19. Jahrhunderts gelang dann sowohl die Nordwest- als auch die Nordostdurchfahrt.
Während nach vierjährigen Bemühungen, teils auf der *Investigator*, der *Resolute*, teils sogar zu Fuß und endlich auf der *Etoile polaire*, Kommandant MacClure, der unter James Ross als Seeoffizier gedient hatte, einen Weg vom Stillen Ozean in den Atlantik fand, lief der schwedische Baron Erik Adolf Nordenskiöld, nachdem er mit der *Vega* an der Nordostküste Asiens entlanggefahren war, 1879 durch die Beringstraße in den Pazifik ein, passierte also die Nordöstliche Durchfahrt, was eine um so beachtlichere Leistung war, als die Expedition kein Menschenleben kostete und das Schiff die lange Strecke ohne Havarie überstand.

Eroberung des Nordpols

Zunächst war es bei den Polarexpeditionen noch nicht darum gegangen, den Nordpol selbst zu erobern. Dieses Ziel setzte sich erstmals 1879 der amerikanische Marineleutnant George Washington De Long, dessen Unternehmen von James Gordon Bennett, dem Eigentümer des *New York Herald*, der schon Stanleys Afrikaexpedition auf der Suche nach Livingstone veranlaßt hatte, finanziert wurde.
Doch De Longs Schiff wurde vom Eis zermalmt, und der Rückzug der Männer übers Packeis endete nach einem 140tägigen verzweifelten Kampf mit dem Tod des Leutnants und seiner Kameraden.
Auch die Expedition, die Kapitän Adolphus W. Greely mit einer kleinen amerikanischen Marineabteilung unternahm, führte zur Tragödie: Die 29 Teilnehmer, die ohne ausreichende Verpflegung von Discovery Harbor auf Ellesmere Land in südlicher Richtung aufgebrochen waren, erlitten vor der Insel Bedford Pym Schiffbruch. Und als die Rettungsmannschaft endlich eintraf, fand sie nur noch 7 fast verhungerte Überlebende vor, die sich in der Zwischenzeit mit Algen, Flechten, Moosen, Lederriemen, ja sogar ihren Schlafsäcken notdürftig am Leben erhalten hatten.
1893 faßt der Norweger Fridtjof Nansen den tollkühnen Plan, sich mit einem Schiff im Packeis einschließen zu lassen und so eine Driftfahrt nach Norden durchzuführen. Auf diese Weise hoffte er, wenn schon nicht zum Pol, so doch zumindest weit in den hohen Norden zu gelangen. Mit einem Spezialfahrzeug, der *Fram*, die soli-

de genug gebaut war, um dem ungeheuren Druck des Eises standzuhalten, machte sich Nansen auf, um sich, wie geplant, vom Eis nach Norden tragen zu lassen.
Als er dann allerdings 2 Jahre von aller Welt abgeschnitten auf dem Packeis zugebracht hatte, dämmerte dem Forscher die Erkenntnis, daß die *Fram* wohl niemals bis zum Pol driften würde, und so ging Nansen kurzerhand mit ein paar Kameraden von Bord und zog mit Hundeschlitten nordwärts.
Bis auf 415 Kilometer dem Nordpol nahe gekommen, blieb den Expeditionsteilnehmern keine andere Wahl, als umzukehren und 8 Monate lang auf Franz-Joseph-Land zu überwintern, eine Zeit, während der die Männer ausschließlich von der Bären- und Walroßjagd lebten.
Als die *Fram* schließlich nördlich von Spitzbergen wieder flottgemacht werden konnte (sie hatte mittlerweile das arktische Becken durchquert und 85° 55′ n. Br. erreicht), kehrte Nansen endlich nach Norwegen zurück.

Robert Peary

Den Sieg in dem Anfang des 20. Jahrhunderts einsetzenden Rennen um die Eroberung des Nordpols trug schließlich verdientermaßen der amerikanische Ingenieur Robert E. Peary davon, der auf Grund seiner mehr als 20jährigen Polarerfahrung nicht nur völlig andere Vorstellungen als seine Vorgänger mitbrachte (so zum Beispiel den von sämtlichen Polarforschern bis dahin so gefürchteten Winter auf Grund des durch Schnee und Eis eingeebneten Geländes und der aufgefüllten Gletscherspalten als günstigsten Zeitpunkt für eine Expedition betrachtete und sich auf ein Minimum an Ausrüstung, Hundeschlitten und Eskimokleidung, beschränkte), sondern auch felsenfest davon überzeugt war, den Nordpol als erster zu erreichen. »Die fixe Idee, den Pol zu erobern«, schreibt er, »spielte in meinem Dasein allmählich eine derart dominierende Rolle, daß ich mich nur noch als Werkzeug dieser Eroberung betrachten konnte.«
Seit seinem 30. Lebensjahr hatte sich Peary systematisch zum Polarforscher ausgebildet, zweimal Grönland durchquert und dabei in 85tägigem Marsch 1800 Kilometer zurückgelegt – eine fürchterliche Strapaze, die er im einen Fall nur dank der Moschusochsen und im anderen dank der von Kapitän Greely seinerzeit angelegten Lager mit Zwieback und anderen Lebensmitteln überstand. Nachdem er sich unterwegs die Zehen erfroren hatte, mußte er von seinen Eski-

mofreunden auf einem Schlitten zum Schiff, der *Windward*, zurücktransportiert und an Bord amputiert werden.
Doch selbst diese bedauerliche Verstümmelung konnte Peary nicht von seinem Traum abbringen. Dreimal noch setzte er zum Sturm auf den Pol an, das erste Mal im März 1902 mit einem einzigen Schlitten, 10 Hunden, 3 Eskimos und seinem schwarzen Diener Henson, mußte sich jedoch bei 84° 17′ n. Br. geschlagen geben.
1905 brach Peary erneut auf, diesmal mit einem Schiff, der *Roosevelt*, mußte aber, nachdem bei 87° 6′ n. Br. die letzten Hunde verzehrt und die Schlitten verfeuert waren, auch diesmal umkehren. Glücklicherweise konnte er fünf Moschusochsen erlegen, und wieder retteten ihm die Eskimos das Leben, indem sie ihn in die frische, noch blutige Haut eines der Tiere einwickelten.

Der Sieg

Unverzagt brach der mittlerweile 53jährige Peary 1908 zu seiner nächsten Polarexpedition auf, fuhr mit seinen Eskimofreunden auf der *Roosevelt* bis Kap Columbia, von wo er sich am 22. Februar 1909 mit 24 Männern, 15 Schlitten und 133 Hunden auf den 660 Kilometer langen Weg zum Pol aufmachte. Um alle Kräfte für den Endspurt aufzusparen, wird die Expedition in sechs Gruppen aufgeteilt, die nacheinander losmarschieren sollen, an der Spitze Peary selbst, sein getreuer Diener Henson, ein hervorragender Schlittenlenker, und 4 Eskimos.
130 Kilometer vom Ziel entfernt brechen Peary und seine 5 Kameraden mit nur noch 5 Schlitten und 10 Hunden zur letzten Etappe auf. Nach 5tägigem erschöpfendem Marsch – die Schmerzen in Pearys verstümmelten Füßen sind nahezu unerträglich – erreicht die Gruppe 89° 57′ n. Br. »Der Pol«, schreibt Peary, »war also endlich in Sicht, aber zu den letzten Schritten fehlte mir einfach die Kraft. Die während der vergangenen Tage und Nächte, in denen wir pausenlos marschiert waren, aufgestaute Müdigkeit lastete mit einemmal bleiern auf mir – ich fühlte mich viel zu erschöpft, um auch nur zu begreifen, daß ich das Ziel meines Lebens erreicht hatte.«
Am 6. April 1909 um 10 Uhr morgens pflanzt Peary am Nordpol das Sternenbanner auf und hält sich in einem selber gebauten Iglu 2 Tage auf, ohne ein Auge zuzutun. Nach 23jährigen Bemühungen und 8 Expeditionen hatte er es endlich geschafft! Als er bei dem Versuch, durchs Eis eine Tiefenlotung durchzuführen, nach Abspulung von 2750 Meter Lotleine noch immer nicht auf Grund stößt,

geht ihm auf, daß der Nordpol nur ein Punkt im Raum unter anderen ist, ein Meeresabgrund, über dem sich das ständig abdriftende Packeis türmt.
Doch da Robert Peary keinen Weißen an seinem Triumph hatte beteiligen mögen und als einzige Zeugen 4 Eskimos und seinen schwarzen Diener bei sich hatte, wurden bald Zweifel an seinem Sieg laut, zumal noch einer seiner ehemaligen Kameraden, der Amerikaner Dr. Frederic Cook, behauptete, den Pol in Begleitung zweier Eskimos am 21. April 1908, also fast ein Jahr vor Peary, erreicht zu haben.
Die erbitterte Polemik, die sich daraufhin entspann, setzte sich über den Tod der beiden Rivalen hinaus fort, und selbst heute steht nicht mit absoluter Sicherheit fest, wer den Nordpol als erster bezwungen hat.

Flüge über den Pol

Nachdem die Arktis mit dem Schiff und dann zu Fuß und mit Hundeschlitten erkundet worden war, wurde sie schließlich noch überflogen. Den ersten Versuch unternahm im Freiballon der Schwede Andrée, der laut Nordenskiöld damit rechnete, eine stetige atmosphärische Strömung werde ihn bis zum Pol tragen. Die Steuerung des Ballons sollte durch Segel erfolgen, die entsprechende Höhe mittels Ventilleinen gehalten werden.
Doch der am 11. Juli 1897 von der Danes-Insel gestartete Ballon *Oern* (Adler) blieb jahrelang verschollen – bis Teilnehmer einer Polarexpedition 1930 auf der Weißen Insel die von Bären halb aufgezehrten Kadaver Andrées und seiner Kameraden entdeckten und Tagebücher mit der Schilderung des vergeblichen Kampfes ums Überleben sowie einen Fotoapparat mit belichteten Aufnahmen fanden.
1925 griff Roald Amundsen die Idee, den Pol zu überfliegen, erneut auf. Er startete mit zwei italienischen Wasserflugzeugen, kam jedoch im Nebel von der Route ab und mußte in der Nähe des 88. Breitengrades, 2 Grad vom Pol entfernt, auf dem Packeis notlanden.
Ein Jahr später glückte dann dem Amerikaner Byrd am 9. Mai 1926 mit seinem Flugzeug *Josephine Ford* die erste Nordpolüberquerung, am 11. Mai 1926 folgte der Italiener Nobile mit dem Luftschiff *Norge*, an dessen Bord sich Amundsen und Ellsworth befanden.

Viel Staub wirbelte 1928 das Schicksal eines anderen, gleichfalls von Nobile gesteuerten italienischen Luftschiffs auf, das auf dem Packeis notlanden mußte. Während Expeditionsleiter Nobile an Bord einer schwedischen Maschine in Sicherheit gebracht werden konnte, mußten fünf weitere Überlebende einen Monat lang bis zur Ankunft des sowjetischen Eisbrechers *Krassin* auf dem Packeis ausharren.

Am 21. Mai 1937 schließlich landete eine viermotorige russische Maschine vom Typ *Ant 6* direkt am Pol und setzte hier 4 sowjetische Wissenschaftler ab, die sich im Laufe der folgenden 9 Monate bis Grönland treiben ließen und sich als erstes Forschungsteam längere Zeit am Nordpol aufhielten.

Beitrag der verschiedenen Nationen zur Eroberung des Nordpols

Für uns heute hat die Arktis längst ihre Schrecken verloren, überfliegen doch täglich Maschinen der internationalen Luftlinien auf der kürzesten Route zwischen Europa und Asien den Pol. So ist, was lange Zeit eine Großtat war, mittlerweile zur reinen Routineangelegenheit geworden.

Im übrigen sei noch angefügt, daß auch Frankreich das Seine zur Eroberung der unbekannten Welt des ewigen Eises beigetragen hat. Erkundete Kommandant Charcot jahrelang die Küstengebiete Grönlands, so beschäftigten sich seit 1948 französische Polarforscher auf Anregung von Paul-Emile Victor mit dem wissenschaftlichen Studium des grönländischen Inlandeises und leiten seit 1957 die internationale Gletscherforschung.

So darf man die Eroberung des Nordpols wohl alles in allem als eine Gemeinschaftsleistung der zivilisierten Nationen und ihrer Freunde und Helfer, der Eskimos, betrachten.

Glossar

anschlagen. Eine Last mittels einer Seilschlinge oder Kette am Haken einer Zugwinde oder eines Krans befestigen, um sie hochzuhieven, wobei das Seilende durch eine Schlinge geführt wird, so daß ein Ziehknoten entsteht.

Aponeurosis. Sehnenhaut, die einen Muskel umkleidet und bei Kontraktion eine seitliche Verschiebung bremst.

Ascension. 300 Kilometer nordwestlich von St. Helena gelegene Insel, dessen Dependenz sie seit 1922 darstellt. 82 Quadratkilometer groß, 500 Einwohner. Die Insel wurde am Himmelfahrtstag des Jahres 1501 vom Spanier Juan de Nova entdeckt (daher ihr Name) und ist seit 1815 englisch.

Außenhaut. Äußere Beplankung oder Bespannung eines Schiffs oder Bootes.

Bering, Vitus, dänischer Seemann und Forscher, der als Seeoffizier in russischen Diensten die Halbinsel Kamtschatka erkundete, Alaska, die Aleuten sowie die Kodiak-Insel entdeckte. Die nach ihm benannte Beringstraße verbindet das Nordpolarmeer mit dem Pazifik.

Blizzard. NW-Orkane im hohen Norden, die mit starken Schneefällen und großer Kälte verbunden sind.

Eisberg. Im Meer schwimmende große Eismasse, die durch Abbrechen des Inlandeises oder Auftürmen von Packeis entsteht und von der nur rund ein Achtel über den Meeresspiegel ragt.

Eiskappe. Beide Pole sind ständig von einer Eiskappe bedeckt, die auf Grund der anhaltenden Kälte nur ganz oberflächlich abtaut.

Elektrokardiographie. Methode zur Aufzeichnung der elektrischen Aktionsströme des Herzens, die über ein Meßinstrument geleitet und grafisch fixiert werden. Erlaubt die Kontrolle der Herzfunktion.

Europa-Insel. Kleine, 500 Kilometer vor der ostafrikanischen Küste gelegene Insel von nur 10 Kilometer Durchmesser mit seichter Brackwasserlagune und ausgedehnten gelben Sandstränden, auf denen die Seeschildkröten ihre Paarungs- und Eiablageplätze haben.
Die Insel, auf der sich eine Zyklonwarnstation befindet, wird nur von vier Leuten ständig bewohnt, die alle von Réunion stammen, da die Europa-Insel als französische Besitzung vom Département Réunion aus verwaltet wird.

Filibuster. Der Ausdruck »Filibuster«, von englisch »flibutor«, das wiederum auf das holländische Wort »vrijbuiter« – einer, der freie Beute macht – zurückgeht, bezeichnet die Piraten des karibischen Raumes im 17. und 18. Jahrhundert.
Ihre große Blütezeit lag in der ersten Hälfte des 17. Jahrhunderts. Damals beherrschten die Filibuster praktisch alle Gewässer der Antillen und der venezolanischen Küste.
Mit dem Spanischen Erbfolgekrieg, in dem sich Spanien und Frankreich 1701 verbündeten und der Ludwig XIV. veranlaßte, die spanische Schiffahrt vor An-

greifern zu schützen, begann dann jedoch der rasche und endgültige Verfall des Filibusterwesens.

floe. Treibendes Eisfeld oder Eisscholle; zusammengepreßte »floes« ergeben das »pack«, das Packeis.

Fontaine de Vaucluse. Mächtige Karstquelle im französischen Département Vaucluse, in der Cousteau und seine Freunde verschiedene dramatische Tauchversuche durchführten. Die Fontaine de Vaucluse, eine natürliche Quelle am Fuße einer Steilwand, aus der ein Flüßchen, die Sorgue, entspringt, stellt eines der größten hydrologischen Rätsel unserer Erde dar. Bis jetzt ist es nicht gelungen, zu ihrem Grund abzutauchen beziehungsweise aufzuklären, auf welche Weise sie mit einem unterirdischen Abschnitt der Sorgue in Verbindung steht. Wegen des eiskalten Wassers und eines Wirbels ist das Tauchen in der Fontaine de Vaucluse ausgesprochen schwierig.

Gonokokken. Erreger des Trippers, 1879 von Neisser entdeckt.

Grindwale *(Globicephalae).* Charakteristisch für die Grindwale ist der stark gewölbte Kopf, dessen Stirnpartie über dem Oberkiefer vorspringt. Grindwale sind zwischen 4 und 8 Meter lang und haben eine schwarze Haut. Sie tragen eine Rückenfinne und 7 bis 11 Zähne in jedem Kiefer. Sie ziehen in Schulen von mehreren hundert Tieren und folgen blind einem Leittier. Sie nähren sich von Tintenfischen und folgen diesen auf ihrer Wanderung. Im Sommer halten sie sich in der Nähe der neufundländischen Küsten auf, im Winter ziehen sie in warme Gewässer, wo auch die Jungen zur Welt kommen. Die Tragzeit dauert 12 Monate. Die Geschlechtsreife tritt beim Männchen mit 3 Jahren und beim Weibchen mit 6 Jahren ein. Die Paarung erfolgt im Herbst. Grindwale stellen die wichtigste Einnahmequelle Neufundlands dar. An die 3000 bis 4000 Exemplare werden jährlich getötet.

Kelp. Amerikanische Sammelbezeichnung für verschiedene (meist dem Stamm der Braunalgen oder *Phaeophyceae* zugehörige) Riesentange, die von Kalifornien bis Mexiko, aber auch bei Neuseeland, Argentinien, Chile und Peru vorkommen. Besonders schnellwüchsig ist die Art *Macrocystis pyrifera,* die bis zu 60 Meter lang wird (nach Angaben mancher Algenforscher sogar 300 bis 500 Meter). Die Wedel dieses Tangs, der mit Haftorganen im Boden verankert ist, sind mit Luftblasen besetzt und treiben daher im Wasser.
Weitere zum Kelp zählende Algenarten sind *Pelagothycus porra* und *Eisenia arborea.*

Kerguelen-Inseln. Französische Inselgruppe im südlichen Indischen Ozean mit ozeanischem Klima, ausgeglichenen Temperaturen – die Schwankungen zwischen Sommer (2,6 Grad Celsius) und Winter (7,4 Grad Celsius) betragen nur 5 Grad Celsius –, jedoch fast ständig schlechtem Wetter.
Mit ihrer dürftigen Vegetation (hauptsächlich hohes, hartes Tussockgras) sind die Kerguelen wirtschaftlich von geringem Interesse.

Kodiakbär, auch Alaskabär, *Ursus Arctos Middendorffi,* ein sehr großer Braunbär, der aufgerichtet bis zu 2,50 Meter messen und über 700 Kilo schwer werden kann.
Der Kodiakbär, das größte gegenwärtig auf unserer Erde lebende Raubtier, ernährt sich vornehmlich von Fischen, insbesondere Lachsen, die er, obwohl er ziemlich kurzsichtig ist und fast nur auf gut Glück mit der Tatze zuschlägt, geschickt fängt, wenn sie auf ihrer Wanderung flußaufwärts ziehen.

Kormorane, Scharben. Schwimmvögel aus der Gattung der Ruderfüßer *(Steganopodes).* Der Kormoran oder die Eisscharbe *(Phalacrocorax carbo)* und die Zwergscharbe *(Phalacrocorax pygmaeus)* sind bis zum Rand der Arktis vertreten. Vor allem die schwarze Eisscharbe ist weit verbreitet und brütet auf Südgrönland, Island und Labrador. Sie taucht vornehmlich in Küstengewässern, selten auf hoher See.

Die kleinere Zwergscharbe taucht weniger tief und benetzt, um den Auftrieb zu verringern, vor dem Tauchen ihr Gefieder.

Lachs. Nachdem die frisch geschlüpften Lachse ein Jahr lang in den Seen und Flüssen Alaskas herangewachsen sind, ziehen sie für vier Jahre ins offene Meer hinaus, um nach dieser Spanne zur Fortpflanzung an die Stätte ihrer Geburt zurückzukehren. Dabei müssen sie durch fast trockene Wasserläufe flußaufwärts wandern und Wasserfälle überwinden, wobei nicht wenige der Tiere erschlagen werden.

Im Süßwasser angelangt, nehmen die Laichlachse keine Nahrung mehr auf.

Sie haben sich verfärbt, der ehedem silbergraue Körper ist jetzt rot, der Kopf grün, und beim Männchen krümmt sich außerdem der Unterkiefer hakenförmig.

Jedes Männchen sichert sich den Besitz eines Weibchens. Am Laichplatz angelangt, graben die Tiere mit kräftigen Schwanzschlägen eine große Mulde, in der das Weibchen seine Eier ablegt, die vom Männchen sofort befruchtet werden. Nach der Eiablage verfallen die Tiere rasch und gehen nach 4 bis 10 Tagen ein. Aus 5000 Eiern schlüpfen 100 Sälmlinge aus, von denen nur 50 das Meer erreichen, und von diesen 50 wiederum sind nach 4 Jahren bei der Rückkehr in die Flüsse nur noch 30 am Leben. Davon fallen rund 10 den Fischern und 5 Raubtieren zum Opfer, so daß schließlich nicht einmal mehr 10 Exemplare die Laichstätte erreichen.

Longwood. Dieses Haus mit seinen 20 kleinen Räumen, in dem sich Napoleon I. auf St. Helena aufhielt und wo er auch starb, ein auf einem erhöhten Punkt gelegenes ehemaliges Lagerhaus der Ostindischen Handelskompanie und später das Landhaus des stellvertretenden Gouverneurs, ist neun Monate im Jahr feucht und während der restlichen drei zugig.

Lupine. Schmetterlingsblütlergattung mit verschiedenen Arten, die als Futter- und Zierpflanzen angebaut werden.

Malediven. An der Südwestspitze Indiens im Indischen Ozean gelegene Inselgruppe, zur Zeit des Gewürzhandels bedeutender Zwischenlandeplatz der Segelschiffe. Heute werden diese Koralleninseln jedoch kaum mehr besucht und sind ausgesprochen verarmt. Zunächst von den Portugiesen kolonisiert, gingen die Malediven Anfang des 19. Jahrhunderts in englischen Besitz über und sind seit 1965 unabhängig.

Meerbrassen (*Sparidae*). Familie barschartiger, lebhaft gefärbter und wohlschmeckender Fische in tropischen und gemäßigten Meeren, umfaßt über 200 Arten, unter ihnen die Goldbrassen und Schafsbrassen.

Besonders häufig vertreten sind die Meerbrassen im Mittelmeer, seltener kommen sie im Atlantik vor, mit Ausnahme des Golfs von Biskaya.

Narwal, Zahnwal, *Odontocetus*, Familie der *Monodontidae*. Ein in den arktischen Meeren häufig vorkommendes Tier, das sich an den Küsten aufhält und manchmal in Flußmündungen eindringt.

Seine Länge schwankt zwischen 3,5 und 5 Meter, den Stoßzahn nicht mitgemessen. Dieser Stoßzahn wächst in der Fortsetzung der Schnauze geradeaus vor, ist schraubenförmig gedreht und kann bis zu einer Länge von 2,7 Metern entwickeln. Allerdings tragen nur Männchen den Zahn.

Der Narwal hat keine Rückenfinne, sondern nur eine leichte Erhöhung oder einen »Kamm« auf dem Rücken.

Entgegen allgemeiner Meinung dient der Stoßzahn nicht zum Zerbrechen des Eises und ist auch keine Waffe.

Früher wurden diese Stoßzähne als Horn des Einhorns verkauft und waren wegen der Heilkräfte, die man ihnen zuschrieb, sehr gefragt. In Europa wurden sie von den Norwegern eingeführt, die den Narwal bei Island und Grönland jagten.

Bei den männlichen Narwalen ist einer der linken Vorderzähne des Oberkiefers zum Stoßzahn umgebildet. Dieser Zahn, der eine Länge von 2,70 Metern erreichen kann, galt im Mittelalter als Horn des legendären Einhorns.

Der Narwal wandert in Schulen von 6 bis 10 Tieren, wobei Männchen und Weibchen häufig getrennt sind. Er nährt sich von Sepien, Krebstieren und Fischen.
Wie lange die Tragzeit des Weibchens dauert, ist unbekannt. Das Junge ist bei der Geburt etwa 1,50 Meter lang und bleibt einige Zeit bei der Mutter.

Neunaugen, *Petromyzonidae,* aalähnliche Wirbeltiere mit parasitärer Lebensweise aus der Klasse der Rundmäuler mit zylindrischem Körper und kreisrundem, napfartigem Saugmaul.

Ökologie. Wissenschaft von der Beziehung der Lebewesen zu ihrer lebenden und leblosen Umwelt, analysiert die Lebensfunktionen in ihrem natürlichen Milieu.

Panamakanal. 79,6 Kilometer langer Kanal, der von der ursprünglichen Mindesttiefe von 12 Metern allmählich auf 13,7 Meter ausgebaggert wird.
Der Bau des Panamakanals wurde 1881 nach Plänen und unter Leitung von Lesseps begonnen, 1888 aber in Anbetracht des mörderischen Klimas sowie infolge von Erdrutschen und einem politischen Skandal unterbrochen. 1903 führten die USA die Arbeiten dann auf eigene Kosten weiter und vollendeten den Kanal im Jahre 1914.

Papageitaucher *(Fratercula arctica).* Schwimmvogel der arktischen und gemäßigten nördlichen Meere, lebt von Fischen und kleinen Meerestieren, die er tauchend fängt. Brütet in zum Teil riesigen Kolonien auf Felsen oder in Nisthöhlen im Erdreich.

Pedizellarien. Komplizierte Organe bestimmter Stachelhäuter, besonders von Seeigeln und Seesternen. Die Pedizellarien sind kleine Greifzangen mit zwei oder drei Zangenbacken, die ein gefährliches Gift absondern können.
Mit Hilfe eines mit Sinneszellen besetzten Ganglions und entsprechender Muskeln wird die Miniaturzange, die eine beachtliche Waffe darstellt, in Bewegung gesetzt. Kommt ein Gegner oder ein Beutetier in Reichweite, wird es mit der Zange gefaßt, durchbohrt und durch das Gift gelähmt.

Penisknochen *(Baculum).* Bei Wiederkäuern knorpelige, bei Raubtieren, Fledermäusen, Nagern, Insektenfressern und Primaten knochige Versteifung in der Eichel, über die zum Beispiel Walroß, Hund und Orang-Utan verfügen.

Pinguin. Flugunfähiger Meeresvogel der Ordnung *Impennes* oder *Sphenisci,* der sich dem Leben im Meer vollendet angepaßt hat. Die zum Ruderblatt umgebilde-

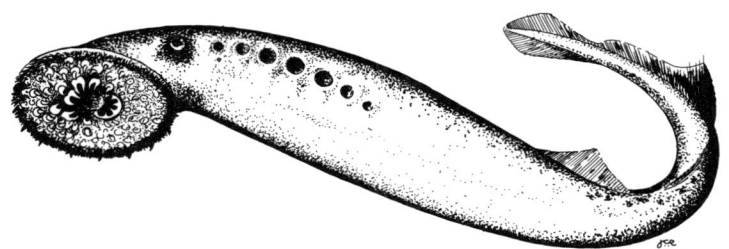

Das Neunauge, ein fischähnliches Wirbeltier aus der Klasse der Rundmäuler (Zyklostomen), laicht in Flüssen und wandert nach seiner Verwandlung ins Meer. Es heftet sich als Parasit mit seinem kreisrunden, napfartigen Saugmaul mit den raspelartigen Hornzähnen an lebende Fische an, in die es mit Hilfe seiner mit Hornzähnen besetzten Zunge buchstäblich Löcher frißt.

ten, mit harten, spitz endenden Federchen bedeckten Flügel dienen ihm zum Schwimmen, außerdem hält er sehr niedrige Temperaturen aus und kann längere Zeit ohne Nahrung überdauern. Der in antarktischen und subantarktischen Regionen beheimatete Pinguin ernährt sich von Fischen, Krustazeen, Würmern und Mollusken und ist auch auf den Galápagos-Inseln vertreten.

Précontinent III. Experiment, bei dem 6 Taucher in einem Unterwasserhaus vor Kap Ferrat 3 Wochen in 100 Meter Tiefe zubrachten.

Proboscidea, Rüsseltiere, von griechisch proboskis (Rüssel), den alttertiären Huftieren verwandte Unterordnung der Säugetiere von großem Wuchs mit Greifrüssel.
Die ersten Rüsseltiere dürften vor etwa 50 Millionen Jahren als Nachfahren eines kleinen, im Paleozän oder Eozän lebenden Säugetiers in Afrika aufgetreten sein. Anschließend verbreiteten sich die Mastodonten dann über die ganze Erde. Die Trilophodonten wanderten am Ende des Tertiärs nach Nordamerika ein, in Nebraska gab es, wie Funde beweisen, das Amebelodon mit schaufelförmigen Stoßzähnen. Letzter Vertreter der Sippe waren das *Mastodon americanus* und das Mammut.

Heute sind als letzte Vertreter dieser Tierordnung nur noch der afrikanische und der indische Elefant übrig.

Revier. Der Lebensraum an Land, im Wasser oder in der Luft, den ein Einzeltier oder eine Tiergruppe als Eigentum verteidigt, wobei die meisten Arten lediglich Artgenossen den Zutritt zum Revier verwehren, manche, wie der Zackenbarsch, mit großer Energie. (Vgl. Jacques-Yves Cousteau und Philippe Diolé, *Korallen* – Bedrohte Welt der Wunder.) Diese ungewöhnliche Energie verhilft dem Revierverteidiger in der Regel zum Sieg.

St. Helena. Britische Insel im Südatlantik, vulkanisch, 1900 Kilometer von Afrika und 3500 Kilometer von Brasilien entfernt, mit einer Fläche von 122 Quadratkilometern und 4600 Einwohnern. Hauptstadt ist Jamestown.
1502 von den Portugiesen entdeckt, dann von den Holländern annektiert und 1659 die Engländer abgetreten, die hier Napoleon I. von 1815 bis zu seinem Tod im Jahre 1821 gefangenhielten.

Sauerstoffkreislaufgerät. Dieses Gerät mit geschlossenem Kreislauf und Filter für das Kohlendioxyd, das von Froschmännern der englischen Kriegsmarine gegen Ende des Zweiten Weltkriegs benutzt wurde, wird, da keine Luftblasen entweichen und daher keinerlei Geräusch entsteht, von den Tauchern der *Calypso* gern verwendet, um Meerestiere beim Anschwimmen nicht zu erschrecken.

Saugnapf. Haftorgan der Kopffüßer, Würmer und Stachelhäuter, mit dem sie sich festklammern, bewegen und ihre Beute ergreifen können. Bei den Kopffüßern (Kraken, Tintenfischen usw.) sind die an den Armen sitzenden Saugnäpfe von einem hornigen Ring umgeben und können durch Kontraktion eines Ringmuskels verkleinert werden. Vom großen Nervenstrang, der den Arm durchzieht, reicht ein Ganglion in den schlauchförmigen Fortsatz, an dessen Spitze der Saugnapf sitzt.

Schlittenhunde. Die unter diesem Sammelbegriff zusammengefaßten Hunde unterscheiden sich je nach Gegend in Rasse, Größe und Charakter. So ist der Eskimohund oder Husky, eine Kreuzung zwischen Wolf und verschiedenen asiatischen Hunderassen, wesentlich gedrungener als der in Nordwestkanada verbreitete Malemiute-Schlittenhund, der seinem Urahn, dem Wolf, noch recht ähnlich sieht, aber auch anders als der in Sibirien beheimatete Samojedenspitz.

Gemeinsam ist all diesen Hunden die erstaunliche Widerstandsfähigkeit und das dichte Fell, das sie gegen die Kälte schützt. Lange Zeit unentbehrliche Helfer des Menschen, werden sie heute allmählich durch die Motorisierung verdrängt.

Dabei kann ein Eskimo mit dem Hundeschlitten etwa 18 Stunden lang ununterbrochen im Dreißigkilometertempo übers Eis fahren!

Schwertwal. Der Schwertwal *(Orcinus),* der zu den Zahnwalen und hier wiederum zu den *Delphinidae* zählt, ist ein ausgesprochenes Herdentier. Seine mittlere Länge beträgt 6 Meter, sein Gewicht etwa 1 Tonne. Die Hautfarbe ist schwarz bis auf eine große weiße Zone am Bauch vom Maul bis zur Mitte des Körpers und einen kleineren weißen Fleck hinter dem Ohr. Die Kiefer sind mit je 20 bis 28 Zähnen versehen. Seine Nahrung sucht er unter größeren warmblütigen Tieren wie Wal, Delphin, Robbe, Walroß. Von November bis Januar paaren sich die Schwertwale. Die Tragzeit dauert 11 bis 12 Monate, und 12 Monate wird das Junge gesäugt.

Seeotter. Der Seeotter *(Enhydra lutris),* ein zur Familie der Marder *(Mustelidae)* gehörendes Säugetier, kommt an den nordpazifischen Küstenstrichen Amerikas vor und ernährt sich vornehmlich von Mollusken.

Das bisweilen über 2 Meter lange Tier hat sich dem Leben im Wasser vollkommen angepaßt.

Da die Art ihres kostbaren Pelzes wegen schonungslos gejagt wurde, war sie vom Aussterben bedroht.

Seescheiden *(Ascidiaceae),* festsitzende Manteltiere *(Tunicata),* die zum Stamm der Wirbeltiere *(Chordata)* gehören, obwohl die erwachsenen Seescheiden gar kein »Rückgrat« (Chorda dorsalis) besitzen. Im Larvenstadium haben die Tiere jedoch einen zähen, biegsamen Rückenstrang (Notochord), der gewissermaßen eine Ur-Chorda darstellt. Trotz ihres primitiven Aussehens sind sie relativ hochorganisierte Lebewesen mit Kiemen, einem Magen- und Verdauungstrakt und einem Herzen.

Seescheiden sehen wie kleine Wassersäcke aus; sie sind gelb, lila, rot gefärbt oder farblos durchscheinend. Nur die Larven schwimmen kurze Zeit frei im Meer, setzen sich dann aber an einer festen Unterlage an. Durch eine Einströmöffnung fließt das Wasser in einen Kiemendarm; er nimmt Sauerstoff für die Atmung sowie die eingestrudelten Kleinlebewesen auf, von denen das Tier sich ernährt; das überschüssige Wasser und Abbauprodukte des Stoffwechsels werden durch eine Ausströmöffnung wieder ausgeschieden.

Bei der Vermehrung der Seescheiden kommt es zu einem »Generationswechsel«. Nachdem eine ganze Reihe von auf-

einanderfolgenden Generationen ungeschlechtlich durch Sprossung entstanden ist, werden Ei- und Samenzellen gebildet (übrigens im gleichen Tier), und es erfolgt geschlechtliche Fortpflanzung. Kolonien entstehen dadurch, daß an Ausläufern (Stolonen) eines Muttertiers weitere Tiere knospen (soziale Aszidien).
Andere Seescheidenstöcke entstehen, indem die Mäntel und die Ausströmöffnungen vieler Einzeltiere zu einem gemeinsamen Kloakenraum verschmelzen (Synascidien). Neben diesen kolonieweise zusammengeschlossenen Seescheiden gibt es auch einzeln lebende (solitäre) Formen.

Ein Sonnenstern *(Solaster papposus),* der mit seinen zahlreichen Armen den fünfstrahligen klassischen Seestern weit in den Schatten stellt.

Seestern. Sternförmiger Stachelhäuter mit fünf und mehr zum Teil merkwürdig verzweigten Armen. An ihnen sitzen sogenannte »Ambulakralfüßchen«, Füße mit kleinen Saugnäpfen am Ende, mit deren Hilfe das Tier sehr gut vorankommt. Seesterne sind räuberisch und ernähren sich von Mollusken, Krustazeen, die sich eben gehäutet haben, und toten Tieren. Dabei stülpen sie ihren Magen aus und verdauen die Beute mit Hilfe ausströmender Verdauungssäfte.
Um eine Muschel zu öffnen, schiebt sie der Seestern unter sich, saugt sich mit den Saugfüßchen an den Schalen fest und zieht so lange, bis der Schließmuskel der Muschel nachgibt und die Schale sich öffnet, woraufhin der Magen sofort ins Muschelinnere gestülpt und das Opfer verdaut wird. Seesterne haben ein erstaunliches Regenerationsvermögen – nicht nur die Arme, auch Teile der Körperscheibe wachsen wieder nach.

Silberbank. Korallenbank im Karibischen Meer, nordöstlich von Haiti, gefährliche Riffzone, in der seit der Entdeckung der Neuen Welt schon viele Schiffe gestrandet sind, so im 16. und 17. Jahrhundert spanische Galeonen mit den in Amerika eroberten Schätzen.

Sonar. Abkürzung für Sound Navigation Ranging, auf der Anzeige von Schall- oder Ultraschallechos beruhendes, radarähnliches submarines Such- und Kommunikationsgerät.

Stipe. Stengelähnlicher Teil der Algen zwischen den wurzelähnlichen Haftorganen oder Haftscheiben und den flachen, breiten »Blättern«.

Sturmmöwe. In arktischen und subarktischen Regionen zahlreich vertretener, an den Küsten lebender Seevogel.
Obwohl an sich ein Aas- und Planktonfresser, kann man sie auch auf Wiesen, an Seen und Sümpfen beobachten.

Tapir. Zur Familie der *Tapiridae* gehörender Unpaarhufer mit geringer Widerristhöhe und kurzem, beweglichem Rüssel. Die Tapire, die nicht zu den *Proboscidea,* sondern zur Ordnung der *Perissodactyla* (Unpaarhufer) zählen, treten in vier Arten auf, eine im tropischen Asien und drei in Mittelamerika.

Tasthaare. Äußerst empfindliche Tastorgane verschiedener Nager und Raubtiere, beispielsweise die Brauen und Schnurrhaare von Ratten, Hasen, Katzen und Walrossen.

Thallus. In den Zellen des flächen- bis fadenförmigen Thallus der Algen findet die Assimilation statt. Der Thallus, der den Wurzeln und Sprossen der anderen Pflanzen entspricht, kann je nach Algenart von sehr einfachen bis zu hochkomplizierten Formen reichen.

Tölpel. Großer, zur Ordnung der Ruderfüßer *(Steganopodes)* gehörender Meeresvogel.

Die Tölpel, die in Kolonien von mehreren hundert Tieren zusammenleben, tauchen nach Fischen, die sie von unten packen und gewöhnlich unter Wasser verschlingen. Das Weibchen brütet die Eier unter den Füßen aus.

Trosse. Schwere Leine aus Manilahanf, Hanf, zusammengedrehten Stahldrähten oder Nylonseilen zum Festmachen, Verholen und Schleppen von Schiffen.

Dank

An dieser Stelle möchten wir all jenen herzlich danken, die uns bei diesem Buch ihre Hilfe haben zuteil werden lassen:
Ed Asper und John Prescott von Marineland du Pacifique
John J. Burns, Biologe am Department Fish and Game des Staates Alaska
Francis Fay vom Medizinischen Forschungszentrum Arktis
Carleton Ray von der Universität John Hopkins
Laboratorium der Meeresforschung der Vereinigten Staaten in Point Barrow.

Bibliographie

K. Birket-Smith, *Mœurs et coutumes des Esquimaux,* Payot, 1937.
Patrick Braun, *Les Hommes du Grand Nord,* Edition Spéciale, 1973.
R. Gessain, *Les Esquimaux du Groenland à l'Alaska,* Bourrelier, 1947.
Richard Harrington, *Le visage de l'Arctique,* Albin Michel, 1957.
Lou Jacobin, *Guide to Alaska and the Yukon,* Anchorage, 1963.
Willy Ley, *Pole,* Time-Life, 1972.
R.M. Lockley, *Grey seal, common seal,* October House, 1966.
Jean Malaurie, *Les derniers rois de Thulé,* Plon, 1955.
L. Harrison Matthews, *L'éléphant de mer,* Stock, 1953.
G. de Poncins, *Klabouna,* Stock, 1948.
Bernard Stonehouse, *Les animaux du Grand Nord,* Fernand Nathan, 1972.
Roger Vercel, *A l'assaut des Pôles,* Albin Michel, 1938.
Paul-Emile Victor, *Boréal,* Grasset, 1938.
Paul-Emile Victor, *Banquise,* Grasset, 1939.
Ernest P. Walker, *Mammals of the World,* Baltimore, 1968.

Bildnachweis

Wie schon bei den voraufgegangenen Bänden der Reihe hat uns auch beim vorliegenden Carmela Lambert durch ihre Mitarbeit wertvolle Dienste geleistet. Die in diesem Band veröffentlichten Fotos stammen von Ron Church, François Dorado, André Laban, Claude Millet, Guy Jouas, Louis Prézelin und Jacques Renoir, einige der Überwasseraufnahmen auch von anderen Mitgliedern der Crew.
Die Bildunterschriften besorgte Marie-Noëlle Favier.

Stichwortregister

Die mit * gekennzeichneten Seitenzahlen
verweisen auf die Abbildungen

Alaska 126, 129, 135, 138, 145, 209
Alëuten 129, 134
Anchorage 129
Antarktis 13, 140, 190
Anti-Hai-Käfig 18, 28, 30, 33
Aqualunge 54, 103, 155
Arktis 140, 143, 178, 184, 190, 193, 211
Ascension 33, 47 f.
Asper, Ed 204, 205, 208

Ballistas-Inseln 72
Bartrobben 175
Bassaget, Jean-Paul 93, 132
Baßtölpel 12, 31*
Beringmeer 134, 136, 138, 161, 178 f.
Beringstraße 129, 142, 145, 154, 158, 190
Bernard, Michel 33, 39*, 40, 41, 45, 47 ff., 52
Bird-Insel 11 f., 17, 31*
Bonnici, Christian 13, 14, 20, 21, 28, 30, 33, 37, 41, 44 f., 48, 49, 51 f., 140, 176, 201, 206
Bristol Bay 138, 145, 155
Buckelwale 99, 190

Caillart, Claude 67, 71, 74, 93, 95
Calypso 11, 12, 14, 17, 20, 21, 22*, 23 f., 28, 30, 33, 44 f., 48, 51, 53 f., 56, 58, 59*, 60, 61 f., 67 f., 71, 74, 77, 81*, 91, 95, 103, 111, 113 f., 120 ff., 124, 129 f., 132 f., 135, 138, 143, 162, 176, 182, 212
Chauvelin, Bernard 15 f., 42
Cherni (Insel) 132
Chinchas-Inseln 72
Church, Ron 145 f., 149, 153, 155, 157
Coll, Raymond 20, 30, 33, 36 f., 40, 41, 44 ff., 48 f., 52, 56 ff., 61 f., 64 ff., 72, 129
Cousteau, Jean-Michel 12
–, Philippe 79 f., 83, 86 f., 88, 90 f., 93 f., 95, 102, 110, 120, 121*, 122, 161, 176, 186 f., 189

Dekompression 60
Delemotte, Bernard 85, 87 f., 88*, 89*, 113, 115, 130
Deloire, Michel 14 f., 18, 20, 26, 58, 61, 93, 95, 111, 133, 138, 140
Delphine 25, 52, 102, 109, 118, 212, 214
Diolé, Philippe 72
Dorado, François 145, 148*, 149, 151, 155, 157, 165*, 166, 176, 178, 201, 205, 206
Drogbänke 133

Eisbären 162, 192, 197
Eishasen 193
Elfenbein 168*, 171, 196

Falco, Albert (»Bébert«) 13, 14, 17, 21, 23, 28 f., 30, 35, 52 ff., 56 ff., 129

False Bay 20
Flossenfüßer 102, 135, 212
Foulon, Serge 61, 84, 87 f., 109*

Geysir-Insel 17
Goupil, Pierre 14 f., 17, 18
Grauwale 77, 79
Grindwale 212

Guadalupe 78, 79f., 83, 85*, 90f., 93, 95f., 103f., 108, 111, 113, 114, 124f., 126, 139

Haselau, Gary 20
Hickel, Walter 209
Hundeschlitten 167, 172
Hydrophon 190

Iglu 148*, 149*, 165*, 176, 178

Jouas, Guy 98, 100

Kamtschatka 178
Kap der Guten Hoffnung 11, 42, 59, 61
Kapstadt 13, 17, 19, 26, 32f., 35, 38, 40, 49
Karibisches Meer 11, 24, 35, 48, 52, 61
Kelpwälder 18, 20, 134ff.
Kerguelen-Insel 120, 124
Kodiak-Bären 130, 154
Kodiak-Insel 129ff.
Königskrabben 131
–, Paarung 131
Kormorane 16, 134

Laban, André 23, 26, 120f.
Lachse 129f.
–, Paarung 130
Long Beach 93

Malediven 11
Maori 20
Marineland of the Pacific 204, 208
Maritano, Roger 61
Mauser (Haarwechsel) 119
Meeressäuger 25, 33, 37, 60, 71, 72, 77, 117, 118, 134, 140, 143, 164, 204, 211f., 214
Mestre, Bernard 84
Millet, Dr. 15, 26, 29, 38, 42, 44f., 48, 131, 133, 135, 142f.
Mollusken 125*, 140
Mona, Insel 61, 62
Mönchsrobben 61

Natal 33, 51
Nadelkap 11, 19
Narwal 140

Omer, Yves 26, 45, 53, 93, 103, 118

Palmelo 71
Panamakanal 67f., 70f., 81*
Papageientaucher 134, 139
Pelzrobben 24, 60
Penisknochen 142
Pilchards 33, 40, 44
Pinguine 13f., 15ff.
Point Barrow 145
Polarfüchse 193
Polaris 79
Port Elizabeth 11, 12, 17, 31*
Pottwale 11, 118
Précontinent III 20
Prézelin, Louis 123, 133, 145, 149, 151, 154f., 157, 162, 165*, 166, 178, 182f., 190, 200, 206, 209
Puerto Rico 52, 61, 62, 66, 73*

Ray, Dr. Carlton 140, 190
Riant, Jean-Clair 103
Robben 11, 25, 28f., 33, 54, 58f., 108, 109, 138
Round Island 138f., 141, 143, 154
Rüsseltiere 114

Sainte-Croix-Insel 12f., 14, 52
Saint-Lawrence-Insel 145, 154, 158f., 161, 163f., 170, 175, 184, 201, 209
San Benito 79
San Diego 79f., 91
Sandy Bay 21
San José (Halbinsel) 104
San Juan de Puerto Rico 53f., 62
Sankt Helena 33, 38, 42, 45, 47f., 55*
Sauerstoffkreislaufgerät 156f.
Schneescooter 167
Schwarzwale 74
Schwertwale 24, 162, 197, 212, 214
Seal Island 26, 38, 52
Searcher 80, 83, 90f.
Seeadler 130
Seebären 15*, 18f., 19*, 22*, 23f., 25f., 27*, 28ff., 31ff., 35, 37f., 40, 41, 42, 44f., 48f., 57ff., 60f., 65*, 67, 68*, 69*, 71f., 73*, 74, 86, 114, 115, 118, 211f., 214

See-Elefanten 77f., 79, 80, 82f.,
  84f., 85*, 86, 87f., 88*, 89*, 91,
  97*, 100*, 101*, 104*, 105*,
  106ff., 109*, 109ff., 113, 114,
  115, 116*, 117*, 117f., 119ff.,
  121*, 122*, 122, 123f., 125*,
  125f., 138ff., 159, 161, 188,
  211f., 213*
–, Barthaare 115
–, Paarung 107, 120, 124, 126
–, Penisknochen 107
–, Rüssel 101f., 114f.
–, Sozialverhalten 103ff.
Seehunde 47, 111, 138, 158, 161,
  163, 173, 192f.
Seelöwen 72, 93, 118, 135, 136,
  157
Seemöwen 134
Seeohren 120f.
Seeottern 129, 132*, 134ff., 157
Seescheiden 140
Seeschwalben 134
Seesterne 133f., 140
Simeonow (Insel) 133
Snowcart 167
Snowmobile 167, 169, 171
Snowtiger 167
»Strandmeister« 105, 113
Sumian, Dominique 26, 28, 30, 33,
  37, 45, 49, 52f., 61, 72, 103, 119

Tapir 114
Titicacasee 25, 71, 77

Tobago-Insel 56f.
Tölpel 12, 14, 15, 134
Tschuktschen (Halbinsel) 178
Tümmler 25

Übervölkerung 214
Umiak 147ff., 152*, 155, 156*,
  157*, 169, 173f., 182, 183*, 184,
  186, 189*, 190, 191, 195, 196,
  200f., 203
Umweltverschmutzung 214
Untertasse, tauchende 23, 36, 77,
  94, 111, 120f., 125*
Unterwasser-Archäologie 24
Unterwasserfotografie 32

Wale 120, 135, 163, 172, 192, 212
Walfang 78
Walker, Ted 77f.
Walrosse 115, 129, 138f., 140f.,
  141*, 142f., 147f., 150ff., 153*,
  153f., 156, 157*, 158f., 161f.,
  163f., 169*, 170f., 173, 175,
  185, 186, 188, 190, 191ff., 200f.,
  203, 205, 206, 209, 212
–, Barthaare 204
–, Paarung 188
–, Wanderzug 158, 161, 195, 209
Walroßjagd 197f., 199
Weddell-Robben 190

Zodiak-Schlauchboot 19, 26, 28,
  93, 103, 120, 174